初めて学ぶ

新版

鉄筋コンクリート構造
Reinforced Concrete Structures

林 静雄 編著

北山和宏　衣笠秀行　坂田弘安　著

市ヶ谷出版社

新版発行にあたって

　本書「鉄筋コンクリート構造」を送り出して3年目になります。
　これまで多くの方にご愛読いただき，また貴重なるご意見をいただきました。本書は，執筆者一同が，これまでの数々の授業体験などを元に，鉄筋コンクリート構造への思いをこめて執筆したものですが，皆様のご意見を拝聴した上で改めて読み直してみますと，少し思いがこもりすぎていたようです。
　それらの意見や感想を改めて確認し，今回「鉄筋コンクリート構造の原理と原則を初学者に分かりやすく」という初期の編修方針を，より徹底させて，新版を発行しました。

　新版は，「基礎編」と「応用編」に分けて構成しました。
　　建築学を学ぶ人ならだれでも必ず理解しておいて欲しいこと　基礎編
　　鉄筋コンクリート構造を専門に勉強したい人のために必要なこと　応用編

　まず，基礎編をしっかり理解してください。ここで，鉄筋コンクリートの面白さや複雑さに興味を抱き，もっと詳しく鉄筋コンクリートを知りたくなった方や鉄筋コンクリートの実務を始めたいと思った方は，応用編に進んでください。さらに鉄筋コンクリートの奥深さを感じていただけることと思います。

　鉄筋コンクリートの研究も日々進んでいます。最新の情報を応用編に反映させながら，さらに分かりやすく，役に立つ本にしていきたいと思っています。
　皆様には必携の書として，いつまでも使っていただければ幸いです。

2009年9月

執筆者一同

は じ め に

　構造設計は，構造計算とは違います。構造設計とは建物に適した構造形式を選択し，建物に適した構造要素の配置を考え，構造要素に働く応力に適した部材詳細を決めていくことです。今，建物の構造計算には，静的な増分解析を始め，時刻歴応答解析や限界耐力計算など各種の手法が開発されています。さらに，全ての構造設計を計算機で行ってしまういくつもの一貫プログラムが提案され，多くの建物の構造計算に利用されています。その結果，構造計算を手計算で行っていた時代に比べていい建物ができるようになったでしょうか。必ずしもそうではないようです。構造計算を行う際には，建物だけでなく，部材や材料まで単純化(モデル化)しなければなりません。正しくモデル化されていなければ，どんな手法を使ってもどんなプログラムを利用してもいい建物はできません。では，正しいモデル化をするためにはどうしたらいいのでしょう。そのためには，構造の原理を正しく理解しなければなりません。

　この本は，鉄筋コンクリート構造の原理と原則を初学者にも分かり易く学べることを目的として書かれています。入門書として基礎知識を分かり易く紹介するとともに，コラムとして，実用や応用・話題などを紹介しています。勉強に疲れたときにコラムを読んで，頭を休めながら，何のために勉強をしているのかを考え，理解を深めていただけるとうれしいと思っています。

　執筆者は，皆，鉄筋コンクリート造建物をより安全により合理的に設計するための最先端の研究に取り組みながら，日々大学で鉄筋コンクリート構造に関する講義を行っています。どうしたら鉄筋コンクリート構造の原理をより分かり易く学生に伝えることができるだろうか，鉄筋コンクリート構造のすばらしさを分かってもらえるだろうか，皆で議論を重ねながらこの本を執筆しました。
　1章は，鉄筋コンクリート構造の歴史を振り返りながら，構造設計は建物の性能を確認し，保証することが目的であることを述べています。鉄筋コンクリート構造に関わらず，構造に携わる技術者として最も重要なところですから，しっかりと学んで欲しいと思っています。2章は，材料の基本的な性質について述べています。実務に入ってしまうと忘れてしまいがちな部分ですが，最も基礎の部分です。3章から11章は各論について述べています。曲げモーメント，軸力，せん断力に対する抵抗メカニズムの原則について述べています。

本書には，初歩的な許容応力度計算の方法について簡単に触れていますが，最初に述べたように，鉄筋コンクリート構造の原理を理解していただくために書かれていますので，この本を読んでも構造計算はできないでしょう。構造計算の方法は原理をきちんと理解した上で学んでください。しかし，実務に入ってからも本書はきっと必要になるでしょう。鉄筋コンクリート構造技術者の座右の書となることを，執筆者一同心より希望しています。

　本書は，分担執筆ではありますが，各章とも全員で議論しながら書き進めてきました。内容や体裁ともに誤りがないように，かつ，統一の取れた本となるように心がけたつもりですが，お気づきの点があれば，ご指摘，ご叱責を賜りますようお願いいたします。
　この本の執筆に際し，日本工業大学白石一郎教授と新潟工科大学中野克彦助教授に大変貴重なご助言を賜りました。最後になりましたが，厚くお礼申し上げます。

　2006年11月

執筆者代表　　林　静雄

目　　次

基　礎　編

第1章　鉄筋コンクリート構造って何だろう　　（執筆担当　北山和宏）　2

- 1・1　鉄筋コンクリート構造の誕生と発展 —— 3
  - ・1　鉄筋コンクリート構造の誕生 —— 3
  - ・2　日本への導入と発展 —— 3
  - ・3　現代の鉄筋コンクリート構造 —— 5
- 1・2　鉄筋コンクリート構造の特徴 —— 6
  - ・1　鉄筋コンクリート＝Reinforced Concrete ? —— 6
  - ・2　鉄筋コンクリート構造の長所と短所 —— 7
  - ・3　ひび割れの発生と鉄筋配置の原則 —— 8
  - ・4　鉄筋コンクリート部材の壊れかた —— 10

第2章　鉄筋とコンクリート　　（執筆担当　坂田弘安）　13

- 2・1　鉄筋の性質 —— 14
  - ・1　力学的な性質 —— 14
  - ・2　いろいろな鉄筋 —— 15
- 2・2　コンクリートの性質 —— 17
  - ・1　コンクリートとは —— 17
  - ・2　コンクリートの材料 —— 17
  - ・3　力学的な性質 —— 21
  - ・4　固まるまでの性能 —— 25
- 2・3　鉄筋とコンクリートの付着 —— 26
  - ・1　付着が重要な理由 —— 26
  - ・2　付着力の発生の仕方 —— 26
- 演習問題 —— 28

第3章　軸力を受ける鉄筋コンクリート柱　　（執筆担当　衣笠秀行）　29

- 3・1　大きな軸力がはたらく柱 —— 30
- 3・2　圧縮軸力を受ける柱 —— 31
  - ・1　断面の応力度とひずみ —— 31
  - ・2　圧縮軸力による壊れかた —— 34
  - ・3　横補強筋のはたらき —— 36
- 3・3　引張軸力を受ける柱 —— 37
  - ・1　断面の応力度とひずみ —— 37

・2　引張軸力による壊れかた ———— 38
演習問題 ———— 40

第4章　曲げを受ける鉄筋コンクリート梁　（執筆担当　坂田弘安）　41

4・1　断面のひずみと応力度 ———— 42
　・1　曲げによる断面の変形・ひずみ・応力度 ———— 42
　・2　断面の力の釣合い ———— 43
4・2　曲げモーメントと曲げ変形・ひずみ・応力度 ———— 44
　・1　曲げによる断面の応力度の変化 ———— 44
　・2　曲げによる壊れかた ———— 46
　・3　曲げモーメントを求める際の基本仮定 ———— 47
　・4　曲げひび割れモーメント ———— 47
　・5　圧縮縁コンクリート圧縮強度時・引張鉄筋降伏時の曲げモーメント ———— 50
　・6　曲げ終局モーメント算定式 ———— 53
4・3　許容曲げモーメント ———— 55
　・1　許容曲げモーメントを求める際の基本仮定 ———— 55
　・2　許容曲げモーメント ———— 55
演習問題 ———— 58

第5章　曲げと軸力を受ける鉄筋コンクリート柱　（執筆担当　衣笠秀行）　59

5・1　曲げと軸力による壊れかた ———— 60
　・1　壊れるまでの応力度の変化 ———— 60
　・2　断面の力の釣合い ———— 62
　・3　曲げひび割れモーメント ———— 63
　・4　曲げ終局モーメント ———— 65
5・2　許容曲げモーメント ———— 70
演習問題 ———— 71

第6章　せん断力を受ける鉄筋コンクリート部材　（執筆担当　北山和宏）　73

6・1　せん断力によって斜めひび割れが発生する理由 ———— 74
　・1　直感的な説明 ———— 74
　・2　理論的な説明 ———— 75
6・2　せん断力による壊れかた ———— 76
　・1　せん断破壊に影響を与える要因 ———— 76
　・2　いろいろなせん断破壊 ———— 78
6・3　せん断力の伝わりかた ———— 79
　・1　せん断力は部材内をどのように流れるのか ———— 79
　・2　三位一体でせん断力を伝達する ———— 80

- ・3 せん断ひび割れ強度 ―――― 81
- ・4 経験に基づくせん断終局強度 ―――― 84

6・4 せん断破壊を防止する方法 ―――― 87
- ・1 せん断補強設計の考えかた ―――― 87
- ・2 せん断力に対する許容応力度設計 ―――― 88

演習問題 ―――― 91

応 用 編

第7章 耐震壁　　　　　　　　　　　　　　（執筆担当　坂田弘安）　94

7・1 耐震壁の性能 ―――― 95
- ・1 耐震壁の構造 ―――― 95
- ・2 連層耐震壁に作用する力 ―――― 96
- ・3 耐震壁の壊れかた ―――― 96

7・2 耐震壁の初期剛性と曲げに対する性質 ―――― 98
- ・1 初期剛性と曲げひび割れモーメント ―――― 98
- ・2 曲げ降伏モーメントと曲げ終局モーメント ―――― 98

7・3 耐震壁のせん断に対する性質 ―――― 99
- ・1 せん断ひび割れ強度 ―――― 99
- ・2 せん断終局強度 ―――― 99

7・4 耐震壁の許容水平せん断力 ―――― 100
- ・1 無開口耐震壁の許容水平せん断力 ―――― 100
- ・2 有開口耐震壁の許容水平せん断力 ―――― 101

演習問題 ―――― 104

第8章 基礎，柱梁接合部，スラブ　　　　　　（執筆担当　林　静雄）　105

8・1 柱梁接合部 ―――― 106
- ・1 柱梁接合部の役割と形式 ―――― 106
- ・2 柱梁接合部の強度と変形 ―――― 106
- ・3 梁主筋の定着 ―――― 108

8・2 基礎構造 ―――― 109
- ・1 基礎構造の役割と形式 ―――― 109
- ・2 基礎構造に必要な性能 ―――― 109
- ・3 浅い基礎(直接基礎) ―――― 110
- ・4 深い基礎(杭基礎) ―――― 111

8・3 床構造 ―――― 112
- ・1 床構造の役割と形式 ―――― 112
- ・2 曲げモーメントとせん断力 ―――― 113

|　・3　たわみ|113|
|　・4　小梁|113|

演習問題―114

第9章　鉄筋コンクリート部材のせん断終局強度と付着割裂破壊　(執筆担当　北山和宏)　117

9・1　理論に基づくせん断終局強度―118
　・1　トラス機構による負担せん断力―118
　・2　アーチ機構による負担せん断力―120
9・2　主筋の付着応力度とＲＣ部材のせん断力との関係―123
9・3　主筋に沿った付着割裂ひび割れの発生―124
9・4　付着割裂破壊を防止する方法―126
9・5　鉄筋コンクリート建物の終局強度設計―127
演習問題―128

第10章　鉄筋コンクリート部材の力と変形　(執筆担当　北山和宏)　129

10・1　力と変形との関係―130
　・1　復元力特性―130
　・2　変形を求める方法―132
　・3　地震時の履歴特性―137
10・2　変形を生じさせる要因―138
10・3　軸力が柱の変形性能に及ぼす影響―141
演習問題―144

第11章　鉄筋コンクリート構造の性能と構造設計の考えかた　(執筆担当　衣笠秀行)　145

11・1　鉄筋コンクリート構造に求められる性能―146
　・1　日常的に作用する荷重に対する性能―146
　・2　供用期間中に何回か起こる地震（中小地震動）に対する性能―147
　・3　供用期間中にまれに起こる地震（大地震動）に対する性能―148
　・4　その他の求められる性能―150
11・2　性能の確保の基本的な考えかた―152
　・1　日常的な荷重に対する居住性確保の考えかた―152
　・2　中小地震に対する財産の保全の考えかた―153
　・3　大地震時の安全性確保の考えかた―154
　・4　その他の性能の確保に対する考えかた―158
11・3　耐震設計法―160
　・1　耐震設計のフロー―160
　・2　許容応力度設計（一次設計）―161
　・3　保有耐力設計（二次設計）―161

・4　限界耐力計算 ———————————————————————— 162
11・4　構造計画（耐震壁のバランスのよい配置）———————————— 163
　・1　大地震時安全性のために必要な耐震壁量 ———————————— 163
　・2　耐震壁のバランスのよい配置 ———————————————— 164
演習問題 ——————————————————————————— 165

付　録　166

付録1　材料強度と許容応力度 ——————————————————— 166
付録2　異形鉄筋の断面積および周長表 ——————————————— 168
付録3　T型梁 ————————————————————————— 169
付録4　断面に作用する合力 ———————————————————— 170
付録5　引張主筋降伏時および圧縮縁コンクリート圧壊時曲げモーメント ——— 171

演習問題の解答・解説　173

索　引　187

基礎編

　本書は，初めて建築学を学ぶ人なら誰でも必ず理解しておいてほしい内容（基礎編）と，鉄筋コンクリート構造を専門に勉強したい人のために必要な内容（応用編）を分けて構成しました。

　まず，この基礎編の内容をしっかり理解して下さい。

　そして，もっと詳しく鉄筋コンクリートを知りたくなった方，および鉄筋コンクリートの実務を始めたいと思った方は，応用編に進んで下さい。

第1章
鉄筋コンクリート構造って何だろう

　鉄筋コンクリート(RC)構造とは, いったい何でしょう。
　建築学を学んできた皆さんは, 鉄筋とコンクリートによって成り立つ構造, ということは分かるでしょう。しかし, その両者はどのような考え方によって組み合わされるのか。こうしてできあがった鉄筋コンクリート部材は地震力などの外力に対してどのように抵抗し, 最終的にはどのように壊れるのか, 皆さんにとっては未知の領域です。
　第1章では, これらの疑問に対して簡単にお答えしながら, 日本における鉄筋コンクリート構造の発展の歴史をひも解いていきます。それでは心躍るRCワールドへ, さあ, ページを開けて下さい。

フランクリン街のアパート
(オーギュスト・ペレ設計)
(角田 誠　撮影)

1・1　鉄筋コンクリート構造の誕生と発展

1・1・1　鉄筋コンクリート構造の誕生

　鉄筋コンクリート構造とは，後述のように，鉄筋とコンクリートという二つの材料による複合構造である。19世紀後半にフランス人造園家モニエ(J. Monier)が，ワイヤー・メッシュを使用したコンクリートの補強法の特許を取得し，この方法で作製した製品をアントワープ博覧会（1879年）に出品したことによって，鉄筋コンクリート構造が世に知られるようになった[1]。ヨーロッパでは，当初は鉄筋コンクリート構造の耐震性や耐火性についてはそれほど議論されず，その芸術性について注目されており，20世紀のはじめには，既にオーギュスト・ペレ(Auguste Perret)によるフランクリン街のアパート（章とびらの写真，1904年竣工とされる）のように，造形性に優れた建物が建設されている。このアパートは，世界で初めて全てを鉄筋コンクリートで作った建物として知られている。

1・1・2　日本への導入と発展

　日本最初の鉄筋コンクリート構造物は，田辺朔郎（土木工学者）の手になる琵琶湖疎水運河の橋（明治36年，長さ約12m）といわれているが，部分的に鉄筋コンクリート造が用いられた例は，それより以前にもあったようである[2]。建築分野では，当初は鉄筋コンクリート構造の耐火性に注目され，倉庫や土蔵に応用された。1906（明治39）年のサンフランシスコ大地震の被害調査を行った**佐野利器**は，鉄筋コンクリート構造が耐震構造として優れていることを日本に報

佐野利器（さの・としかた）(1880-1956年)
　東京帝国大学教授などを務めた建築学者で，構造分野の仕事のほかに関東大地震(1923年)で壊滅した帝都東京の復興計画を指揮したり，衛生的な学校建物の設計に携わったりと，幅広い分野で活躍した。

写真1・1　三井物産横浜支店1号館
（遠藤於菟設計）

参考文献　1）　日比忠彦：鉄筋混凝土の理論及び其応用（上巻），丸善，大正6年
　　　　　2）　月永洋一：黎明期のコンクリート建築，コンクリート工学，Vol.40, No.9, 2002年9月, pp.87-93．

告した。そののち渋沢倉庫（東京深川，1909（明治42）年）や三井物産横浜支店1号館（1911（明治44）年，写真1・1）などが建てられたが，特に後者は，**遠藤於菟**によって設計された地下1階，地上4階建の本格的鉄筋コンクリート造事務所建築であった。

　このビルは，すっきりとしたデザインでまとめられており，現在もオフィス・ビルとして使われ続けている。

　佐野は，1916年に発表した「家屋耐震構造論」において，震度法を用いた耐震設計法を初めて提案した。これは，地震時には建物重量の k 倍の水平力が建物に作用するとして**耐震設計**することを説いたもので，この係数 k を**震度**と呼ぶ（気象庁の震度階とは異なるので注意）。

　写真1・2は夭折した建築家・岩元禄が設計し1921（大正10）年に竣工した西陣電話局である。こぢんまりとした3階建の鉄筋コンクリート建物であるが，大きな丸柱と正面のファサードを飾る裸婦のレリーフが，独特の雰囲気を醸し出している。建築家の情念のようなものを感じさせる作品である。

　大正時代に入ると，鉄筋コンクリート構造の工学的な研究が本格化した。1915（大正4）年ころから佐野利器・内田祥三・内藤多仲らによって，鉄筋コンクリート床版や梁などの計算図表が発表された。これによって，日本の鉄筋コンクリート構造設計技術が実用段階に達したと考えられる。

　1923（大正12）年に，M7.9の**関東大地震**が発生した。この地震による東京内の鉄筋コンクリート建物の被害は全壊から大破が84棟だったのに対し，無被害が551棟と多かった。この当時は，地震力に対する構造設計の規定（**耐震規定**）がなかったにもかかわらず，鉄筋コンクリート建物の被害率が小さかったことから，鉄筋コンクリート構造の評価が高まった。しかし，配慮をおこたると鉄筋コンクリート建物でも破壊することも，同時に明らかとなった。その後，「市

遠藤於菟（えんどう・おと）（1866-1943年）
明治時代に東京帝国大学を卒業した建築家で，当時まだ発展途上であった鉄筋コンクリート構造を採用し，実践したことで知られる。彼が残した図面や写真は，横浜市に寄贈されており，現在は横浜開港資料館で見ることができる。

(a) 立面　大きな丸柱が連なっている

(b) 1階柱頭の裸婦のレリーフ

写真1・2　西陣電話局（岩元禄設計）

街地建築物法施工規則」の改正（1924（大正13）年）によって初めて耐震設計規定が導入され，1933（昭和8）年には日本建築学会から「鉄筋コンクリート構造計算規準案」が発表され，鉄筋コンクリート構造建物の設計法が一応整備された。

1・1・3　現代の鉄筋コンクリート構造

20世紀後半以降，日本においては，鉄筋コンクリート構造が社会基盤を構築する基幹構造となった。建築分野では中・低層の建物はもとより，最近では50階を超えるような超高層建物も建設されている。地震国日本におけるこのような発展は，鉄筋やコンクリートという材料自体の高性能化と建物の耐震設計手段（考え方と計算技術）の進化とに負うところが大きい。**免震**や**制振**といった技術と組み合わせたり，予め作製された柱・梁や床スラブなどの部材を，現場で組み立てて接合するという**プレキャスト工法**も多用される。写真1・3は，プレキャストの柱・梁部材の中を貫通させたPC鋼材を締め付け，圧着接合させるという工法によって建設中の鉄筋コンクリート高層建物であり，建物基部には地震力を低減させるための免震装置が挿入されている。

鉄筋コンクリートは，自由な形態を創出することが可能なことから，建築表現の優れた建物も多く産み出されている。例えば写真1・4（東京カテドラル大聖堂，丹下健三設計，1964年竣工）は，鉄筋コンクリートによって作られたHPシェルで構成されており，内部はコンクリートの打ち放しで仕上げ，大聖堂として荘厳な空間を産み出すとともに，外側には優美な姿を見せている。

写真1・4　東京カテドラル大聖堂（丹下健三設計）

写真1・3　建設中の鉄筋コンクリート高層建物

写真1・5　玉名展望館（高崎正治設計）（小泉雅生撮影）

| コラム　新旧コンクリート構造物の対比の妙 |

　横浜のウオーター・フロントに建つランドマーク・タワー（1997年竣工）にも，一部鉄筋コンクリート造が使われている。写真手前に写っているのは象の鼻突堤であり，こちらは1859（安政6）年に建設され，上面にコンクリートブロックが敷かれている（ただし，このコンクリートがいつ打設されたものかは不明である）。新旧のコンクリート構造物が並んでいるのも，幕末期に日本開国の表舞台であった横浜ならではの光景といえる。

横浜のウオーター・フロント

1・2　鉄筋コンクリート構造の特徴

1・2・1　鉄筋コンクリート＝Reinforced Concrete ?

　鉄筋コンクリートは，英語でいうとReinforced Concreteである。これを日本語に直訳すると，「補強されたコンクリート」になる。ここには，「鉄筋」という単語は含まれていないので，コンクリートを補強するものは別に鉄筋でなくてもよいことになる。実際，日本においては，太平洋戦争中にコンクリートの中に竹を入れて補強した「竹筋コンクリート」が，使われたことがある。しかし，コンクリートと中に入れる補強材との一体化が計れ，かつ両者の熱膨張係数が同じであること，補強材の工業化と大量生産が容易であることなどの理由から，補強材として鉄筋が用いられるようになった。

　鉄筋コンクリート構造とは，鉄とコンクリートとがそれぞれの弱点を相互に補い，各々の材料特性を生かした構造である。端的にいうと，コンクリートは引張力に弱くてすぐにひび割れが発生するが，鉄筋は引張力に強いので，ひび割れが生じる部分に鉄筋を入れておけばよいということになる。

1・2・2 鉄筋コンクリート構造の長所と短所

鉄筋コンクリート構造では，使用する材料ゆえの長所と短所がある。これらを把握しておくことは，鉄筋コンクリート建物を設計して建設する我々にとって不可欠である。以下に，長所と短所を説明する。

(1) 鉄筋コンクリート構造の長所

① **耐火性**に優れている。鉄自体は高熱によって曲がり，最終的には溶けてしまうが，それをコンクリートで被覆することによって火災などの熱から守っている。コンクリートの耐火性については，多くの実験によって確認されている。しかし，高強度コンクリートのように，密実なコンクリートでは高温によって内部の水分が蒸発しても，その逃げ道がないため爆裂破壊を起こすことがあり，注意が必要である。

② **耐久性**に優れている。コンクリートには水が含まれているため，その中に鉄筋を入れると錆びてしまうと思っているひとがいるが，それは間違いである。コンクリート自体はアルカリ性であり（コンクリートを練り混ぜて，手で触ってみるとヌルヌルしている），鉄筋が錆びるのを防止する。ただし，施工不良によってコンクリートの締固めが不十分であったり，コンクリート表面から鉄筋までの距離（**かぶり厚さ**と呼ぶ）が不足したりすると，コンクリート内部に炭酸ガスが浸透してコンクリートのアルカリ性を奪い（**中性化**と呼ぶ），鉄筋の発錆を早めることになるので，注意が必要である。

③ **自由な形状**の建物を創出できる。前節でも説明したように，鉄筋コンクリート構造は当初はその芸術性に着目されていたくらいである。硬化する前のコンクリートには流動性があり，鉄筋と型枠とを操作することによって，基本的にはどんな形態でも作り出すことが可能である（写真1・2，1・5参照）。安藤忠雄氏が自作を語った際に，「日本人は器用なので，複雑な形態の型枠でも自在に作ることができ，コンクリート打設も丁寧でよい。」と述べていたことを思い出す。

④ 鉄骨構造に比べて**安価**である。鉄筋コンクリート造の建物では，その体積の大部分はコンクリートであり，鉄筋の量は少ない。

⑤ **遮音性**や**対振動性**に優れている。床スラブや壁の厚さを増すことにより，遮音性を向上させることが容易である。また鉄筋コンクリート部材の剛性は一般的には高いため（曲がりにくいということ），振動障害や不快なたわみなどの発生を防止できる。

(2) 鉄筋コンクリート構造の短所

① 自重が大きいため，大スパン構造や高層建物には不利である。鉄筋コンクリートの1m^{3}あたりの重量は約24kN（2.4tonf程度）であり，これが床一面に敷かれるとばかにならない重量となる。自重が大きいということは，地震に対しても不利であることを示す。地震動によって建物に作用する力

は，(加速度)×(質量)によって生じるためである。鉄筋コンクリートのこのような宿命を解決するために，**軽量コンクリート**や**高強度コンクリート**が開発され，20階から30階程度の高層建物が建設されるようになった。鉄筋コンクリート構造は，大スパン建物には基本的に適していないが，部分的に鉄骨梁を入れるとか，プレストレスを導入してたわみを制御するなどの方法により，大スパンも可能になる。

② 厳しい現場管理が必要で，工期が長くなる。鉄筋コンクリート建物は，基本的には現場での一品生産のため，設計通りの施工を行って品質を確保するためには，現場監理が重要となる。また，型枠の設置やコンクリートの打設・硬化にそれなりの工期も必要になる。このような欠点を解消するために，あらかじめ部材を工場で製作して現場で組み立てる構法（**プレキャスト構法**）を採用すれば，精度の向上，省力化および工期短縮が可能になる。

③ 地球環境に優しくない。使命の終わった鉄筋コンクリート建物を解体するには，多大なエネルギーが必要であるとともに，大量に発生する廃棄物も頭痛のタネである。これに対しては，解体後の廃材を粗骨材として再利用したり，セメントや骨材を分離して再利用したりするコンクリートの**リサイクル**（Recycle）と，柱や梁などの部材をそのまま転用する**リユース**（Reuse）との両面から，研究が進められており，一部の技術は実用化されている。

1・2・3 ひび割れの発生と鉄筋配置の原則

軸力・せん断力および曲げモーメントが作用し，部材内部に生じる引張力がコンクリートの引張強度を超えたとき，ひび割れが発生する。図1・1のような無筋の単純梁を考えよう。中央の外力を大きくしていくと，曲げモーメントが最大である中央にひび割れが発生する。しかし，このままではひび割れ発生と同時に，梁は真二つに壊れてしまう。そこで，ひび割れを横切るように，すなわち引張力を生じる部分に鉄筋を配置（**配筋**と呼ぶ）すれば，梁はひび割れ発生後もその性能を保持することができる。これが配筋の大原則である。鉄筋は，**主筋**および**せん断補強筋**の2種類に分けることができるが（図1・2参照），それらの役割はひび割れの発生のしかたに密接に関係している。

ひび割れは，それを引き起こす応力によって，曲げひび割れとせん断ひび割れとの二つに大別できる（そのほかに，乾燥収縮やアルカリ骨材反応などによるひび割れもあるが，ここでは触れない）。

曲げひび割れは，図1・3(a)のように，曲げモーメントによって発生するひ

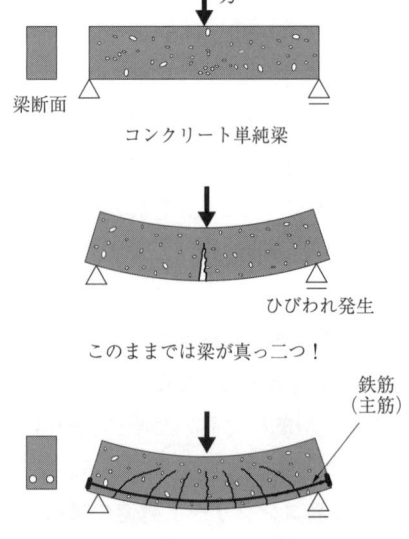

図1・1 ひび割れの発生と鉄筋配置の原則

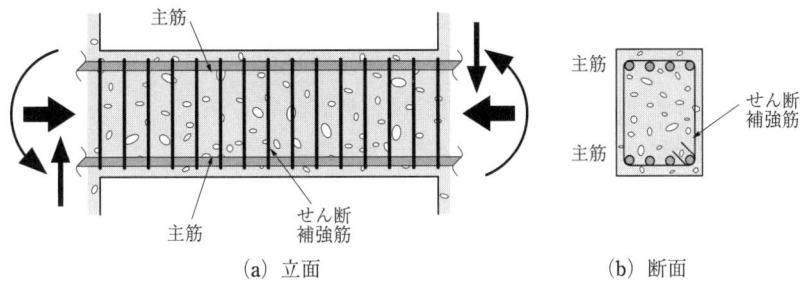

(a) 立面　　　　　　　　　(b) 断面

図1・2　鉄筋コンクリート部材の配筋

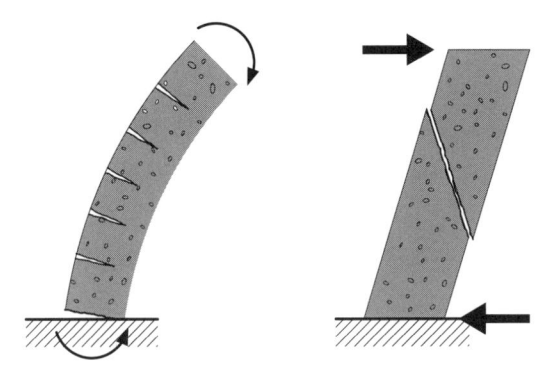

(a) 曲げひび割れ　　　(b) せん断ひび割れ

図1・3　曲げひび割れとせん断ひび割れ

び割れのことで，材軸にほぼ直交して発生する。このひび割れを横切るように，ひび割れに直交して配する鉄筋が**主筋**であり，材軸方向に配筋されて軸力および曲げモーメントに対して抵抗する。

せん断ひび割れは，せん断力によって発生するひび割れで，図1・3(b)のように，斜めに発生するのが特徴である（このような斜めひび割れが発生する理由は，6・1で詳しく説明する）。地震の際にはせん断力が左右両方向から交互に作用するので，写真1・6のように，せん断ひび割れがX字状に発生することが多い。この斜めひび割れを横切るように配する鉄筋が**せん断補強筋**であり，せん断力に対して抵抗する。せん断補強筋は通常は材軸方向に直交して配筋され，図1・2(b)のように，部材内部のコンクリートを取り囲むような閉鎖形状をしている。せん断補強筋は，柱部材の場合には**フープ・帯筋**，梁部材の場合には**スターラップ・あばら筋**と呼ばれることもある。

写真1・6　X字状に発生した
　　　　　せん断ひび割れ

1・2・4　鉄筋コンクリート部材の壊れかた

　鉄筋コンクリート部材の最終的な壊れかたは，部材の形状・寸法，配筋，材料の強度などによって異なってくる。一般には，曲げ破壊とせん断破壊との二つに大別できる。このうち，**曲げ破壊**はよい壊れかたであり，**せん断破壊**は悪い壊れかたといえる。壊れるのによいも悪いもあるものか，という声が聞こえてきそうであるが，これは，あくまでも地震動に抵抗して人命を守ることを第一とした場合を想定したものであって，あたり前であるが壊れないに越したことはないのである。

(1)　曲げ破壊

　主筋の降伏によって部材の抵抗力（**耐力**と呼ぶ）がほぼ一定となり，その後は変形だけが増大する。この間に，曲げひび割れ幅が拡大して主筋の引張ひずみも増加するが，普通鉄筋の破断ひずみは通常は十分に大きいので，主筋が破断することは希である。最終的には，部材の付け根部分のコンクリートが圧縮によって破壊（**圧壊**と呼ぶ）し，耐力が低下していく。図1・4に，曲げ破壊した鉄筋コンクリート柱の破壊状況および，力と変形との関係（**復元力特性**と呼ぶ。詳しくは第10章で説明）を示す。実験では，曲げモーメントとともにせん断力も作用しているため，曲げひび割れのほかに斜めのせん断ひび割れも観察された。主筋降伏によって剛性が急激に低下し，耐力がわずかずつ増加していく様子がわかる。このように曲げ破壊は，変形が大きくなりながらじわじわと壊れるのが特徴であり，地震動のエネルギーを多量に吸収できることから，「よい壊れかた」といってもよい。鉄筋コンクリート骨組が地震動を受けた際に，最も望ましい破壊形式は梁端部に曲げ破壊を発生させることであり，これによって床スラブの落下を招くことなく，地震動に抵抗することが可能になる。た

> 復元力特性におけるループの囲む面積が，エネルギー吸収量である。

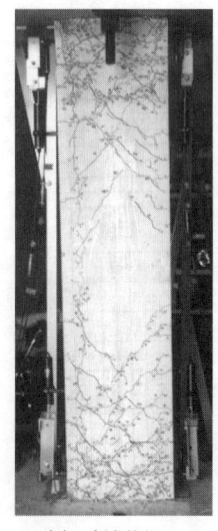

(a)　破壊状況

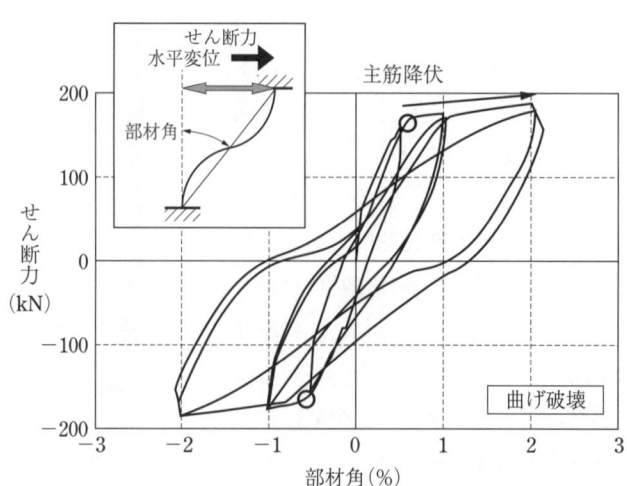

(b)　力と変形との関係

図1・4　曲げ破壊した鉄筋コンクリート部材の例

だし，梁付け根領域のコンクリート塊の落下には，十分な注意が必要である。

(2) せん断破壊

部材のせん断破壊は，多くの場合には斜めせん断ひび割れの発生によって，突然，外力に抵抗できなくなる現象で，コンクリートの圧壊，せん断補強筋の破断あるいは主筋の座屈をともなうことが多い（詳細は第6章を参照）。せん断破壊は，一般には非常に脆性的な破壊であり危険なため，以下に述べるような理由から「悪い壊れかた」といえる。図1・5に，せん断破壊した鉄筋コンクリート柱の破壊状況および，力と変形との関係を示す。柱の左上と右下との圧縮域を結ぶ対角線に沿った斜めせん断ひび割れが，大きく開口すると同時に最大強度に達し，その後急激に耐力が低下していることがわかる。

地震のとき，鉄筋コンクリート建物に大きな被害を与える原因は，柱のせん断破壊である。柱は建物の自重を支えているため，柱のせん断破壊が生じると，斜めせん断ひび割れに沿って上の階が沈下したり，最悪の場合には，その階が崩壊する（落階）ことになる（図1・6）。写真1・7は，1階柱のせん断破壊によって上層階が落下し，崩壊した建物の例である。この建物の1階に，もしも自分がいたらと思うと，背筋が凍る思いがする。このように，鉄筋コンクリート柱のせん断破壊は唐突に発生してバサッと壊れるので，中にいる人が避難する余裕がない。人命の保全のためには，まず柱部材のせん断破壊を防止することが重要となる。

図1・4，1・5は，柱を対象とした実験の結果であり，図1・7に示す加力装置を用いて行われたものである。

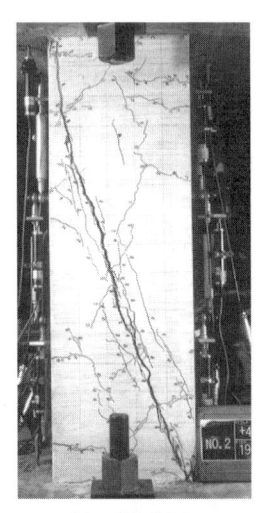

(a) 破壊状況

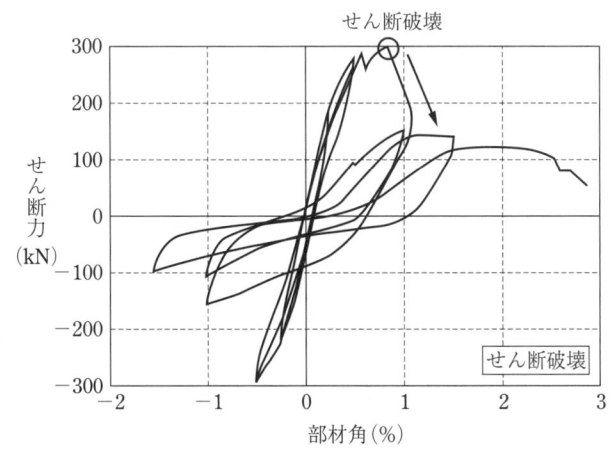

(b) 力と変形との関係

図1・5 せん断破壊した鉄筋コンクリート部材の例

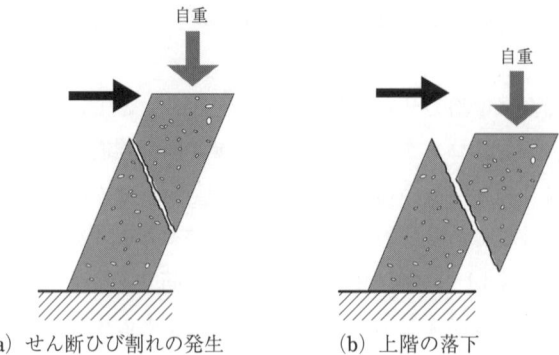

(a) せん断ひび割れの発生　　(b) 上階の落下

図1・6　せん断破壊と上階の落下

(a) 1階柱のせん断破壊による建物(左側)の破壊　　(b) せん断破壊した1階柱

写真1・7　柱のせん断破壊による建物の崩壊例（東京都立大学・調査チーム撮影）

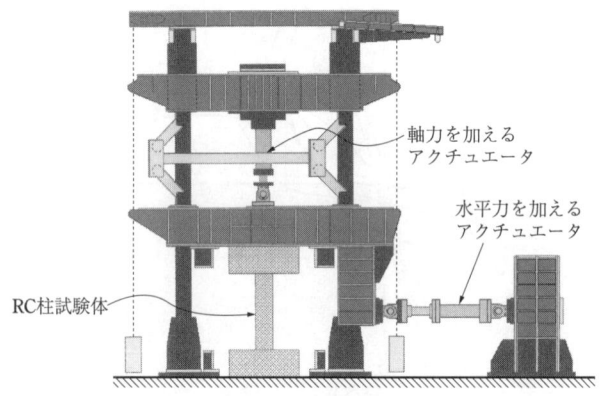

図1・7　加力装置

第2章
鉄筋とコンクリート

　鉄筋コンクリート構造に用いられる鉄筋とコンクリートは，どのような性質を持っているのでしょう。コンクリートは，セメント・砂・砂利・水が一緒に混ぜて練られたもので，いろいろな性質のものを作ることができます。鉄筋も1種類ではありません。

　第2章では，鉄筋とコンクリートの種類と力学的な性質の違いについて学びます。

1. 練り混ぜたコンクリートは型枠に流し込まなければならないので，すぐには固まりません。施工性に必要な性質はどのようなものがあるのでしょう。
2. 固まったあとのコンクリートには，鉄筋コンクリート構造の力学的な性質を特徴づけるために，どのような性能が必要でしょう。
3. 鉄筋とコンクリートの付着は，鉄筋コンクリート構造を成り立たせるためにとても重要です。なぜでしょう。

圧縮強度 130〔MPa〕

圧縮強度 20〔MPa〕

より平滑に ←

ひび割れ面の等高線グラフ

コンクリート圧縮強度とひび割れ面粗さ
コンクリートはひび割れ発生する場合，普通強度では骨材とモルタルの界面から割れるが，高強度になると骨材自体が割れるので，高強度コンクリートほどひび割れ面が平滑になる。

2・1 鉄筋の性質

2・1・1 力学的な性質

鉄筋コンクリート造に用いられる鉄筋に,引張力を作用させた場合の応力度－ひずみ関係を模式的に示すと,一般的に図2・1(a)のようになる。図中のa点までは,応力度($_s\sigma$)とひずみ($_s\varepsilon$)の間に直線関係があり,この傾きが**ヤング係数**($_sE$)である。一般的には,$_sE=2.05\times10^5(\text{N/mm}^2)$程度である。その後も鉄筋を引張り続けると,a点の応力度,すなわち**降伏点**をほぼ一定に保ってひずみが増加する。このa－b部分を**降伏棚**と呼ぶ。その後,ひずみの増加とともに,b点において再び応力度が増加し始める。この現象を**ひずみ硬化**と呼ぶ。ひずみ硬化が進行し,やがてc点において応力度が最大となる。この応力度を**引張強さ**という。この後,ひずみの増加とともに荷重が低下し,最終的に破断する。

降伏点が高い高強度鉄筋や降伏点以上の応力度を経験した鉄筋に引張力を作用させた場合の応力度－ひずみの関係は,図2・1(b)のように,降伏棚を示さず,明確な降伏点を確認できない。このような場合には,除荷したときのひずみが,$_s\varepsilon=0.2\%$となる応力度〔**0.2%耐力**（0.2%オフセット耐力）〕を降伏点とする。

ひずみ軟化

コンクリートのように,ひずみの増加とともに応力度が減少する現象をひずみ軟化という。

ステンレス鋼

ステンレス鋼も明確な降伏点を示さない。ステンレス鋼では,降伏点として0.1%耐力（0.1%オフセット耐力）を用いる。

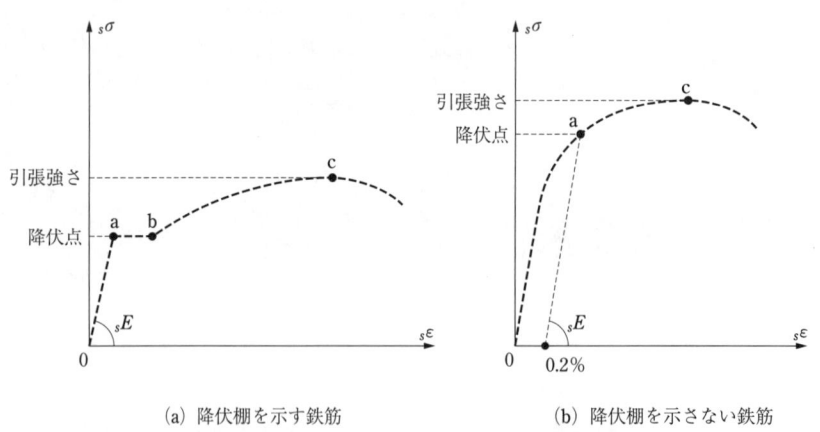

(a) 降伏棚を示す鉄筋　　　　(b) 降伏棚を示さない鉄筋
図2・1　鉄筋の応力度―ひずみ関係の模式図

図2・2は,異形鉄筋・高強度異形鉄筋ならびにPC鋼より線の応力度－ひずみ関係を比較して示している。強度が上昇しても,ヤング係数は種類によらずほぼ一定である。また,高強度になるとひずみ硬化開始時のひずみが小さくなり,破断時の伸びも小さくなる。

線膨張係数は約$1\times10^{-5}/\text{°C}$である。これは,コンクリートのそれとほぼ同じである。

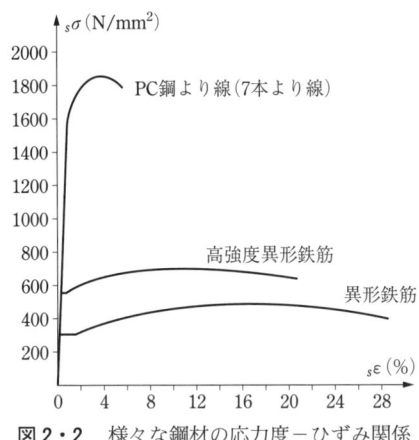

図2・2　様々な鋼材の応力度－ひずみ関係

2・1・2　いろいろな鉄筋

　鉄筋コンクリート造に用いられる主な鉄筋は，JIS G 3112にある鉄筋コンクリート用棒鋼である。表2・1は，熱間圧延棒鋼（**丸鋼**：円形断面：記号SR）と熱間圧延異形棒鋼（**異形鉄筋**：表面突起：記号SD：図2・3）の規格を示している。これ以外にJIS G 3117に，一度使用した鋼材を再圧延した再生棒鋼（再生丸鋼：記号SRRまたは再生異形鉄筋：記号SDR）の規格がある。本書では，これら棒鋼を総称して**鉄筋**と呼ぶ。断面の形状を示すSRおよびSDの記号のあとに書いてある数値は，表にあるように，降伏点または0.2%耐力の下限値を示している（図2・1参照）。SD295に限りA，Bという記号があるが，これは表にあるように，Aでは降伏点または0.2%耐力の下限値のみが規定されており，Bでは降伏点または0.2%耐力の下限値のほかに上限値も規定されていることを示している。鉄筋引張破断時の軸方向伸びは，表2・1の右下図に示すように，$8d$（d：鉄筋径）の長さで計測して求められる。本書では，降伏点と耐力を総称して降伏強度と呼ぶことにしている。

　鉄筋とコンクリートの一体性（付着強度）を高めるために，表面に突起を付けた異形鉄筋の代表的な例を図2・3に示す。軸方向のものを**リブ**，ふし状のものを**節**と呼ぶ。表2・2に，代表的な異形鉄筋の断面積と周長を示す。公称直径・公称周長・公称断面積は，その異形鉄筋と同じ単位重量を持つ丸鋼のそれらに換算して求めたものである。

　鉄筋の代わりに，連続繊維補強材や連続繊維シートを用いる場合がある。それぞれの特徴を欄外に記述する。

溶接金網

　スラブや壁あるいは柱・梁のせん断補強筋として，鉄筋のかわりに溶接金網が使われることがある。溶接金網の引張強度は490（N/mm²）以上と規定されている。鉄線の直径は4mm以上のものを使用することになっているが，主筋方向は6mm以上が望ましい。

連続繊維補強材

　カーボン繊維（CFRP）・アラミド繊維（AFRP）・ガラス繊維（GFRP）などを集束し，エポキシ樹脂やビニルエステル樹脂などの結合材を含浸させて固めた棒状の補強材である。PC鋼材あるいは鉄筋の代替品として使われることがある。特長として，①錆びない，②軽量である，③引張強度が高い，④耐磁性・耐候性に優れている，などの点があげられる。

連続繊維シート

　上述した繊維をシート状に仕上げたもので，既存の鉄筋コンクリート柱などに巻き付けてせん断強度を高め，靱性を改善することから耐震補強材料として使われることがある。

表2・1　丸鋼および異形鉄筋（JIS G 3112）

種類	記号	降伏点または0.2%耐力 (N/mm²)	引張強度 (N/mm²)	伸び (%)
丸鋼	SR235	235以上	380〜520	20以上
				24以上
	SR295	295以上	440〜600	18以上
				20以上
異形鉄筋	SD295A	295以上	440〜600	16以上
				18以上
	SD295B	295〜390	440以上	16以上
				18以上
	SD345	345〜440	490以上	18以上
				20以上
	SD390	390〜510	560以上	16以上
				18以上
	SD490	490〜625	620以上	12以上
				14以上

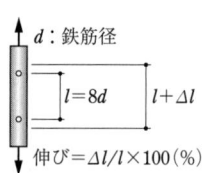

d：鉄筋径　$l=8d$　$l+\Delta l$
伸び$=\Delta l/l\times100$（%）

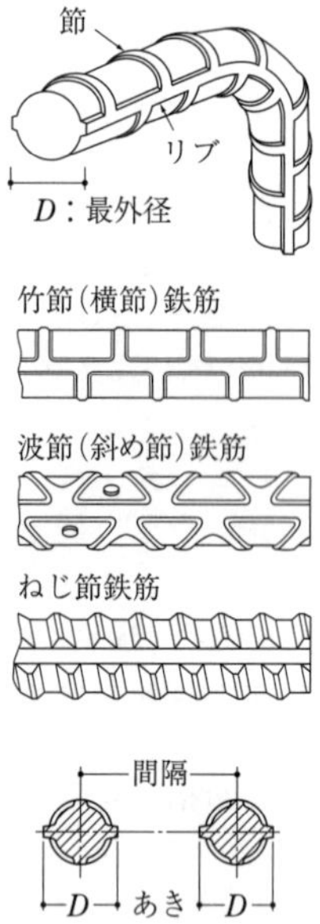

表2・2　代表的な異形鉄筋の断面積・周長

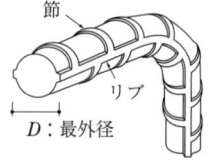
竹節（横節）鉄筋

波節（斜め節）鉄筋

ねじ節鉄筋

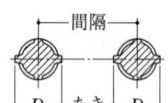

呼び名	重量 (kg/m)	公称直径 d(mm)	最外径 D(mm)	公称周長 l(mm)	公称断面積 s(mm²)
D10	0.560	9.53	11	30	71.33
D13	0.995	12.7	14	40	126.7
D16	1.56	15.9	18	50	198.6
D19	2.25	19.1	21	60	286.53
D22	3.04	22.2	25	70	387.1
D25	3.98	25.4	28	80	506.7
D29	5.04	28.6	33	90	642.4
D32	6.23	31.8	36	100	794.2
D35	7.51	34.9	40	110	956.6
D38	8.95	38.1	43	120	1140
D41	10.5	41.3	46	130	1340
間隔	・｛(呼び名の数値)×1.5＋(最外径)｝以上 ・｛(粗骨材最大寸法)×1.25＋(最外径)｝以上 ・｛25mm＋(最外径)｝以上				
あき	・(呼び名の数値)×1.5以上 ・(粗骨材最大寸法)×1.25以上 ・25mm 以上				

図2・3　異形鉄筋の形状[*]

*) 日本建築学会編「構造用教材」

2・2　コンクリートの性質

2・2・1　コンクリートとは

コンクリートは，**セメント**，**骨材（粗骨材・細骨材）**，**水**および**混和材料**を混練したものである。建築工事で使用されるコンクリートの容積割合は，およそ図2・4のようになっている。

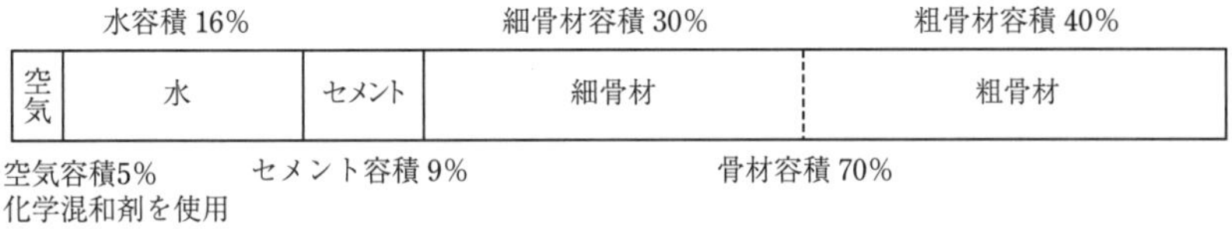

```
水容積16%              細骨材容積30%          粗骨材容積40%
┌──┬─────┬─────┬──────────┬──────────────┐
│空│     │セメ │          ┊              │
│気│ 水  │ント │ 細骨材   ┊   粗骨材     │
└──┴─────┴─────┴──────────┴──────────────┘
空気容積5%   セメント容積9%      骨材容積70%
化学混和剤を使用
```

図2・4　コンクリートの容積割合

コンクリートは，硬化するまでのまだ固まらない状態の**フレッシュコンクリート**と硬化後の**硬化コンクリート**に区別される。フレッシュコンクリートに対しては，施工性能が要求され，硬化コンクリートに対しては，強度・剛性などの構造性能と耐久性能が要求される。

2・2・2　コンクリートの材料

（1）セメント

我が国におけるセメントの年間生産量は，社団法人セメント協会のデータによると，2007年は約7000万トンであり，そのうち普通ポルトランドセメントが約70％，高炉セメントが約20％，早強ポルトランドセメントが約5％，その他が約5％を占めている。

建築構造物に用いられるセメントには，以下のものがある。

① ポルトランドセメント（JIS R 5210）

ポルトランドセメントは，石灰岩と粘土質材（粘土，頁岩，粘板岩）を混合・粉砕し，高温で焼成して製造する。

以下のように6種類のポルトランドセメントがある。

・**普通ポルトランドセメント**

最も広く使われているもので，上述したように，我が国の全セメント使用量の約7割を占めている。

・早強ポルトランドセメント

セメント粉末を細かくして早期に硬化し，強度を発現させる。寒中にコンクリートを打設したり，プレストレストコンクリート工事をする場合に用いられる。

・超早強ポルトランドセメント

さらにセメント粉末を細かくしたもので，緊急工事・補修工事など，

より早く所要の強度を得る必要がある吹付けコンクリートやグラウト補修工事などに使用されるが，通常の工事にはほとんど使用されない。
- 中庸熱ポルトランドセメント

 粉末を普通よりやや粗くして，水和による発熱を抑えたセメントであり，セメント使用量が多いコンクリートや部材断面の大きいマスコンクリート，暑中のコンクリートなどに使われる。
- 低熱ポルトランドセメント

 中庸熱ポルトランドセメントよりさらに水和熱の発生を抑えたもので，所要の強度を得るまでの材齢は非常に長い。
- 耐硫酸塩ポルトランドセメント

 セメントは，本来アルカリ性で，硫酸塩に接すると劣化する。これを防止するために，材料配合を改善したものである。土や地下水などに硫酸塩を多量に含んでいる地域で使用される。

② 混合セメント

 ポルトランドセメントに，高炉スラグ微粉末を混和材として混合した**高炉セメント**，フライアッシュまたは天然のシリカ質微粉末（ポゾラン）を混和材として混合した**フライアッシュセメント**がある。高炉セメントは，長期にわたり強度増進が期待でき，塩類・酸性水・海水などに対する化学抵抗性に優れているが，中性化の進行は普通ポルトランドセメントに比べて速い。フライアッシュセメントは，長期強度増進が期待でき，乾燥収縮が小さく，水密性が向上している。アルカリ骨材反応に対しては，抑制効果がある場合と，逆に促進する場合がある。

(2) 骨材

骨材は，2・2・1にも示したように，コンクリートの体積の約7割を占めるので，その品質が強度・耐久性・水密性などの性質に影響を及ぼす。骨材に求められる性能としては，強固であること，物理的かつ化学的な安定性が高く，耐久性に優れていること，適度な粒度・粒径を持っていることがあげられる。また，セメントペーストとの付着強度が大きいこと，セメントの硬化を阻害したり，コンクリートの劣化を促進する有機物・化学塩類などの，有害な不純物を含有していないことも求められる。

① 粒径による分類

 骨材は，その粒径により**細骨材**（砂）と**粗骨材**（砂利）とに分けられる。

細骨材：10mmふるいを全部通過し，5mmふるいを質量で85％以上通過する骨材

粗骨材：5mmふるいに質量で85％以上とどまる骨材

 質量で90％以上が通るふるいのうち，最小寸法のふるい目の開きで示される粗骨材の寸法を，**粗骨材の最大寸法**という。建築で用いられている粗骨材の最大寸法は通常25mmであるが，最近では20mm程度とすることが

② 産出方法による分類

　自然から採取される川砂・川砂利，山砂・山砂利，海砂・海砂利，陸砂・陸砂利などの**天然骨材**と，砕砂・砕石・スラグ砕石・人工軽量骨材・重量骨材などの**人工骨材**がある。天然骨材の中では，一般に川砂・川砂利が最も品質がよいとされているが，骨材資源の枯渇とともに川砂利から海砂利・山砂利へ，さらに天然骨材から人工骨材へと供給構造が変化してきている。経済産業省製造産業局住宅産業窯業建材課推計によると，1981年度以降，砕石の供給量は天然骨材の供給量を上回っており，2002年には64％となっている。

③ 比重による分類

　普通コンクリートの比重は2.2～2.3であるが，容積の70％を占める骨材に軽量の砂・砂利を用いると，比重が1.5～2.0の**軽量コンクリート**をつくることができる。この軽量の砂・砂利を**軽量骨材**という。JIS A 5002では，軽量骨材をその絶乾比重により，表2・3のように，L，M，Hの3種に分類している。通常の砂や砂利の比重は2.5～2.8であるのに対し，細骨材 M で1.3～1.8，粗骨材 M で1.0～1.5である。軽量骨材は，頁岩・粘土・フライアッシュなどを回転窯で焼成してつくる。

表2・3　軽量骨材の絶乾比重による区分

種類	絶乾比重	
	細骨材	粗骨材
L	1.3未満	1.0未満
M	1.3以上1.8未満	1.0以上1.5未満
H	1.8以上2.3未満	1.5以上2.0未満

　コンクリートの密度が大きいほど，γ 線や中性子に対する遮蔽性が高くなるため，原子炉容器などの放射線遮蔽用コンクリートには**重量コンクリート**が使用されている。重量コンクリートには，通常の骨材より比重の大きな鉄・砂鉄（比重7.0～8.0），重晶石（バライト）（比重4.2～4.7），磁鉄鉱（比重4.5～5.2）などの**重量骨材**が使用される。重量骨材を用いたコンクリートを施工する場合には，材料分離と型枠に留意する必要がある。

④ 有害骨材

　コンクリートの耐久性を損なうような反応，膨張・収縮などを起こす有害鉱物を有害量含む骨材を**有害骨材**という。コンクリート中の水酸化アルカリ（特に Na^+, K^+）と骨材中の鉱物との反応による膨張，いわゆる**アルカリ骨材反応**に，特に注意をする必要がある。アルカリ骨材反応を起こす有害鉱物としては，火山岩ガラス・クリストバライト・トリジマイト・オパール，結晶格子にひずみを有する石英などがある。

再生骨材
　コンクリート塊（がら）をクラッシャなどで粉砕し，塊内部の骨材を抽出して得られた人工的に作った骨材を再生骨材という。

軽量コンクリート
　軽石などの天然骨材と粘土などを高温で焼いて，無数の気泡をつくった軽量骨材を用いて比重を小さくしている。骨材中の空気によって軽量化されているため，軽量化するほど強度およびヤング係数は低下するが，反面，熱伝導率が小さくなり，建築物の断熱に対して有利になる。また，水密性は普通コンクリートと比較して同等またはそれ以上となる。

重量コンクリート
　人体に有害な放射線である γ 線・χ 線の遮蔽効果は，遮蔽体となるコンクリートの密度にほぼ比例するので，比重の大きな重量コンクリートが向いている。

(3) 水

練り混ぜ水には，**上水道水**，上水道水以外の水および回収水がある。上水道水以外の水とは，河川水・湖沼水・井戸水・地下水・工業用水などである。上水道水は，品質試験なしで使用可能であるが，その他の水は，JIS A 5308に定められている練り混ぜ水の品質規定に合格したものでなければならない。特に，塩化物を含む水は鉄筋を腐食させ，塩害をもたらす。また，糖分を含んだ水を用いると，コンクリートの硬化不良が生じる可能性があるので，注意が必要である。

回収水の品質は，表2・4のように定められている。**スラッジ水**の場合には，スラッジ固形分率が3%を超えてはならない。スラッジ固形分率とは，単位セメント量に対するスラッジ固形分の質量の割合のことである。**上澄水**を用いるときは，上水道水と同様に用いることができるが，スラッジ水を用いる場合には，固形分が多くなると，ワーカビリィティや空気量に影響を及ぼすため，配合修正が必要となり，表2・5のような配合修正法がJCI（日本コンクリート工学協会）より提案されている。

回収水

回収水とは生コン工場での生コン車やプラントの洗い水を処理して得られる水である。
回収水には「スラッジ水」と「上澄水」がある。

スラッジ水と上澄水

「スラッジ水」は回収水のうちスラッジ固形分（水和生成物，一部骨材微粒子）を含む懸濁水である。「上澄水」は回収水からスラッジを取り除いた水酸化カルシウム等を含むアルカリ性の高い水である。

表2・4　回収水の品質規準

項目	品質
塩化物イオン(Cl^-)量	200ppm 以下
セメントの凝結時間の差	始発は30分以内，終結は60分以内
モルタルの圧縮強度の比	材齢7日および材齢28日で90%以上

表2・5　スラッジ水を用いる場合の配合修正法

項目	配合修正法
水セメント比	スラッジ固形分1%につき，単位水量・単位セメント量を1.0〜1.5%増す。
細骨材率	スラッジ固形分1%につき，約0.5%減じる。
AE剤の使用量	スラッジ固形分に応じて増す。AE減水剤についても同様に，空気量調整剤（AE助剤）を増す。

(4) 混和材料

コンクリートの施工性や硬化後の品質などを大幅に改善する目的で，コンクリート製造過程において添加・混入される材料として，**混和剤**および**混和材**がある。混和剤は，セメントに対する添加量が5%程度と少ないもので，混和材は，容積に影響するほどに使用量が多いものである。混和材には，混合セメント製造に用いられるフライアッシュと高炉スラグのほかに，コンクリート収縮低減のための膨張材，コンクリートの流動性を高めるための石灰石微粉末，高強度コンクリート製造に使われるシリカフュームなどがある。主な混和剤を以下に示す。

① AE剤

コンクリート中に，多くの微細な気泡を均等に混入する目的で用いられる界面活性剤の一種である。これにより，単位水量の減少，ワーカビリティ・ブリージング・レイタンス性状の改善，耐凍害性の向上に対する効果が期待できる。

ブリージング

フレッシュコンクリートにおいて打設後の数時間に，骨材などの固体粒子が沈降することにより，練り混ぜ水の一部や微細な物質がコンクリート表面に上昇してくる現象をいう。

② 減水剤

　減水剤は，セメント粒子の分散作用などを利用して，ワーカビリティを改善する，所要のスランプ・強度を得るために必要な単位水量および単位セメント量を減じる，などの目的で使用される。

③ AE減水剤

　AE剤の持つ空気連行作用と減水剤の持つセメント分散作用の両者を併せ持つ混和剤であり，実際のレディーミクストコンクリート工場では，AE減水剤が最もよく用いられている。

④ 高性能AE減水剤

　AE減水剤よりも高い減水効果を持ち，かつ良好なスランプの保持性能を持つ。高強度コンクリートの製造や，単位水量を抑制しなければならないコンクリートの製造に用いられている。

⑤ 流動化剤

　コンクリート練り混ぜ後にセメント粒子の分散効果を増大させ，ワーカビリティを改善する目的で使用される。

> **レイタンス**
> ブリージングに伴って，コンクリート表面に浮かび出た物質が，数時間たって沈澱したセメントや骨材中の微粒子をレイタンスという。レイタンスは強度が非常に低く，この表面に新しくコンクリートを打足す際は，打継ぎ部分が弱点にならないようにレイタンスを完全に除去する必要がある。

2・2・3　力学的な性質

　硬化したコンクリートの性質として，耐久性・耐火性・水密性・体積変化などもあげられるが，構造上最も重要な力学的性質について考える。

（1）応力度－ひずみ関係

　コンクリートの応力度（$_c\sigma$）－ひずみ（$_c\varepsilon$）関係の例を，図2・5に示す。コンクリートの円柱供試体に，図に示すような加力を行ってこの関係を得ている。建築では，直径100mm，高さ200mmの円柱供試体を用いるのが一般的である。圧縮強度が大きいほどヤング係数が大きくなり，圧縮強度を超えるとひずみの増加とともに，応力度が低下するひずみ軟化が見られる。その低下の度合いは，圧縮強度が大きいほど大きく，脆性的な破壊をする。

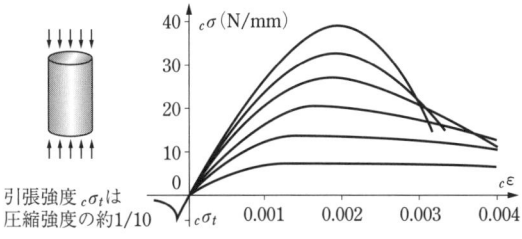

図2・5　コンクリートの応力度－ひずみ関係の例

　円柱供試体の側面に横補強筋や鋼管で拘束した場合の，応力度－ひずみ関係を図2・6に示す。横拘束されることで圧縮強度が上昇し，脆性的な特性が改善されることがわかる。

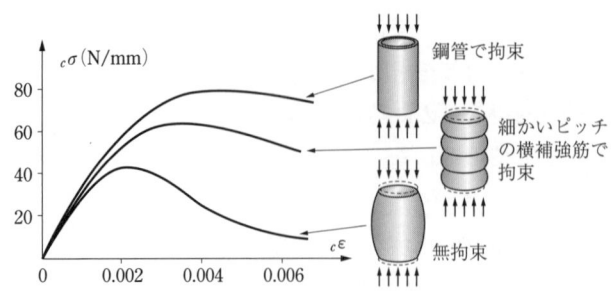

図2・6 横拘束されたコンクリートの応力度-ひずみ関係の例

(2) 圧縮強度

図2・5の圧縮側の最大強度を圧縮強度 σ_B といい,これに影響する主な要因は,使用材料の種類,調合および打設後の環境条件である。

この中でも,水セメント比の影響が大きい。図2・7に示すように,水セメント比が小さいほど,圧縮強度は大きくなることがわかる。一般的には,構造物と同じ気温条件で養生された,現場水中養生試験体の材齢28日における試験結果により,圧縮強度を確認する。

水セメント比

練りたてのフレッシュコンクリートやモルタルのセメントペーストに含まれる水とセメントの重量比(W/C)のことである。水セメント比を適切に決めることで,所要の流動性・圧縮強度を持つコンクリートができる。

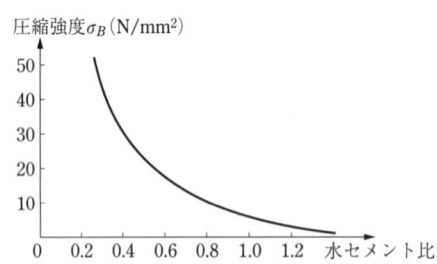

図2・7 コンクリートの圧縮強度に及ぼす水セメント比の影響

(3) ヤング係数

コンクリートのヤング係数 $_cE$ は,日本建築学会の RC 規準に示されている,以下の式で与えられる。この式からわかるように,コンクリートの単位体積重量やコンクリートの圧縮強度が高くなると,ヤング係数も大きくなる。

$$_cE = 3.35 \times 10^4 \times \left(\frac{_c\gamma}{24}\right)^2 \times \left(\frac{\sigma_B}{60}\right)^{\frac{1}{3}} \quad (\text{N/mm}^2) \qquad (2\cdot1)$$

ただし,
$_c\gamma$:コンクリートの単位体積重量(kN/m³)
σ_B:コンクリートの圧縮強度(N/mm²)

コンクリートのヤング係数 $_cE$ は,図2・8でわかるように,一義的に定義することはできない。$_cE$ は,曲線上のどこの点を選択するかによって異なるが,通常は,構造設計用のヤング係数としては,$_c\sigma - _c\varepsilon$ 関係上で原点と圧縮強度の1/3~1/4の応力点を結ぶ直線による割線弾性係数で定義している。

高強度コンクリート

日本建築学会の「JASS 5 鉄筋コンクリート工事」や「高強度コンクリート施工指針(案)」では,設計基準強度が36N/mm²を超えるコンクリートとされている。

現状では,100N/mm²から130N/mm²の強度のコンクリートも使われている。

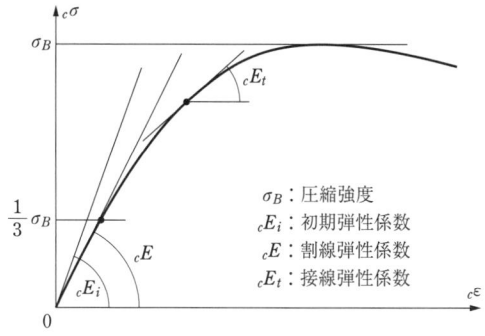

図2・8　コンクリートの様々な弾性係数

(4) ポアソン比

コンクリートのポアソン比 ν は，作用応力度レベルやコンクリートの品質によっても異なる。高強度でない普通コンクリートでは $\nu=0.18\sim0.20$，軽量コンクリートでは $\nu=0.20\sim0.22$，高強度コンクリートでは $\nu=0.20\sim0.23$ である。ただし，RC規準ではコンクリートの種類にかかわらず，$\nu=0.20$ を採用している。

(5) せん断弾性係数

せん断弾性係数 $_cG$ は，弾性材料に対して成立する，次式により求めることができる。

$$_cG=\frac{_cE}{2(1+\nu)} \qquad (2\cdot2)$$

$\nu=0.20$ とすると，せん断弾性係数は，$_cG=0.417\,_cE$ となる。

(6) 引張強度

コンクリートの引張強度 $_c\sigma_t$ は，圧縮強度の1/8～1/15（一般的には1/10）程度と小さく，強度のばらつきも大きい。引張強度は，圧縮強度と同様に水セメント比の影響を大きく受ける。引張強度は，試験方法によっても異なるが，一般的には図2・9に示すような円柱供試体を横にして置き，断面の直角方向に加圧し，そのときに断面に生ずる引張力から引張強度を算定する方法が用いられている。これにより求めた引張強度を，**割裂引張強度**と呼ぶ。

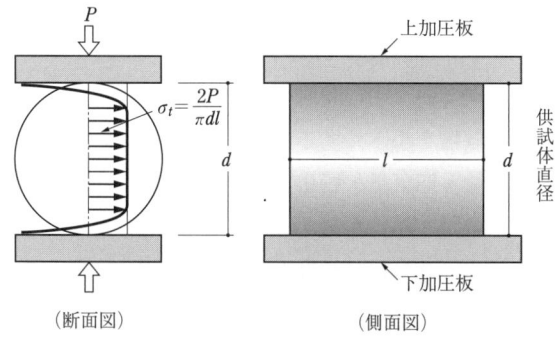

図2・9　引張強度を求めるための割裂引張試験法

(7) 曲げ強度

部材の曲げひび割れモーメント M_c は，みかけの引張強度（曲げ強度）σ_b と断面係数 Z を用いて，次のように表せる。

$$M_c = Z \cdot \sigma_b$$

コンクリートの曲げ強度は，純粋に部材を引っ張った場合の引張強度に対して1.5倍程度である。これは，曲げを受ける場合に，断面内に応力勾配が生じるためである。

(8) クリープ

一定の応力度を長期間作用させ続けると，持続荷重時間とともにひずみが増加する。この現象をクリープという。図2・10に示すように，コンクリートに一定の応力度が載荷されると，載荷と同時に弾性ひずみが生じ，さらに時間の増加とともにひずみが増加する。この増加したひずみを**クリープひずみ**という。クリープひずみは載荷初期に大きく，時間の経過とともにその増加率が減少する。クリープひずみが大きくなると梁や床のたわみが大きくなり，使用性に支障をきたすこともある。鉄筋にはクリープは生じないので，コンクリートのクリープにより圧縮鉄筋の応力度は増加し，圧縮鉄筋を多く入れることにより，クリープ変形を減少させることができる。

> **圧縮鉄筋**
> 圧縮を負担する主筋を圧縮鉄筋ということがある。

作用する応力度が大きいほどクリープひずみは大きくなるが，**クリープ限度**以上になると，クリープひずみが収束せずに，破壊（**クリープ破壊**）に至る（図2・11）。クリープ限度は，作用外力によりコンクリートに生じる圧縮応力度が，圧縮強度のおおよそ75%といわれている。

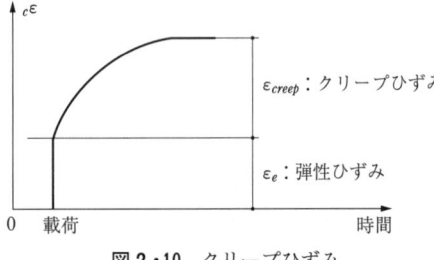

図2・10 クリープひずみ

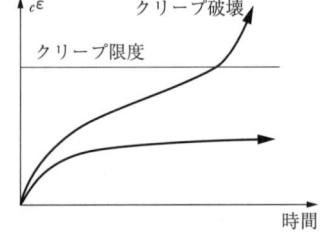

図2・11 クリープひずみと時間の関係

(9) 乾燥収縮

セメントペーストが乾燥し，その中の水分が逸散して収縮することにより，コンクリートの乾燥収縮が起こる。コンクリート中の骨材は，セメントペーストの乾燥収縮を拘束し，コンクリートの収縮を小さくする作用を持っている。乾燥収縮には，単位水量・単位セメント量・空気量・養生方法・部材寸法，セメント，骨材の品質などが影響するが，中でも単位水量が最も大きな影響を与える。乾燥収縮ひずみの大きさは，通常，$5～8×10^{-4}$ 程度といわれている。

(10) 線膨張係数

コンクリートの線膨張係数は鉄筋とほぼ同じで$1×10^{-5}$/℃程度であり，温度変化に対しコンクリートと鉄筋はほぼ一体となって伸縮していると考えられる。

2・2・4　固まるまでの性能

(1) ワーカビリティ

JIS A 0203（コンクリート用語）によると，ワーカビリティとは，練り混ぜられたコンクリートが材料分離を生ずることなく，運搬・打込み・締固め・仕上げなどの作業が，容易にできる程度を表すフレッシュコンクリートの性質と定義されている。すなわち，単に打込みやすさのみをいっているのではなく，練混ぜから仕上げまでのコンクリート工事の全工程を対象としており，非常に重要な性質といえる。

(2) コンシステンシー

工業材料の流動性は，変形あるいは流動に対する抵抗性の程度で定義される，コンシステンシーによって表されるが，コンクリートのスランプ値にも，このコンシステンシーの概念が適用されている。一般の鉄筋コンクリート工事で用いられるスランプ値は，12〜18cm程度である。

(3) 調合

コンクリートの品質を確保することを目的に，ワーカビリティや耐久性を確保するために，調合に関連してスランプ，単位水量の上限値，単位セメント量の最小値ならびに水セメント比最大値が，JASS 5では表2・6，表2・7のように，規定されている。また，耐久性を確保するための規定の一つとしてコンクリートに含まれる塩化物含有量は，荷卸し地点で，塩化物イオンとして0.3kg/m³以下でなければならない。ただし，鉄筋防錆上有効な対策を講じた場合は，0.6kg/m³以下とすることができる。

スランプ値

コンクリートの流動性の目安を表すための値で，スランプ試験により求める。スランプ試験は，高さ30cmの截頭円錐形のスランプコーンにコンクリートを充填した後，これを引き上げ，コンクリートが自重で変形した後の沈下量をcmで表してスランプを求める。ワーカビリティという性質と密接にからんでいる。一般の鉄筋コンクリート工事では，スランプ値は12〜18cm，無筋コンクリートで5〜12cm程度である。

表2・6　コンクリートの調合に関する規定（JASS 5）

コンクリートの種類	スランプ (cm)	単位水量の上限値 (kg/m³)	単位セメント量の最小値 (kg/m³)
普通コンクリート	21以下（$F_c \geq 33$N/mm²） 18以下（$F_c < 33$N/mm²）	185	270
軽量コンクリート	21以下	185	320（$F_c \leq 27$N/mm²） 340（$F_c > 27$N/mm²）

表2・7　水セメント比の最大値に関する規定（JASS 5）

	セメントの種類	水セメント比の最大値（%）	
		短期・標準・長期	超長期
ポルトランドセメント	早強ポルトランドセメント 普通ポルトランドセメント 中庸熱ポルトランドセメント	65	55
	低熱ポルトランドセメント	60	
混合セメント	高炉セメントA種 フライアッシュセメントA種 シリカセメントA種	65	―
	高炉セメントB種 フライアッシュセメントB種 シリカセメントB種	60	

2・3　鉄筋とコンクリートの付着

2・3・1　付着が重要な理由

　鉄筋コンクリート構造は，鉄筋とコンクリートが一体となって外力に抵抗するもので，この一体性が重要である。図2・12は，鉄筋コンクリート単純梁において，鉄筋とコンクリートの**付着**（一体性）が十分な場合と，付着がない場合を示す。図(a)のように，付着が十分な場合には引張に弱いコンクリートに曲げひび割れが生じたあとも，主筋が引張力を負担して外力に耐えることができる。しかし，図(b)のように，付着がない場合には，主筋がその性能を発揮することができず，コンクリート中央部に曲げひび割れが入った途端に，ビスケットを折るように折れて破壊する。これは，ほぼ無筋の梁と同様な破壊性状である。

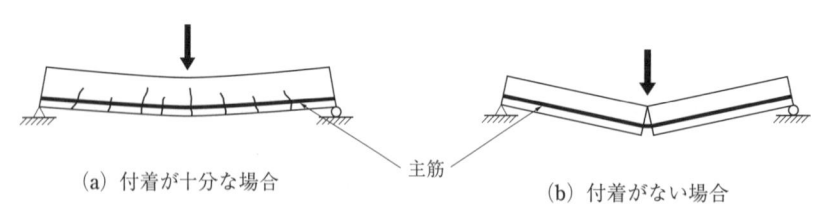

　　　　(a) 付着が十分な場合　　　　主筋　　　　(b) 付着がない場合

図2・12　付着の有無がRC梁の破壊性状に与える影響

2・3・2　付着力の発生の仕方

付着力には，次の三つの作用によるものが考えられる。
① 鉄筋とセメント硬化体間の粘着または毛細管張力に起因する接着作用
② 鉄筋とコンクリート界面の摩擦作用
③ 鉄筋表面とコンクリートの機械的なかみ合い作用

　接着作用は，鉄筋の表面の状態に依存するが，この作用だけで良好な付着力を得ることはできず，鉄筋とコンクリートの小さな相対ずれにより，その効果は消失する。接着作用消失後，鉄筋とコンクリートの間には摩擦抵抗が生じる。
　RC部材の主筋には異形鉄筋が使用されるので，3番目のかみ合い作用が最も重要であり，この作用に対応する破壊メカニズムは，次の三つに大別できる。
① ふし間のコンクリートの局部圧縮破壊（ふしの支圧面積が過小な場合，図2・13(a)）
② ふし間のコンクリートのせん断破壊（ふしの支圧面積が十分で，鉄筋周囲のコンクリートの横拘束が十分な場合，図2・13(b)）
③ 鉄筋周囲のコンクリートの割裂破壊（ふしの支圧面積が十分かつコンクリートかぶり厚さが不十分な場合，図2・14）

　丸鋼の付着は接着＋摩擦作用であり，異形鉄筋では接着＋摩擦作用のほかに，

(a) 局部圧縮破壊
 ($a/c<0.10$)

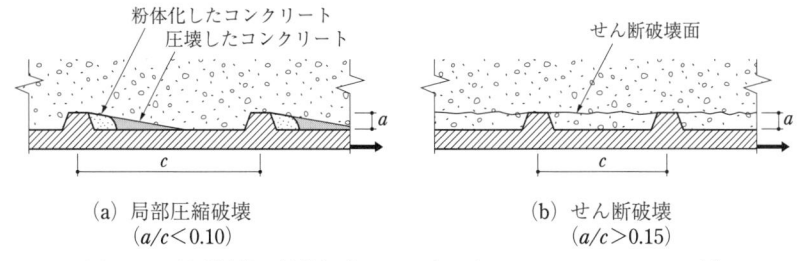

(b) せん断破壊
 ($a/c>0.15$)

図2・13 異形鉄筋の付着伝達メカニズム（R.Park and T.Paulay）[1]

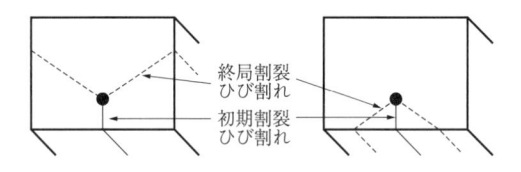

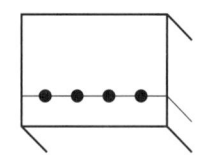

(a) 底面のかぶり厚さが小さい場合

(b) 側面のかぶり厚さが小さい場合

図2・14 付着による割裂破壊形態[1]

鉄筋のふしとコンクリートのかみ合い作用が加わる。よって，丸鋼と異形鉄筋の付着応力度―すべりの関係を定性的に示すと，図2・15のようになる。すなわち，丸鋼では，一定の付着応力度を示し，異形鉄筋では，過去に経験した最大すべり以内の範囲では，摩擦的な作用のみで付着応力度は激減し，再度最大すべりに近づくと機械的なかみ合い作用が回復し，付着抵抗が急激に増加する。

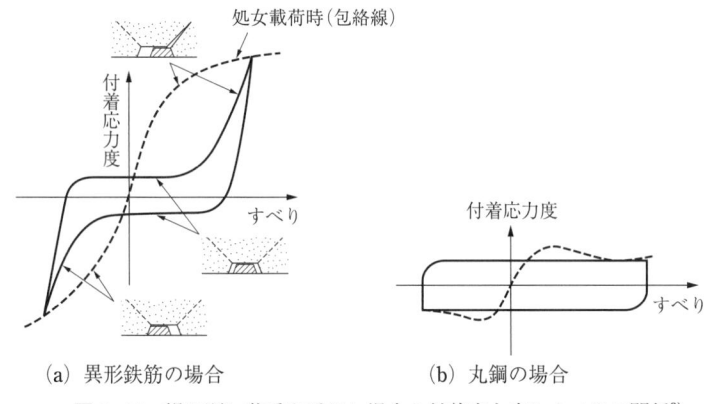

(a) 異形鉄筋の場合

(b) 丸鋼の場合

図2・15 繰り返し荷重を受けた場合の付着応力度とすべりの関係[2]

参考文献 1) R.Park and T.Paulay：Reinforced Concrete Structures, Jhon Wily & Sons, 1975
 2) 森田司郎, 鉄筋コンクリート終局強度設計に関する資料 付着特性(1), 建築雑誌, Vol.94, No.1158, 1979.12

演習問題

1. ポルトランドセメントの種類と，それぞれの用途を説明せよ。

2. コンクリートの圧縮強度に影響を及ぼす要因について説明せよ。

3. $\sigma_B = 21\text{N/mm}^2$ と $_c\gamma = 24\text{kN/m}^3$ のとき，ヤング係数 $_cE$ を計算せよ。

4. コンクリートのクリープについて説明せよ。

5. 異形鉄筋の付着力発生の仕方を説明せよ。

第3章
軸力を受ける鉄筋コンクリート柱

　鉄筋コンクリート構造は，なぜ強いのでしょう。それは鉄筋とコンクリートが仲良く助け合っているからです。

　第3章では，軸力だけを受ける鉄筋コンクリート部材性能を考えることで，力学の基本を学びます。

1. 鉄筋とコンクリートはどのように協力し合うのでしょう。
2. 鉄筋とコンクリートが協力することによって，どのくらいの強度が生まれるのでしょう。
3. 鉄筋コンクリート柱は，どのような壊れかたをするのでしょう。

鉄筋コンクリート柱の実験風景
中央に見える柱試験体に，4本のジャッキで軸力を作用させた状態で，水平の2本のジャッキ(奥のコンクリートの圧力壁に取りついている)で水平力を与える。この水平力によって，柱試験体に逆対称の曲げモーメントが発生する。

3・1　大きな軸力がはたらく柱

　柱は，構造物の重量を支えている重要な構造要素である。地震による構造物の崩壊は，地震力によって柱が損傷し，構造物の重量を支えられなくなることで起こる。柱の軸方向力に対する性能は，構造物の終局時における安全性を評価する上で非常に重要である。

　通常の柱には，軸方向力と曲げモーメントが同時に作用している。しかし，高層建築物の下層階の柱や，地震荷重や風荷重などの水平力が作用したときの1階の隅柱では，軸方向力が非常に大きくなり，柱の力学的挙動は曲げモーメントに対する性能よりも，軸方向力に対する性能に支配されるようになる。

　本章では，軸方向力を受ける柱の挙動について，圧縮軸力を受けた場合（3・2節）と，引張軸力を受けた場合（3・3節）のそれぞれについて解説する。

> 1985年頃から，盛んに30階を超える高層のRC構造物が設計施工されるようになってきた。そこでは，1階隅柱の大きな軸力に対する設計方法が重要な課題となった。

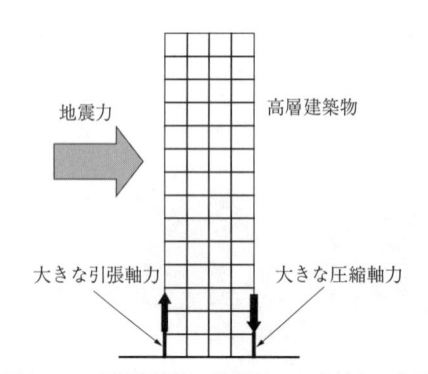

図3・1　高層建築物1階隅柱への高軸力の作用

コラム　**超高層鉄筋コンクリート構造**

　鉄筋コンクリート構造物は，鉄骨構造と比較して，強度の割に重量が大きくなりがちであり，また，剛性が高くなるため，高層建築物には向いていないと考えられ，およそ40年ほど前までは，鉄筋コンクリート構造で7階建以上は不可能とされていた。しかし，1970年代になって，高層建築物を建設するための研究が精力的に行われ，コンクリートや鉄筋の高強度化や設計法の進歩により，現在では40〜50階建の高層建築物を鉄筋コンクリートで建設することが可能となった。

　下の写真と図は，地上45階，最高高さ159.4mの鉄筋コンクリート構造の超高層集合住宅であり，1階柱部分のコンクリートの設計基準強度は$130N/mm^2$，主筋の強度は$685N/mm^2$の高強度材料が使用されている。

　コンクリートは，人工の石である。古代より石材は土木・建築材料として使用されてきた。石材の代表的構造物としてピラミッドがある。有名なクフ王のピラミッドは紀元前2500年頃の建設であるが，1個2.5tonの石灰岩を230万個積み上げることにより，高さ146mに達している。この高さは，最近，可能となった人工の石（コンクリート）を使用した超高層建築物とほぼ同じである。

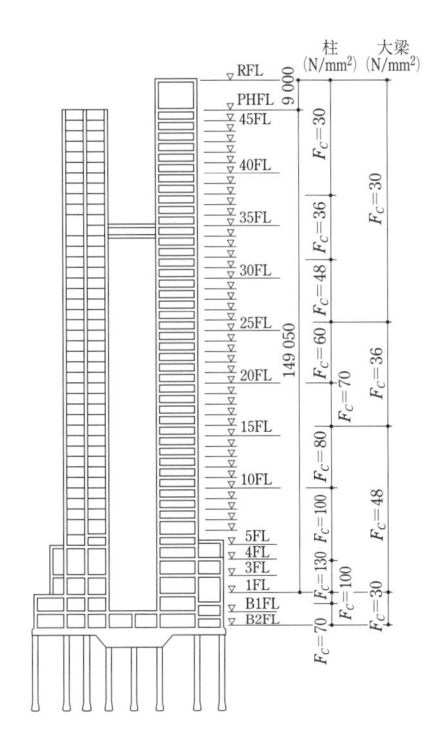

〔参考文献〕 黒岩・河合・小田切・嵐山：F_c130N/mm^2 の高強度コンクリートを用いた超高層集合住宅の施工，コンクリート工学，Vol.42, No.10, pp.44, 2004・10

3・2　圧縮軸力を受ける柱

3・2・1　断面の応力度とひずみ

　長さが L，断面積が $b \times D$ の鉄筋コンクリートの柱に中心圧縮力 N が作用し，これにより柱頭に軸変形 δ が生じている場合を考える（図3・2）。コンクリートと主筋がこの圧縮軸力を支えており，それぞれが負担する圧縮力を $_cN$，$_sN$ とする。すなわち，

$$N = {}_cN + {}_sN \tag{3・1}$$

　コンクリートと主筋に生じているひずみ ε は等しく，次のように計算できる。

$$\varepsilon = \frac{\delta}{L} \tag{3・2}$$

　コンクリートに作用する応力度 $_c\sigma$ と主筋に作用する応力度 $_s\sigma$ は，コンクリートのヤング係数 $_cE$ と主筋のヤング係数 $_sE$ を用いて，次のように表される。

$$_c\sigma = {}_cE \cdot \varepsilon \tag{3・3}$$

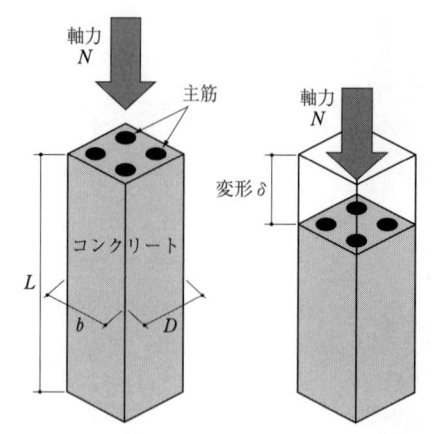

図 3・2 中心圧縮軸力を受ける鉄筋コンクリート構造の柱

$$_s\sigma = {_sE} \cdot \varepsilon \tag{3・4}$$

したがって，コンクリートの応力に対する主筋の応力の比は，次式のように，ヤング係数の比で表すことができる。

$$\frac{_s\sigma}{_c\sigma} = \frac{_sE}{_cE} = n \tag{3・5}$$

このコンクリートと主筋のヤング係数の比 n は，**ヤング係数比**と呼ばれる。普通強度の鉄筋コンクリートでは，ヤング係数比はおよそ10程度の値であり，弾性範囲であれば主筋の応力度は，コンクリートの応力度のおよそ10倍であるということができる。

コンクリートと主筋の負担軸力は，コンクリートの断面積 $_cA$ と主筋の断面積 $_sA$ を用いて，次のように表される。

$$_cN = {_c\sigma} \cdot {_cA} \tag{3・6}$$

$$_sN = {_s\sigma} \cdot {_sA} \tag{3・7}$$

式（3・5），（3・6），（3・7）より，コンクリートと主筋の負担軸力は，

$$_sN = n\left(\frac{_sA}{_cA}\right){_cN} \tag{3・8}$$

の関係にあり，主筋の負担軸力は，コンクリートの負担軸力の $n({_sA}/{_cA})$ 倍であることが分かる。

式（3・1）と式（3・8）から，コンクリートと主筋の負担軸力は，それぞれ最終的に次式で表される。

$$_cN = {_cA}\,\frac{N}{({_cA} + n \cdot {_sA})} \tag{3・9}$$

$$_sN = {_sA} \cdot n\,\frac{N}{({_cA} + n \cdot {_sA})} \tag{3・10}$$

$_cA + n \cdot {_sA}$ は，**等価断面積** A_e と呼ばれる。両式から，コンクリートと主筋の応力度は，次式で表される。

主筋のヤング係数は，強度に関係なく一定であるのに対し，コンクリートのヤング係数は，強度が大きくなるほど大きくなる傾向にある。したがって，ヤング係数比は，コンクリートの性能に強く影響されることになる。

設計において用いられるヤング係数比は，一般に実際の材料特性から決まるヤング係数比より大きく設定される。これは，コンクリートに発生するクリープによるコンクリートの応力負担減少を考慮しているためである。

$$_c\sigma = \frac{N}{A_e} \tag{3・11}$$

$$_s\sigma = n\frac{N}{A_e} \tag{3・12}$$

そして、ひずみ ε は、次式で計算できる。

$$\varepsilon = \frac{N}{(A_e \cdot {}_cE)} = n\frac{N}{(A_e \cdot {}_sE)} \tag{3・13}$$

コンクリートにクリープひずみが発生すると、見かけ上コンクリートのヤング係数が小さくなり、n は大きくなる。すなわち、A_e は大きくなり、式(3・11)から、コンクリートの応力度負担分は減少することが分かる。式(3・1)の関係から、軸力 N の値に変化がなければ、コンクリートの応力度負担分の減少は、主筋の応力度負担の増加を引き起こす。このことは、十分な主筋量を確保することにより、クリープが生じたことによるコンクリートの応力度負担の減少を、主筋によってカバーできることを示唆している。実際、クリープひずみによる梁部材のたわみ増加を防止するために、曲げ圧縮力が作用する側の主筋を十分に配することが有効であることが、実験的に示されている。

なお、コンクリートの断面積 $_cA$ は、次式に示すように、厳密には、部材断面積 $b \times D$ から主筋の断面積 $_sA$ を引くことによって求められる。

$$_cA = b \cdot D - {}_sA \tag{3・14}$$

等価断面積 A_e $(= {}_cA + n \cdot {}_sA)$ は、次のように計算される。

$$A_e = b \cdot D + (n-1){}_sA \tag{3・15}$$

しかし、主筋の断面積 $_sA$ は、部材断面積 $b \times D$ に対して小さいことから、コンクリートの断面積 $_cA$ を

$$_cA = b \cdot D \tag{3・16}$$

とし、等価断面積 A_e を次のように計算しても、実用上支障がないことが知られている。

$$A_e = b \cdot D + n \cdot {}_sA \tag{3・17}$$

一般の柱における主筋の断面積 $_sA$ は、部材断面積 $b \times D$ の約1％程度である。したがって、式(3・16)で $_cA$ を計算したとしても、式(3・14)で計算される $_cA$ との差は1％程度ということになる。

例題 1

図 3・3 に示す断面 600mm×600mm の柱に，中心圧縮力（$N=2000$kN）が作用したときの軸変形 δ と，コンクリートと主筋に発生する応力度を計算せよ。ただし，異形鉄筋 D22 のヤング係数 $_sE$ は 2.0×10^5 N/mm^2，断面積は 387mm^2 であり，コンクリートのヤング係数 $_cE$ は 2.0×10^4N/mm^2，断面積 $_cA$ は式（3・16）で計算してよいものとする。

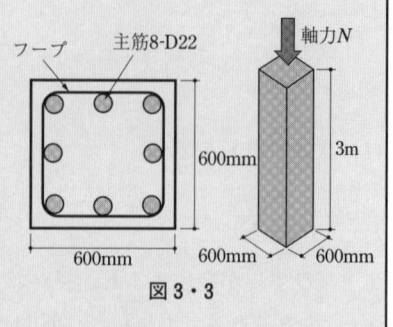

図 3・3

【解説】

柱に生じるひずみが計算できれば，式（3・2）から軸変形 δ を算出できる。ひずみの算出には，式（3・13）を利用すればよい。

まず，等価断面積 A_e を算出する。コンクリートの断面積 $_cA$ は式（3・16）で計算してよいので，等価断面積 A_e は式（3・17）で計算できることになる。ヤング係数比 n は $10(=\frac{_sE}{_cE})$ であるから，

$$A_e = b \cdot D + n \cdot {_sA} = 600\times600+10\times387\times8=390960\text{mm}^2$$

式（3・13）から，

$$\varepsilon = \frac{N}{(A_e \cdot {_cE})} = \frac{2000\times1000}{(390960\times2.0\times10^4)}=0.000256$$

ゆえに，式（3・2）から，

$$\delta = \varepsilon \cdot L = 0.000256\times3000 = 0.768\text{mm}$$

このときコンクリートに発生している応力は式（3・11）から，

$$_c\sigma = \frac{N}{A_e} = \frac{2000\times1000}{390960}=5.12\text{N/mm}^2$$

主筋に発生している応力は，式（3・12）から，

$$_s\sigma = n\frac{N}{A_e} = \frac{10\times2000\times1000}{390960}=51.2\text{N/mm}^2$$

3・2・2　圧縮軸力による壊れかた

前項では，圧縮軸力 N を受けて軸変形 δ が生じている柱の力の釣合いや，コンクリート・主筋に生じる応力度とひずみについて解説した。この際，柱は弾性状態（つまり，式（3・3），（3・4）において，ヤング係数 $_cE$，$_sE$ は一定値）であると仮定した。しかし，圧縮軸力 N が大きくなると，塑性化によってヤング係数は徐々に小さくなり，ついに柱は，圧縮軸力をそれ以上支えられなくなり崩壊する。

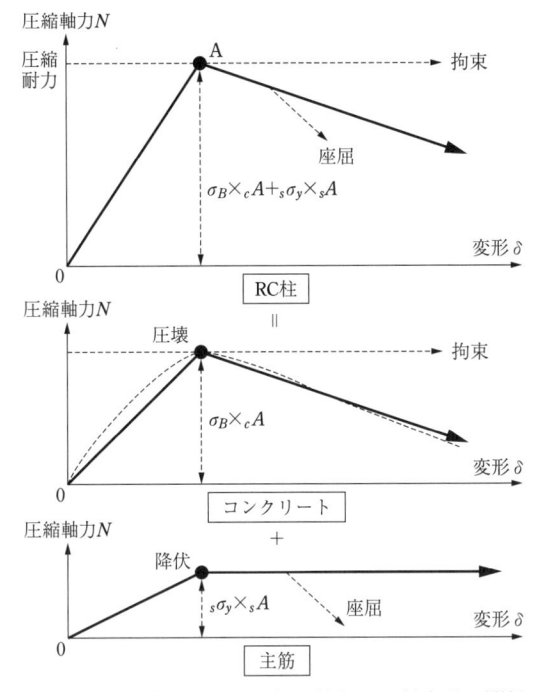

図3・4 圧縮軸力を受ける柱の軸力 N・軸変形 δ 関係

このような柱の破壊性状を可視化する目的で，圧縮軸力 N と軸変形 δ の関係をグラフ化することがよく行われる。圧縮軸力を受ける柱の圧縮軸力 N と軸変形 δ の関係は図3・4に示すように，コンクリートと主筋の圧縮軸力－軸変形の関係を合わせることによって求めることができる。なお，同図の中段に示したコンクリートの圧縮軸力－軸変形の関係は，簡単化のため本来は曲線であるもの（図中点線）を，2直線で近似して示してある。

図3・4に示すように，コンクリートの圧壊と主筋の降伏はほぼ同じひずみ，したがって，同じ変形で発生することが知られている。圧縮軸力の最大点は，コンクリートの圧壊が発生する図中の点Aで発生し，その後，支えられる圧縮軸力が減少して崩壊する。したがって，中心圧縮軸力を受けたときの柱の**圧縮耐力**（＝圧縮軸力の最大値）は，コンクリート強度 σ_B と主筋の降伏強度 $_s\sigma_y$ を用いて，次式で計算することができる。

$$圧縮耐力 = \sigma_B \cdot {}_cA + {}_s\sigma_y \cdot {}_sA \quad (3\cdot18)$$

なお，柱に作用している軸力の大きさを表現する目的で，次式で定義される**軸力比**がよく用いられる。

$$軸力比 = \frac{N}{(\sigma_B \cdot b \cdot D)} \quad (3\cdot19)$$

軸力比が1であるとは，主筋の効果を無視すれば，柱が圧縮崩壊する軸力の大きさであることを示している。柱の圧縮軸力の大きさは，日常的な荷重（長期荷重）に対しては軸力比で1/3以下，中小地震時（短期荷重）に対しては2/3以下に抑えることが，一般的に設計で行われている。

> コンクリートの圧壊時のひずみは0.002～0.003程度，主筋の降伏時のひずみは0.002程度である。

例題 2

図 3・3 に示した柱の圧縮耐力を計算せよ。ただし，コンクリート強度 σ_B は 30N/mm^2，主筋の降伏強度 $_s\sigma_y$ は 345N/mm^2 である。また，コンクリートの断面積 $_cA$ は式（3・16）で計算してよいものとする。

【解説】

式（3・18）を用いて圧縮耐力を以下のように計算できる。

$$\text{圧縮耐力} = \sigma_B \cdot {_cA} + {_s\sigma_y} \cdot {_sA}$$
$$= 30 \times (600 \times 600) + 345 \times 387 \times 8$$
$$= 11868120\text{N} = 11868.12\text{kN}$$

3・2・3 横補強筋のはたらき

圧縮耐力後の柱の耐力低下（図 3・4 の最上段の A 点以降の負勾配）が大きいことは，破壊の進行が急であることを意味しており，構造物の安全性を考える上で大変危険である。この負勾配は，コンクリートの圧壊後の負勾配が生み出す現象であり，これの改善に，図 3・5 に示すように，フープによってコンクリートおよび主筋を拘束することが有効である。拘束することによってコンクリートの圧縮強度は上昇し，かつ，その後の強度低下も緩やかになることから，図 3・6 に示すように，柱部材の圧縮耐力および変形能力は大きく改善される。

> 構造物の安全性と変形能力の関係については，11・2・3 を参照。

> 横拘束されたコンクリートの応力度－ひずみの関係は，2・2・3 を参照。

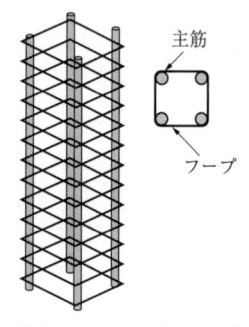

図 3・5 フープによる拘束

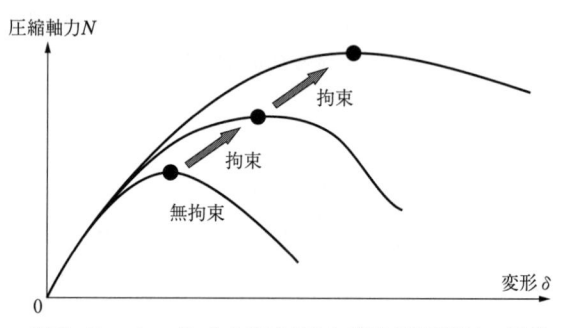

図 3・6 フープによる拘束が生む強度と変形能力の改善

図 3・4 の上段および中段に破線で，フープ拘束によるコンクリートの性能上昇に起因する破壊後の負勾配の改善を，模式的に示した。一方，フープを密に配することは，コンクリートの破壊性状だけでなく，主筋の破壊性状をも改善する。フープの量が十分でない場合には，主筋の座屈が早期に発生する。図 3・4 最下段に破線で示すように，降伏後，主筋の強度は維持されず，図 3・4 の最上段に示すように，座屈発生により柱の破壊は急激に進行してしまう。十分な量のフープによる拘束は，この主筋の早期の座屈を防止する上でも重要である。

> **コラム**　拘束効果による性能改善（拘束フープ筋のいろいろ）

　フープ筋によってコンクリートおよび主筋を拘束することで，鉄筋コンクリート構造の性能は大きく改善される。高層建築物の1階隅柱（図3・1参照）には，地震時に非常に大きな軸方向力が作用するため，特に，高い性能が要求される。超高層鉄筋コンクリート構造を実現するためには，効果的なフープ筋による拘束方法の考案が必要不可欠であった。

　図は，これまでに考案され，実際に用いられたフープ筋による拘束方法を示している。図中のAは（図3・5も参照のこと），最も基本的な配筋であり，これを改善するため，様々な配筋方法が開発された。およそ，A＜B＜C＜D＜E＜Fの順で高い拘束効果が得られる。しかし，この順で施工が困難となる一面もある。例えば，Fの配筋は，効果が最も高いが，配筋が複雑であり，施工が大変である。超高層の1階隅柱などで，非常に高い性能が必要な場合にのみ用いられる。

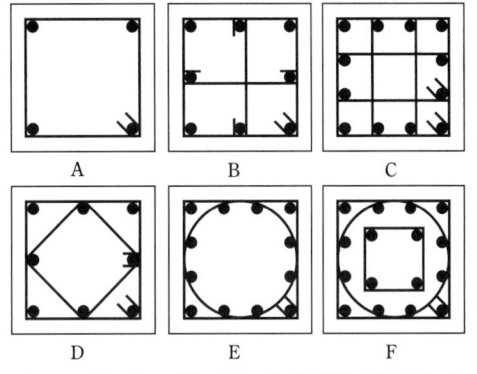

3・3　引張軸力を受ける柱

3・3・1　断面の応力度とひずみ

　鉄筋コンクリートの柱に中心引張軸力 N が作用し，これにより柱頭に軸変形 δ が生じている場合を考える（図3・7）。コンクリートと主筋が負担する引張力を，それぞれ $_cN$, $_sN$ とする。コンクリートのひび割れ発生前であれば，式（3・1）と同様に次式が成り立つ。

$$N = {_cN} + {_sN} \tag{3・20}$$

　ひび割れ発生後は，ひび割れ位置において主筋のみが軸力を負担するようになり，引張軸力 N は次式で与えられる。

$$N = {_sN} \tag{3・21}$$

　一方，ひび割れの発生していない部分では，依然，式（3・20）が成り立っており，主筋とともにコンクリートが引張力を負担している。

　したがって，材軸方向に発生するひずみは，ひび割れの発生していない部分では，式（3・13）と同様に，

$$\varepsilon = \frac{N}{(A_e \cdot {_cE})} = n\frac{N}{(A_e \cdot {_sE})} \tag{3・22}$$

で計算できるが，ひび割れが発生した位置では，式（3・21）で示したように，引張軸力のすべてを主筋が負担していることから，この位置の材軸方向のひずみは，式（3・4）を基に，次のように計算される。

$$\varepsilon = \frac{{_s\sigma}}{{_sE}} = \frac{N}{({_sA} \cdot {_sE})} \tag{3・23}$$

すなわち，ひび割れ発生後の材軸方向ひずみ分布は一様ではなく，ひび割れ位置で大きな値となり，ひび割れの発生していない部分で小さな値となる。ひび割れ近傍では付着が劣化するため，材軸方向ひずみ分布は連続的に変化する。これを模式的に描くと，図3・8のようになる。

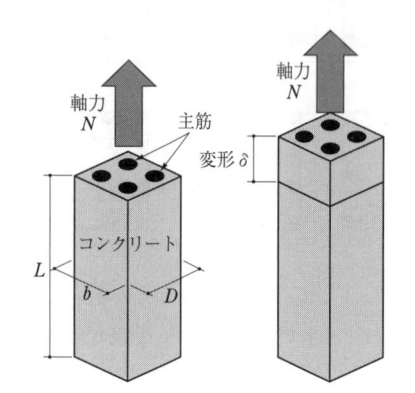

図3・7 引張軸力を受ける鉄筋コンクリート構造の柱

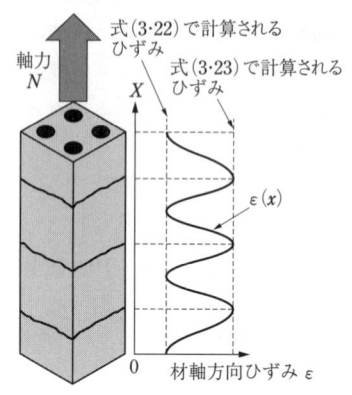

図3・8 材軸方向ひずみ分布

図3・8に示した材軸方向のひび割れの間隔は，主筋とコンクリートとの付着が大きいほど密になる。

3・3・2　引張軸力による壊れかた

圧縮軸力を受ける柱（3・2・2）で述べたのと同様に，引張時においても，部材の引張軸力 N −軸変形 δ の関係は，図3・9に示すように，コンクリートと主筋の引張軸力−軸変形の関係を合わせることによって求めることができる。

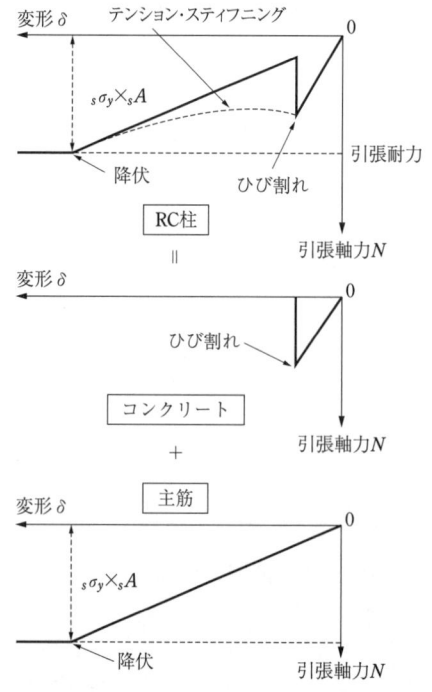

図3・9 引張軸力を受ける柱の軸力 N・軸変形 δ の関係

ひび割れ発生後の軸変形は，図3・8に示したように，材軸方向に一定のひずみ分布とならないので，材軸方向ひずみ $\varepsilon(x)$ を材軸方向 x に積分することによって求めることになる。

$$\delta = \int_0^L \varepsilon(x)\,dx \tag{3・24}$$

コンクリートのひび割れ発生時のひずみは，主筋降伏時のひずみより小さいので，引張軸力の最大値（**引張耐力**）は，軸圧縮時の式(3・18)のように，コンクリートの強度と主筋の降伏強度の足し算とはならない。ひび割れ発生後は，ひび割れ位置で主筋のみが軸力を負担してしまい，主筋のみの強度で部材の耐力が決まってしまう。したがって，引張耐力は主筋の降伏強度 $_s\sigma_y$ と断面積 $_sA$ から，次式で与えられる。

$$引張耐力 = {_s\sigma_y} \cdot {_sA} \tag{3・25}$$

図3・9上段に破線で示したように，ひび割れ発生直後に剛性の低下が起こり，軸変形が大きくなるに従って，引張軸力－軸変形の関係は，主筋のみの引張軸力－軸変形の関係に徐々に近づいていく。このことは，前項で述べたように，ひび割れの発生していない部分のコンクリートが引張力を負担していたものが，材軸方向に多くのひび割れが発生することにより，コンクリートと主筋の間の付着が消滅し，徐々にひび割れの発生していない部分のコンクリートの引張力負担が少なくなるために起こる現象である。このように，ひび割れ後もある程度の引張力をコンクリートが負担し，このことが部材全体の剛性に影響を与える現象を，**テンション・スティフニング**と呼んでいる。

例題3

図3・3に示した柱の引張耐力を計算せよ。ただし，主筋の降伏強度 $_s\sigma_y$ は $345\,\text{N/mm}^2$ である。

【解説】

式(3・25)を用いて引張耐力を，以下のように計算できる。

$$引張耐力 = {_s\sigma_y} \cdot {_sA} = 345 \times 387 \times 8 = 1068120\,\text{N}$$
$$= 1068.12\,\text{kN}$$

演習問題

1. 図1に示す断面750mm×750mmの柱に，中心圧縮力（$N=3000$kN）が作用したときの軸変形 δ と，コンクリートと主筋に発生する応力度を計算せよ。ただし，異形鉄筋D22のヤング係数 $_sE$ は 2.0×10^5N/mm²，断面積は387mm²であり，コンクリートのヤング係数 $_cE$ は 2.0×10^4N/mm²，断面積 $_cA$ は式（3・16）で計算してよいものとする。

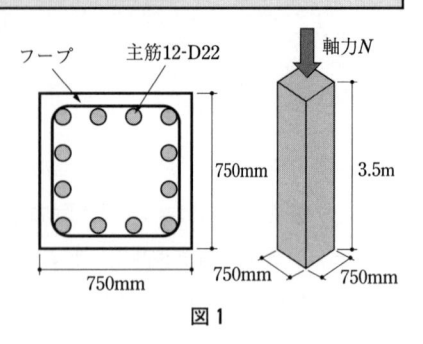

2. 図1に示した柱の圧縮耐力を計算せよ。ただし，コンクリート強度 σ_B は33N/mm²，主筋の降伏強度 $_s\sigma_y$ は345N/mm²である。また，コンクリートの断面積 $_cA$ は式（3・16）で計算してよいものとする。

3. 図1に示した柱の引張耐力を計算せよ。

図1

第4章
曲げを受ける鉄筋コンクリート梁

　鉄筋コンクリート部材には，曲げとせん断，軸力が作用します。第3章で軸力だけを受ける部材について学びました。次は，鉄筋コンクリート構造の基本的な性能として，曲げに対する性能を理解することが必要です。

　第4章では，軸力を受けない梁を対象にして，部材の曲げに対する力学的な性能について学びます。

1. 曲げモーメントと曲げ変形の関係と，材料のひずみと応力度の関係にはどのような関連があるのでしょう。
2. 曲げによってどのように壊れていくのでしょう。コンクリートがひび割れるときの曲げモーメント，引張主筋が降伏するときの曲げモーメント，圧縮側のコンクリートが圧壊するときの曲げモーメント，終局状態における曲げモーメント，許容曲げモーメントはどのようにして求めるのでしょう。

鉄筋コンクリート梁の純曲げ実験
曲げモーメントだけの場合，鉄筋コンクリート梁は大きな変形能力を示す。

4・1 断面のひずみと応力度

4・1・1 曲げによる断面の変形・ひずみ・応力度

　コンクリートは，引張力に弱く，ひび割れが入りやすいが，ここでは，理解しやすさを考え，まず引張力にも圧縮力にも同じように抵抗できる材料でできている部材を考える。長さΔxの部材の両端に曲げモーメントを作用させたとき，その変形の様子を図4・1に示す。荷重を作用させていない変形前のまっすぐな材を図(a)に示し，この両端に曲げモーメントを作用させた場合を図(b)に示す。両端部の平面P_1およびP_2の辺は四つずつあるが，これらのどの辺も変形後に直線を保持し，平面P_1およびP_2も平面を保持している。このことは，両端部に限らず，部材の任意位置の平面に関しても成り立つ。すなわち，部材の中心軸である**材軸**と直交している平面は，曲げ変形後にも，平面を保持し，かつ，材軸と直交している。これを，**平面保持仮定**という。

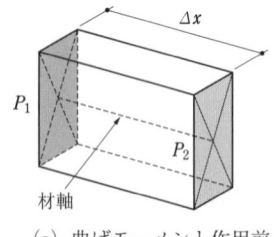

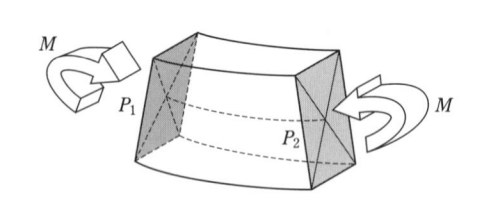

(a) 曲げモーメント作用前　　　(b) 曲げモーメント作用後

図4・1　曲げモーメントを受ける部材の変形

　図4・1(b)の状態を，図4・2に示す。図4・2(a)に示した変形の様子を見ると，上面で縮み，下面で伸びている。これは，上のほうでは断面に垂直な方向に圧縮力を受け，下のほうでは断面に垂直な方向に引張力を受けていることを示す。平面保持仮定で示したように，上面から下面に変形が直線分布で変化している。このことは，上面と下面の間には，伸びも縮みもしない面が存在していることを示す。これを**中立軸**という。ここでは，引張力にも圧縮力にも同様な性質を持つ材料でできている部材を考えているので，中立軸と材軸とは一致している。因みにRC梁では，引張側にひび割れが入るために，中立軸は圧縮側によることになる。上面（圧縮側）でのΔx間での縮みをΔu_cとし，下面（引張側）での伸びをΔu_tとする。図(b)は，この様子を立面で示したものである。ここで，材軸に直交する平行でない平面P_1と平面P_2のなす回転角を$\Delta \theta$とすると，図(c)に示した変形分布に現れる角度は，幾何学的に$\Delta \theta$となる。ひずみは，単位長さあたりの変形量であるから，変形量をΔxで割れば，ひずみ分布が求まる。図(d)に示すように，ひずみ分布も変形分布と相似な形となり，角度ϕをなす直線分布となる。これを基準軸であるy軸に対して表示したものが，図(e)である。このϕは**曲率**と呼ばれ，回転角との間に次の関係が成立する。

梁断面寸法

　通常は，最上階の梁せいは，スパンの1/8〜1/12で，1階下がるごとに5cm程度増している。大梁の梁幅は，全せいの1/2〜2/3前後である。

主筋

　梁や柱の材軸方向に配置される鉄筋のことを，主筋と呼ぶ。この主筋は，主に部材が曲げられるときに断面内に発生する引張力および圧縮力を負担するはたらきを持っている。D13以上の異形鉄筋を用いる。

引張鉄筋・圧縮鉄筋

　引張を負担する主筋を引張鉄筋，圧縮を負担する主筋を圧縮鉄筋ということがある。

複筋梁・単筋梁

　主筋が，引張側のみならず圧縮側にも配筋されている梁を複筋梁といい，引張鉄筋しかない梁を単筋梁という。ただし，コンクリートにはクリープという現象が存在するので，これを抑制するために，主要な梁や柱では圧縮側にも鉄筋を配置することが規定されている。

$$\Delta\theta = \phi \cdot \Delta x \tag{4・1}$$

材軸からの距離を y とし，材軸におけるひずみを ε_0 とすると，断面内のひずみ ε は式(4・2)で表せる。

$$\varepsilon = \varepsilon_0 + \phi \cdot y \tag{4・2}$$

ただし，ここでは，材軸と中立軸が一致しているので，$\varepsilon_0 = 0$ である。

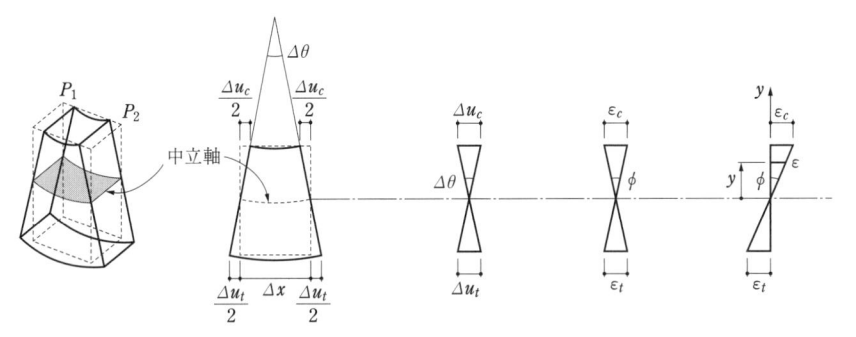

(a) 変形の様子　(b) 変形量　(c) 変形分布　(d) ひずみ分布　(e) 基準軸に対するひずみ分布

図4・2　変形と断面内のひずみ分布

4・1・2 断面の力の釣合い

図4・1で考えた部材が図4・3に示すような応力度－ひずみの関係を持つ弾性材料からできているときを考える。このとき，図中に示しているように，

$$\sigma = E \cdot \varepsilon \tag{4・3}$$

の関係が成り立つ。この関係を用いて曲げを受ける部材の断面内の応力度を表すと，図4・4のようになる。すなわち，図(a)は曲げを受ける部材の変形の様子，図(b)は断面内のひずみ分布，図(c)は断面内の応力度分布，図(d)は応力度を圧縮力と引張力とに置き換えた図である。

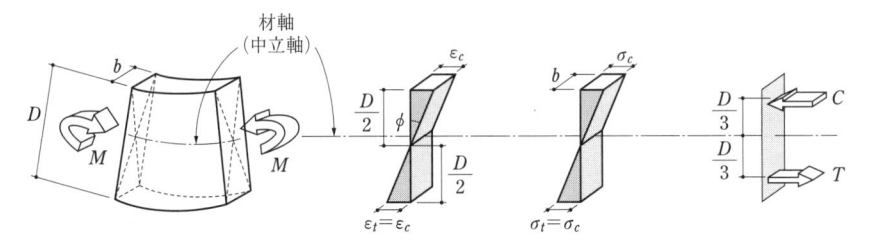

図4・3　応力度－ひずみ関係

(a) 部材の変形　(b) ひずみ分布　(c) 応力度分布　(d) 圧縮力と引張力

図4・4　曲げを受ける部材の断面内の力

先にも記述したが，図4・4(b)からわかるように，曲率とひずみの間には式(4・4)の関係がある。

$$\phi = \frac{\varepsilon_c}{\frac{D}{2}} = \frac{\varepsilon_t}{\frac{D}{2}} \tag{4・4}$$

上端筋・下端筋

梁の主筋のうち上側のものを上端(うわば)筋，下側のものを下端(したば)筋という。

主筋のあき

主筋のあきは，コンクリートの充填に大きな影響があるので，コンクリートの粗骨材の最大寸法以上としなければならない。特別の場合を除き25mm以上，かつ，丸鋼ではその直径の1.5倍以上，異形鉄筋ではその呼び名の数値(mm)の1.5倍以上とする。

最小引張鉄筋量

長期荷重により，正負最大曲げモーメントを受ける部分の引張鉄筋断面積は，0.004bd，または設計応力によって必要とする量の4/3倍のうち，小さいほうの値以上とする。梁の引張鉄筋量が少ないと，梁に引張ひび割れが発生すると同時に，梁主筋が降伏し，急激な剛性低下や，場合によっては，耐力低下を生じる可能性があるためである。

鉄筋軽量コンクリート

軽量コンクリートはヤング係数が低く，これを使用した場合には，たわみが大きくなる可能性があるので，鉄筋軽量コンクリート梁の圧縮鉄筋断面積は，所要引張鉄筋断面積の0.4倍以上とする。

図4・4 (d)の圧縮力 C および引張力 T の大きさは，それぞれ図(c)の上下の三角柱の体積と等しく，

$$C = T = \frac{bD}{4}\sigma_c = \frac{bD}{4}\sigma_t \qquad (4\cdot 5)$$

となる。また，これらの作用位置は三角柱の重心位置であり，それぞれ $D/2$ を中立軸から $2:1$ に分ける点であるから，図4・4 (d)のように，中立軸（材軸）から $D/3$ の位置となる。この二つの力 C と T により部材内に生じる曲げモーメントは，

$$C\frac{D}{3} + T\frac{D}{3} = Cj = Tj \qquad (j：応力中心間距離) \qquad (4\cdot 6)$$

と求まる。なお，ここで扱った弾性部材では，$j = 2D/3$ となっている。

部材が回転しない条件から，この曲げモーメントは部材に作用しているモーメント M に等しく，式 (4・7) が成り立つ。

$$M = Cj = Tj \qquad (j：応力中心間距離) \qquad (4\cdot 7)$$

ここまで，弾性部材を対象に断面内の応力度を考えてきたが，無筋コンクリート部材において，コンクリートがひび割れる直前までは，これまでの考え方がそのまま適用できる。

4・2 曲げモーメントと曲げ変形・ひずみ・応力度

4・2・1 曲げによる断面の応力度の変化

前節では，弾性部材を対象として，曲げを受ける部材の断面内のひずみ・応力度に関して学習した。しかし，実際の鉄筋コンクリート部材では，曲げモーメントが大きくなると，引張側のコンクリートにはひび割れが入り，コンクリート内に鉄筋も存在している。

ここでは，図4・5に示すような引張側にだけ，主筋が存在する単筋梁を対象として，曲げモーメントの増大に伴う断面内の応力度分布の典型的な推移について説明する。

図4・5 曲げを受ける単筋梁

(1) ひび割れ発生直前〔図4・6 (a)〕

引張縁コンクリートひずみが，ひび割れ時のひずみに達する寸前の状態である。したがって，ひび割れは生じていないが，引張縁コンクリートの応力度は，

せん断補強筋

主筋と直交方向に配される鉄筋で，主として梁に作用するせん断力を負担する。

あばら筋

せん断補強筋のうち，梁に使われるものをあばら筋（スターラップ）と呼ぶ。あばら筋はせん断力を負担するほか，主筋の付着強度を高めるはたらきもある。D10以上の異形鉄筋，または直径 9 mm 以上の丸鋼を使用しなければならない。

最小あばら筋比

梁にはせん断力・不同沈下・乾燥収縮などによってひび割れが発生する恐れがあるので，最小あばら筋比として 0.2%が定められている。

あばら筋間隔

主筋の座屈を押さえる効果，内部コンクリートに対する拘束効果も期待できるので，間隔は梁せいの1/2以下，かつ250mm 以下としなければならない。

あばら筋の末端

あばら筋は鉄筋を包含し，主筋内部のコンクリートを拘束する。このとき，確実に引張材としてはたらくように，その端部を135°以上に折り曲げて定着するか，または相互に溶接しておく必要がある。

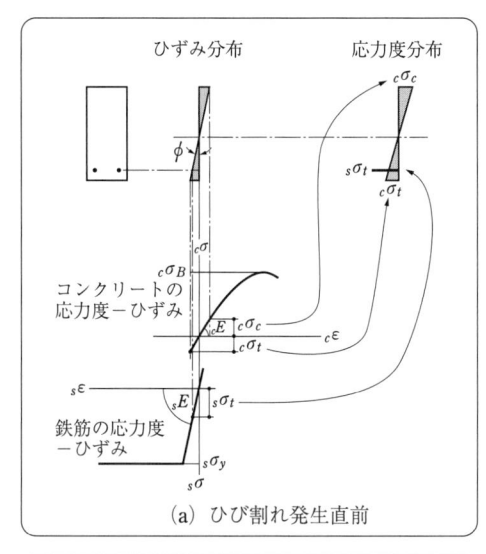

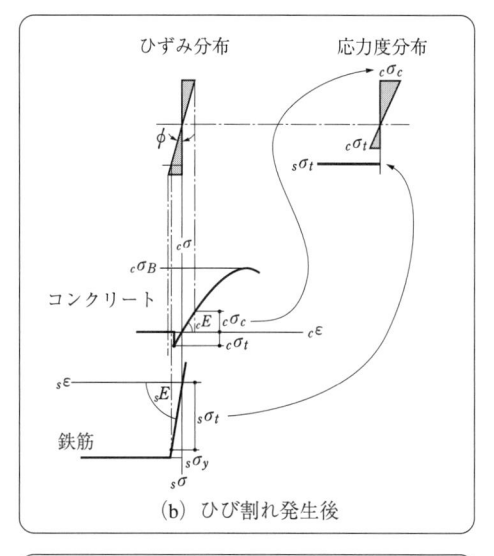

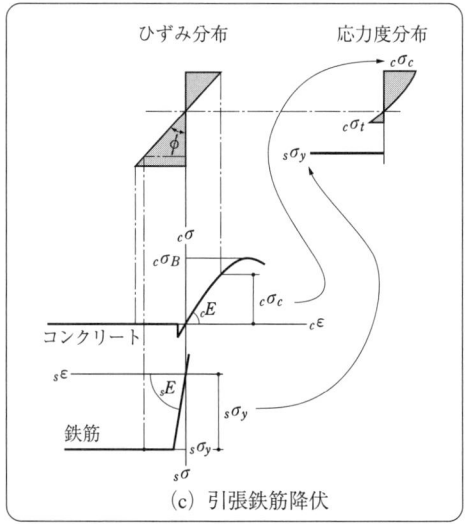

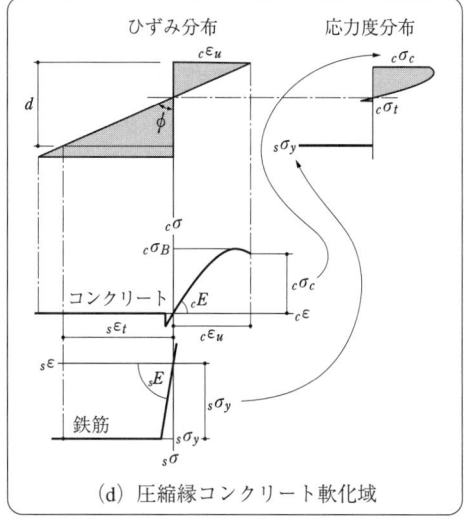

図 4・6 曲げを受ける単筋梁のひずみ分布と応力度分布の推移

引張強度 $_c\sigma_t$ に限りなく近い値になっている。よって，コンクリートが圧縮と引張の両応力度を負担している状態であり，曲げモーメントがごく小さいときの状態である。

(2) ひび割れ発生後〔図 4・6 (b)〕

さらに曲げモーメントを増大させると，引張縁コンクリートのひずみが引張強度時のひずみより大きくなり，曲げひび割れが生じた状態である。曲げひび割れが入った部分の断面では，コンクリートは応力度を負担しないため，中立軸は圧縮側に移動し，引張鉄筋の負担が増大する。最小引張鉄筋量の規定によった梁では，この段階では圧縮コンクリートも，引張鉄筋もその応力度は弾性域と考えてよい範囲にある。

最小引張鉄筋量
4・1・2欄外参照

(3) 引張鉄筋降伏〔図4・6(c)〕

さらに曲げモーメントを増大させると，引張鉄筋のひずみが降伏ひずみに達する。このとき，圧縮コンクリートも非弾性域に達する。この後は，引張鉄筋のひずみが増大しても，その応力度は降伏強度 $_s\sigma_y$ で一定となる。

(4) 圧縮縁コンクリート軟化域〔図4・6(d)〕

さらに曲げモーメントを増大させると，圧縮コンクリートのひずみは，圧縮強度時のひずみを超え，ひずみ軟化域に入り，やがては圧壊する。図中に示したように，圧縮縁ひずみが終局ひずみ $_c\varepsilon_u$ に達したとき，終局と定義することが多い。

ひずみ軟化
2・2・3(1)参照。

前述の断面内の応力度の推移において，一般的な鉄筋コンクリート梁では，図(a)，(b)の順番は変わらないと考えられるが，引張鉄筋の量によっては，図(c)，(d)の順番は逆転することが考えられる。引張鉄筋量が少なければ，圧縮縁コンクリートが圧壊する前に，引張鉄筋が降伏に達する。一方，引張鉄筋量が多ければ，引張鉄筋が降伏する前に，圧縮縁コンクリートが圧壊を起こす。

4・2・2　曲げによる壊れかた

梁断面の典型的な曲げモーメント M －曲率 ϕ の関係の概念図を，図4・7に示す。**曲率 ϕ** は，図4・6中に示してあるように，断面のひずみ分布における傾きである。例えば，図4・6(d)でこの関係を用いて曲率 ϕ は，$\phi = \frac{(_s\varepsilon_t + _c\varepsilon_u)}{d}$ と表すことができる。図4・7の(a)曲げひび割れが入る前までは，全断面有効でかつ弾性とみなしてよい応力度レベルにあるので，$M - \phi$ の関係においてもほぼ弾性の挙動を示す。(b)曲げひび割れ発生により，剛性は低下するが，コンクリートおよび引張鉄筋は，ほぼ弾性とみなせる応力度レベルにあるので，引張鉄筋が降伏するまではほぼ弾性的な挙動を示す。

その後，曲げモーメントが増大し，(c)引張鉄筋降伏にいたると，引張鉄筋の合力は一定値となる。このとき，これに釣り合う圧縮合力との距離（応力中心間距離）j は，その後もほとんど変化せずに，ほぼ一定の値となる。このため，曲げモーメントの大きさもほとんど変化せず，剛性も小さなものとなる。なお，一般的には，有効せいを d とすると，応力中心間距離はほぼ $j = \frac{7d}{8}$ となる。(d)圧縮縁コンクリートが圧縮強度に達して，ひずみ軟化域に入ると，曲げモーメントがすぐに減少するわけではなく，その後やや曲げモーメントが上昇し，(e)終局状態にいたる。その後，引張鉄筋合力を圧縮コンクリートが負担できなくなったり，応力中心間距離が減少するなどして，断面が負担しうる曲げモーメントは低下し，梁の破壊にいたる。図4・6(d)に示したように，圧縮縁ひずみが終局ひずみ $_c\varepsilon_u$（例えば，0.003）に達したときの曲げモーメントを曲げ終局モーメントとすることが多い。

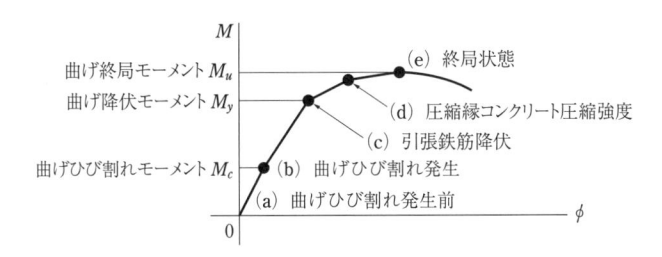

図4・7 梁の曲げモーメント-曲率関係

4・2・3 曲げモーメントを求める際の基本仮定

引張側コンクリートがひび割れるときの曲げモーメント，圧縮縁コンクリートが最大強度に達する前に引張鉄筋が降伏するときの曲げモーメント，および引張鉄筋が降伏する前に圧縮縁コンクリートが最大強度に達するときの曲げモーメントを求めるにあたり，以下の仮定を設ける。

1) 平面保持を仮定し，断面内のひずみ分布は直線とする。
2) コンクリートの応力度-ひずみ関係は弾性とする。本来は非線形であり，e 関数などで与える場合が多いが，簡単のためにここでは，弾性として扱う。
3) 鉄筋の応力度-ひずみ関係は弾性とする。ここでは，鉄筋は降伏以降を扱っていないので弾性として扱える。
4) コンクリートは引張応力度を負担しないものとする。コンクリートの引張強度は小さく，コンクリートの引張応力度は，曲げひび割れ発生後は中立軸近辺にのみ存在するので，曲げモーメントに対する寄与は非常に小さい。また，乾燥収縮などにより曲げを受ける前にコンクリートには既に引張応力度が存在しており，ひび割れが発生している場合もあることなどが理由である。

4・2・4 曲げひび割れモーメント

鉄筋コンクリート梁の断面算定に必要となる等価断面積・等価断面2次モーメント・等価断面係数について説明する。図4・8に示すような鉄筋コンクリート梁の等価断面積は，第3章に記述されているので参照してほしい。等価断面2次モーメントを求めてみる。

(1) 等価断面2次モーメント

ヤング係数比を n とすると，鉄筋の位置に鉄筋断面積の n 倍のコンクリート断面積が存在するとして計算できる。図4・8に示すように，下端引張・上端圧縮の場合について計算する。鉄筋はある程度の太さを持ち，それ自身も断面2次モーメントを持つが，断面全体の断面2次モーメントと比較すると，その値は小さいので無視して計算する。断面中心軸に対する等価断面2次モーメント I_e を求める。断面中心から鉄筋までの距離を y_s とすると，

ヤング係数比

（鉄筋のヤング係数）／（コンクリートのヤング係数）である。RC規準では，式(2・1)で求められる純ヤング係数計算値とクリープを考慮したヤング係数の平均値をもって断面計算用のコンクリートのヤング係数として，ヤング係数比 n を純弾性の場合の1.5倍を目安に，以下のように定めている。

(N/mm²)

$F_c \leq 27$　　$n=15$
$27 < F_c \leq 36$　　$n=13$
$36 < F_c \leq 48$　　$n=11$
$48 < F_c \leq 60$　　$n=9$

$$I_e = \frac{bD^3}{12} + (n-1) \cdot a_t \cdot y_s^2 + (n-1) \cdot a_c \cdot y_s^2 \qquad (4 \cdot 8)$$

コンクリートと鉄筋の重複を許容すると

$$I_e = \frac{bD^3}{12} + n \cdot a_t \cdot y_s^2 + n \cdot a_c \cdot y_s^2 \qquad (4 \cdot 9)$$

となる。一般的には，こちらを用いても誤差は数％以内である。

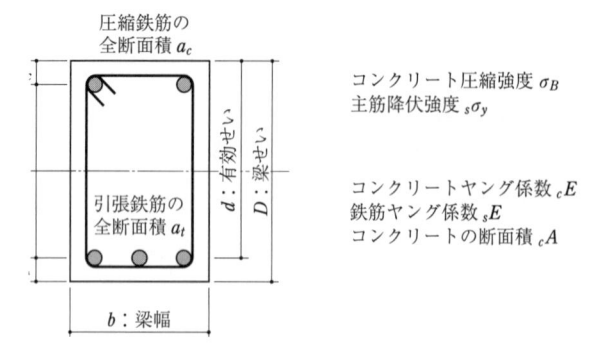

図4・8 鉄筋コンクリート梁

(2) 等価断面係数

等価断面2次モーメントを中立軸から断面上端(断面下端)までの距離で除したものが，等価断面係数 Z_e である。中立軸が断面中心軸と一致する場合の Z_e は式(4・10)で表される。

$$Z_e = \frac{I_e}{\frac{D}{2}} = \frac{bD^2}{6} + \frac{2\{(n-1) \cdot a_t \cdot y_s^2 + (n-1) \cdot a_c \cdot y_s^2\}}{D} \qquad (4 \cdot 10)$$

コンクリートと鉄筋の重複を許容すると

$$Z_e = \frac{I_e}{\frac{D}{2}} = \frac{bD^2}{6} + \frac{2n \cdot (a_t + a_c) \cdot y_s^2}{D} \qquad (4 \cdot 11)$$

となる。

(3) 曲げひび割れモーメント

曲げモーメント M を受ける部材に生じる上縁・下縁の曲げによる応力度 σ は，その部材の断面係数 Z を用いて，

$$\sigma = \frac{M}{Z} \qquad (4 \cdot 12)$$

と表される。鉄筋コンクリート部材では，等価断面係数 Z_e を用いて曲げによる応力度を求めることができる。求めた曲げによる引張応力度が，コンクリートの曲げ引張強度 $_c\sigma_t$ に達したとき，曲げひび割れが発生する。よって，曲げひび割れモーメント M_c は，以下のように表せる。

$$_c\sigma_t = M_c / Z_e \quad \text{すなわち} \quad M_c = {_c\sigma_t} \cdot Z_e \qquad (4 \cdot 13)$$

実験により得られた曲げひび割れモーメントから逆算した見かけの曲げ引張強度を，コンクリートの引張強度 $_c\sigma_t$ と呼び，平均値として次式で与えられる。

$$_c\sigma_t = 0.56\sqrt{\sigma_B} \quad (\text{N/mm}^2) \qquad (4 \cdot 14)$$

曲げひび割れモーメント M_c は，Z_e のかわりに Z を用いて求めることも多く，
$$M_c = 0.56\sqrt{\sigma_B} \cdot Z_e \fallingdotseq 0.56\sqrt{\sigma_B} \cdot Z \qquad (4 \cdot 15)$$
と表せる。

例題 1

図 4・9 に示す鉄筋コンクリート梁の等価断面 2 次モーメントを求めよ。

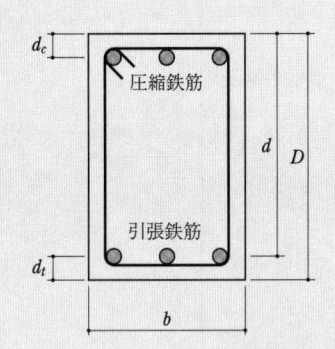

$b = 400$mm
$d_t = d_c = 60$mm
$d = 640$mm
$D = 700$mm

コンクリート
圧縮強度（設計基準強度）　24N/mm^2
単位体積重量　24kN/m^3

鉄筋
引張鉄筋　SD345 D22 3本　$a_t = 387 \times 3 = 1161$mm^2
圧縮鉄筋　SD345 D22 3本　$a_c = 387 \times 3 = 1161$mm^2

図 4・9

【解説】

ここで用いているコンクリートのヤング係数を求める。

2・2・3 の(3)ヤング係数に示してある式(2・1)より，

$$E_c = 3.35 \times 10^4 \left(\frac{c\gamma}{24}\right)^2 \left(\frac{\sigma_B}{60}\right)^{\frac{1}{3}} = 3.35 \times 10^4 \left(\frac{24}{24}\right)^2 \left(\frac{24}{60}\right)^{\frac{1}{3}}$$
$$= 2.47 \times 10^4 \text{ N/mm}^2 = 24.7 \text{ kN/mm}^2$$

鉄筋のヤング係数は，2.05×10^5 N/mm^2 = 205 kN/mm^2 であるから，ヤング係数比は　$n = \dfrac{205}{24.7} \fallingdotseq 8.30$

鉄筋の位置に，鉄筋の断面積の n 倍のコンクリート断面が集中していると考えて計算する。弾性時には，中立軸は図心と一致している。鉄筋自身の断面 2 次モーメントは無視し，中立軸から鉄筋までの距離を y_s とすると，式(4・8)から，

$$I_e = \frac{bD^3}{12} + (n-1) \cdot a_t \cdot y_s^2 + (n-1) \cdot a_c \cdot y_s^2$$
$$= \frac{400 \cdot 700^3}{12} + (8.3-1) \times 1161 \times (350-60)^2 + (8.3-1) \times 1161 \times (350-60)^2$$
$$= 1.29 \times 10^{10} \text{ mm}^4$$

コンクリートと鉄筋の重複を認めると，式(4・9)から，

$$I_e = \frac{bD^3}{12} + n \cdot a_t \cdot y_s^2 + n \cdot a_c \cdot y_s^2$$
$$= \frac{400 \cdot 700^3}{12} + 8.3 \times 1161 \times (350-60)^2 + 8.3 \times 1161 \times (350-60)^2$$

$= 1.31 \times 10^{10}$ mm^4

となり，2％弱の誤差である。

例題 2

例題1に示した鉄筋コンクリート梁断面の等価断面係数を求めよ。

【解説】

等価断面係数は，式(4・10)に示したように，等価断面2次モーメントを梁せいの半分で除したものであるから，

$$Z_e = \frac{I_e}{\frac{D}{2}} = \frac{1.29 \times 10^{10}}{350} = 3.69 \times 10^7 \text{ mm}^3$$

コンクリートと鉄筋の重複を認めると，式(4・11)から，次のようになる。

$$Z_e = \frac{I_e}{\frac{D}{2}} = \frac{1.31 \times 10^{10}}{350} = 3.74 \times 10^7 \text{ mm}^3$$

例題 3

例題1に示した鉄筋コンクリート梁断面の曲げひび割れモーメントを求めよ。

【解説】

実験により得られた曲げひび割れモーメントから逆算した見かけの曲げ引張強度を，本書ではコンクリートの引張強度 $_c\sigma_t$ と呼び，次式で求める。

$$_c\sigma_t = 0.56\sqrt{\sigma_B} \text{ (N/mm}^2)$$

$$M_c = 0.56\sqrt{\sigma_B} \cdot Z_e = 0.56\sqrt{24} \times 3.69 \times 10^7$$
$$= 101232512.1 \text{ N·mm} = 101.2 \text{ kN·m}$$

コンクリートと鉄筋の重複を許容すると，

$$M_c = 0.56\sqrt{\sigma_B} \cdot Z_e = 0.56\sqrt{24} \times 3.74 \times 10^7$$
$$= 102604226.3 \text{ N·mm} = 102.6 \text{ kN·m}$$

4・2・5　圧縮縁コンクリート圧縮強度時・引張鉄筋降伏時の曲げモーメント

図4・10(a)に示すように，幅 b，せい D の鉄筋コンクリート梁に，曲げモーメント M が作用している場合を考える。このとき，4・2・3の仮定に基づくとひずみ分布・応力度分布・断面力分布は，それぞれ図(b)，(c)，(d)のようになる。中立軸に対する断面力による曲げモーメントを求めると，

$$M = {}_sT \cdot (d - x_n) + {}_sC \cdot (x_n - d_c) + {}_cC \cdot \frac{2}{3}x_n \qquad (4 \cdot 16)$$

ただし，${}_sT$：引張鉄筋の負担力　　${}_sC$：圧縮鉄筋の負担力
　　　　${}_cC$：コンクリートの圧縮負担力
　　　　d：有効せい（圧縮縁から引張鉄筋中心までの距離）
　　　　d_c：圧縮縁から圧縮鉄筋中心までの距離
　　　　x_n：中立軸距離（圧縮縁から中立軸までの距離）

最初の2項が，鉄筋の負担力による曲げモーメントで，第3項がコンクリート圧縮負担力による曲げモーメントである。

鉄筋の負担力は，次式のように計算できる。

$${}_sT = {}_s\sigma_t \cdot a_t = {}_sE \cdot {}_s\varepsilon_t \cdot a_t = n \cdot {}_cE \cdot {}_s\varepsilon_t \cdot a_t \qquad (4 \cdot 17)$$

$${}_sC = {}_s\sigma_c \cdot a_c = {}_sE \cdot {}_s\varepsilon_c \cdot a_c = n \cdot {}_cE \cdot {}_s\varepsilon_c \cdot a_c = n \cdot {}_cE \frac{x_n - d_c}{d - x_n} {}_s\varepsilon_t \cdot a_c \qquad (4 \cdot 18)$$

ただし，${}_s\sigma_t$：引張鉄筋の応力度　　a_t：引張鉄筋の断面積
　　　　${}_sE$：鉄筋のヤング係数　　n：ヤング係数比
　　　　${}_cE$：コンクリートのヤング係数　　${}_s\varepsilon_t$：引張鉄筋のひずみ
　　　　${}_s\sigma_c$：圧縮鉄筋の応力度　　a_c：圧縮鉄筋の断面積
　　　　${}_s\varepsilon_c$：圧縮鉄筋のひずみ

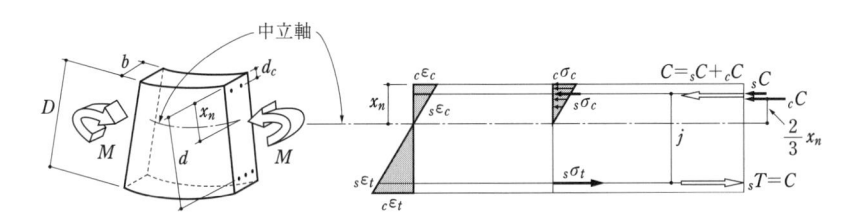

(a) 部材の変形　　(b) ひずみ分布　　(c) 応力度分布　　(d) 断面力分布

図4・10　作用曲げモーメントと4・2・3の仮定に基づく断面応力状態

次に，コンクリートの圧縮負担力は，圧縮鉄筋の存在によりコンクリート断面が欠損していることを無視し，$\phi = \dfrac{{}_s\varepsilon_t}{(d - x_n)}$ の関係を用いると，以下の式で計算できる。

$${}_cC = \frac{1}{2}{}_c\sigma_c \cdot x_n \cdot b = \frac{b \cdot x_n}{2}{}_cE \cdot {}_c\varepsilon_c = \frac{b \cdot x_n}{2}{}_cE \frac{x_n}{d - x_n}{}_s\varepsilon_t \qquad (4 \cdot 19)$$

ただし，b：梁幅　　${}_c\sigma_c$：圧縮縁のコンクリートの応力度
　　　　${}_c\varepsilon_c$：圧縮縁のコンクリートのひずみ

式(4・19)では，圧縮鉄筋によるコンクリート断面の欠損を無視したので，これを考慮するために，圧縮鉄筋位置のコンクリート圧縮負担力分を，式(4・18)から差し引いて式(4・20)のように求めるのが正確である。しかし，この重複が，曲げモーメントに与える影響は小さいので，本書では無視する。

$$ {}_sC = (n-1) \cdot {}_cE \frac{x_n - d_c}{d - x_n} {}_s\varepsilon_t \cdot a_c \qquad (4 \cdot 20) $$

引張側の合力は引張鉄筋の合力 ${}_sT$ のみであるが，圧縮合力は圧縮鉄筋の合力 ${}_sC$ とコンクリートの圧縮負担力 ${}_cC$ の和であり，図4・10(d)の C で示したものである．式(4・17)，(4・18)，(4・19)を式(4・7)に代入して ${}_cE$ と ${}_s\varepsilon_t$ を消去すると，次式が導かれる．

$$ a_c \cdot n \frac{x_n - d_c}{d - x_n} + \frac{b \cdot x_n}{2} \frac{x_n}{d - x_n} = a_t \cdot n \qquad (4 \cdot 21) $$

この式は，中立軸距離 x_n の2次方程式となっている．中立軸距離は，式からわかるように，断面寸法・ヤング係数比・鉄筋量から決定され，コンクリートのヤング係数と引張鉄筋のひずみの大きさには無関係である．式(4・21)を

$$ x_{n1} = \frac{x_n}{d} \qquad p_t = \frac{a_t}{bd} \qquad d_{c1} = \frac{d_c}{d} \qquad \gamma = \frac{a_c}{a_t} $$

ただし，p_t：引張鉄筋比　　γ：複筋比

を用いて変形すると，式(4・22)を得る．

$$ x_{n1}^2 + 2\,n \cdot p_t(1+\gamma)x_{n1} - 2n \cdot p_t(1+\gamma \cdot d_{c1}) = 0 \qquad (4 \cdot 22) $$

式(4・22)を解くと，式(4・23)のように，x_{n1} が求まる．

$$ x_{n1} = n \cdot p_t \left\{ \sqrt{(1+\gamma)^2 + \frac{2}{n \cdot p_t}(1+\gamma \cdot d_{c1})} - (1+\gamma) \right\} \qquad (4 \cdot 23) $$

以上の結果を式(4・16)に代入することにより，曲げモーメントが求められる．引張鉄筋が降伏する前に圧縮縁コンクリートが圧縮強度に達する場合と，圧縮縁コンクリートが圧縮強度に達する前に引張鉄筋が降伏する場合の曲げモーメントを求めてみる．

ここで，平面保持の仮定より，${}_s\varepsilon_t$，${}_s\varepsilon_c$，${}_c\varepsilon_c$ の間には，式(4・24)の関係が成立する．

$$ \frac{{}_s\varepsilon_t}{d - x_n} = \frac{{}_s\varepsilon_c}{x_n - d_c} = \frac{{}_c\varepsilon_c}{x_n} \qquad (4 \cdot 24) $$

(1) 圧縮縁コンクリートの応力度が圧縮強度に達する場合（${}_c\sigma_c = \sigma_B$）

コンクリートの圧縮強度 σ_B と，式(4・24)を用いて次式が成り立つ．

$$ \sigma_B = {}_c\sigma_c = {}_cE \cdot {}_c\varepsilon_c = {}_cE \frac{x_n}{d - x_n} {}_s\varepsilon_t \qquad (4 \cdot 25) $$

この式より，${}_cE \cdot {}_s\varepsilon_t$ を求め，これを式(4・17)，(4・18)，(4・19)に代入して計算し，式(4・16)により式(4・26)を得る．

$$ M_{cB} = \frac{n \cdot p_t \cdot \sigma_B}{3x_{n1}} \{(1-x_{n1})(3-x_{n1}) - \gamma(x_{n1}-d_{c1})(3d_{c1}-x_{n1})\} b \cdot d^2 \qquad (4 \cdot 26) $$

(2) 引張鉄筋の応力度が降伏点に達する場合（${}_s\sigma_t = {}_s\sigma_y$）

引張鉄筋の降伏点を ${}_s\sigma_y$ とすると，次式が成り立つ．

$$_s\sigma_y = {_s\sigma_t} = {_sE} \cdot {_s\varepsilon_t} = n \cdot {_cE} \cdot {_s\varepsilon_t} \tag{4・27}$$

この式より，$_cE \cdot {_s\varepsilon_t}$ を求め，これを式(4・17)，(4・18)，(4・19)に代入して計算し，式(4・16)により式(4・28)を得る。

$$M_y = \frac{p_t \cdot {_s\sigma_y}}{3(1-x_{n1})}\{(1-x_{n1})(3-x_{n1}) - \gamma(x_{n1}-d_{c1})(3d_{c1}-x_{n1})\} b \cdot d^2 \tag{4・28}$$

4・2・6　曲げ終局モーメント算定式

梁の**曲げ終局モーメント**の算定にあたり，以下の仮定を設ける。
1) コンクリートと鉄筋の付着は完全で，平面保持の仮定が成立する。
2) 鉄筋の応力度－ひずみの関係は，降伏点を折れ点とするバイリニア型とする。
3) コンクリートは引張応力度を負担しないものとする。
4) 圧縮縁コンクリートのひずみが，終局ひずみ $_c\varepsilon_u$ に達したときを終局曲げモーメントと定義する。
5) コンクリートの応力度－ひずみの関係は，部材実験結果によく適合する算定結果を与えるものであれば，長方形・台形・放物線・3次曲線など，どのような形に仮定してもよい。

上記5)の例として，式(4・29)が用いられる。これはアメリカの規準(ACI Building Code Requirements for Reinforced Concrete)で定められている。これらの式の記号は，図4・11に対応している。この時の圧縮側コンクリートの応力度を表す長方形をストレスブロックといい，k_1, k_3は実際の応力度分布を等価な長方形に置き換えるための係数である。

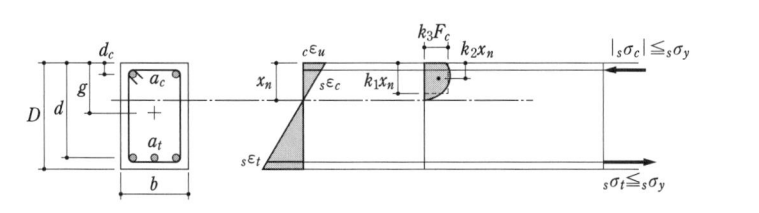

$$\left.\begin{aligned}
&{_c\varepsilon_u} = 0.003 \\
&k_1 = 0.85 \quad (F_c \leq 30\text{N/mm}^2) \\
&k_1 = 0.85 - 0.05\frac{F_c - 30}{7} \quad (F_c > 30\text{N/mm}^2) \\
&\quad \text{ただし，} k_1 \geq 0.65 \\
&k_2 = \frac{k_1}{2} \\
&k_3 = 0.85
\end{aligned}\right\} \tag{4・29}$$

(a) 断面　(b) ひずみ分布　(c) コンクリート応力度分布　(d) 鉄筋応力度分布　(e) 断面力

図4・11　終局時の断面応力度とストレスブロック係数

第4章 曲げを受ける鉄筋コンクリート梁

曲げ終局モーメント時の断面のひずみ分布を，図4・12に示す。図のように，終局ひずみと圧縮鉄筋，引張鉄筋の降伏状態との組合せによって，四つの領域に分類できる。領域①は，圧縮側に配筋された鉄筋も引張降伏し，中立軸が非常に圧縮縁に近いところにある場合で，実際にはあまり見られない状態である。領域④の状態は，引張鉄筋が降伏する以前に，圧縮縁コンクリートが終局ひずみに達するような過剰に配筋された場合であり，この場合も現実的な断面ではないといえる。よって，ここでは，領域②と領域③に関しての算定式を説明する。なお，ここでは，複筋比 $\gamma<1$ の範囲を対象とし，鉄筋係数 $q=\dfrac{p_t \cdot {}_s\sigma_y}{F_c}$，終局ひずみ比 $u=\dfrac{{}_c\varepsilon_u}{{}_s\varepsilon_y}$ を用いる。

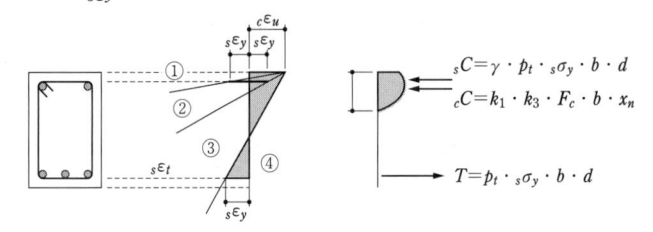

領域①：圧縮鉄筋が引張降伏
領域②：圧縮鉄筋が弾性
領域③：圧縮鉄筋が圧縮降伏
領域④：圧縮縁コンクリートが終局ひずみ

図4・12　終局時の梁のひずみ分布

領域②

圧縮鉄筋は弾性域にあるが，引張鉄筋が降伏している状態である。断面のひずみの適合条件式から，圧縮鉄筋のひずみは，

$$_s\varepsilon_c = \dfrac{x_n - d_c}{x_n} {}_c\varepsilon_u \tag{4・30}$$

となる。以下の力の釣合い式(4・31)に式(4・30)を代入して解くと，中立軸高さが式(4・32)で与えられる。

$$\begin{aligned}&k_1 \cdot k_3 \cdot F_c \cdot x_{n1} \cdot b \cdot d + \gamma \cdot p_t \cdot {}_sE \cdot {}_s\varepsilon_c \cdot b \cdot d - p_t \cdot {}_s\sigma_y \cdot b \cdot d = 0 \\ &k_1 \cdot k_3 \cdot x_{n1}^2 + (\gamma \cdot u - 1) q \cdot x_{n1} - \gamma \cdot u \cdot q \cdot d_{c1} = 0\end{aligned} \tag{4・31}$$

$$x_{n1} = \dfrac{q}{2k_1 \cdot k_3} \left\{ \sqrt{(\gamma \cdot u - 1)^2 + \dfrac{4k_1 \cdot k_3}{q} \cdot \gamma \cdot u \cdot d_{c1}} - (\gamma \cdot u - 1) \right\} \tag{4・32}$$

有効複筋比 γ_e は，

$$\gamma_e = \dfrac{x_{n1} - d_{c1}}{x_{n1}} \gamma \cdot u \tag{4・33}$$

領域③

圧縮鉄筋も，引張鉄筋も降伏している状態である。力の釣合い式(4・34)から，式(4・35)で中立軸高さが与えられる。

$$k_1 \cdot k_3 \cdot F_c \cdot x_{n1} \cdot b \cdot d + \gamma \cdot p_t \cdot {}_s\sigma_y \cdot b \cdot d - p_t \cdot {}_s\sigma_y \cdot b \cdot d = 0 \tag{4・34}$$

$$x_{n1} = \dfrac{1-\gamma}{k_1 \cdot k_3} q \tag{4・35}$$

有効複筋比 γ_e は，

$$\gamma_e = \gamma \tag{4.36}$$

以上より曲げ終局モーメント M_u は，領域②では式（4.32），（4.33）を，領域③では式（4.35），（4.36）を式（4.37）に代入することにより，求められる。

$$M_u = b \cdot d^2 \cdot F_c \cdot q\{1 - \gamma_e \cdot d_{c1} - (1 - \gamma_e)k_2 \cdot x_{n1}\} \tag{4.37}$$

梁断面の曲げ終局モーメント時の応力中心間距離 j は，ほぼ $0.9d$ 程度である。また，終局強度設計においては，危険断面では，常に引張降伏で終局状態が決定されるように配慮されているので，梁の設計用曲げ終局モーメント M_u として，以下の略算式を用いて計算することが多い。

$$M_u = 0.9 a_t \cdot {}_s\sigma_y \cdot d \tag{4.38}$$

4・3 許容曲げモーメント

4・3・1 許容曲げモーメントを求める際の基本仮定

許容応力度に関しては，付録1で示すように，長期許容応力度，短期許容応力度があり，鉄筋が引張を受ける場合，それぞれ規格降伏点に対して約2/3倍，1倍で，コンクリートが圧縮を受ける場合は設計基準強度に対して1/3倍，2/3倍となっている。許容曲げモーメントを求める際には，以下の仮定を設ける。基本的には4・2・3に示したものと同じである。

1) 平面保持を仮定し，断面内のひずみ分布は直線とする。
2) コンクリートの応力度－ひずみ関係は弾性とする。本来は非線形であるが，許容曲げモーメントの算定にあたっては，圧縮強度の2/3までしか考えないので弾性として扱える。
3) 鉄筋の応力度－ひずみ関係は弾性とする。鉄筋は規格降伏点以下を考えるので弾性として扱える。
4) コンクリートは引張応力度を負担しないものとする。コンクリートの引張強度は小さく，コンクリートの引張応力度は曲げひび割れ発生後は中立軸近辺にのみ存在するので，曲げモーメントに対する寄与は非常に小さい。また，乾燥収縮などにより曲げを受ける前にコンクリートには既に引張応力度が存在しており，ひび割れが発生している場合もあることなどが理由である。

4・3・2 許容曲げモーメント

幅 b，せい D の鉄筋コンクリート梁の許容曲げモーメントを求める。許容曲げモーメントは，引張鉄筋，圧縮鉄筋，圧縮縁のコンクリートのいずれかが許容応力度に達するときの曲げモーメントである。梁の場合は，圧縮鉄筋の応力

度が最初に許容応力度に達することは極めてまれにしか起こらない。そのため梁の許容曲げモーメント M_a としては，次のように，圧縮縁のコンクリートが許容応力度に達したときの曲げモーメント M_1 と引張鉄筋が許容応力度に達したときの曲げモーメント M_2 の小さいほうの曲げモーメントとなる。

(1) 圧縮縁コンクリートの応力度が許容圧縮応力度に達する場合（${}_c\sigma_c = f_c$）

式(4・26)におけるコンクリートの圧縮強度 σ_B をコンクリートの許容応力度 f_c に置き換えると許容曲げモーメントが式(4・39)のように求まる。

$$M_1 = \frac{n \cdot p_t \cdot f_c}{3 x_{n1}} \{(1-x_{n1})(3-x_{n1}) - \gamma(x_{n1}-d_{c1})(3d_{c1}-x_{n1})\} b \cdot d^2 \quad (4 \cdot 39)$$

(2) 引張鉄筋の応力度が許容引張応力度に達する場合（${}_s\sigma_y = f_t$）

式(4・28)における引張鉄筋の降伏点 ${}_s\sigma_y$ を引張鉄筋の許容応力度 f_t に置き換えると，許容曲げモーメントが式(4・40)のように求まる。

$$M_2 = \frac{p_t \cdot f_t}{3(1-x_{n1})} \{(1-x_{n1})(3-x_{n1}) - \gamma(x_{n1}-d_{c1})(3d_{c1}-x_{n1})\} b \cdot d^2 \quad (4 \cdot 40)$$

以上の許容応力度に，長期許容応力度を採用した場合には，長期の許容曲げモーメントが求まり，短期許容応力度を採用した場合には，短期の許容曲げモーメントが求まる。

(3) 許容曲げモーメントと引張鉄筋比

図4・13に，梁の引張鉄筋比と許容曲げモーメントの関係を示す。図からわかるように，引張鉄筋比が低い場合には，許容曲げモーメントは M_2 となり，高い場合には，M_1 となる。引張鉄筋比がある大きさになると，M_1 と M_2 は等しくなる。このときに引張側主筋と圧縮側コンクリートとが同時に許容応力度に達し，その引張鉄筋比を，**釣合い鉄筋比**という。

釣合い鉄筋比を境に M_1 と M_2 が入れ替わり，ここで折れ線になっている。引張鉄筋比が釣合い鉄筋比以下のときは，必ず引張鉄筋が許容応力度に達し，許容曲げモーメントと引張鉄筋比はほぼ線形の関係にある。このときの許容曲げモーメント M_a は，略算式として以下の式を用いることができる。

$$M_a = a_t \cdot f_t \frac{7}{8} d \quad (4 \cdot 41)$$

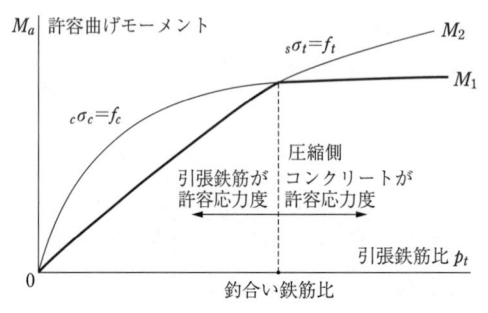

図4・13 許容曲げモーメントと引張鉄筋比の関係

例題 4

例題1の断面を有する梁の短期許容曲げモーメントおよびその時の曲率を求めよ。

【解説】

梁の短期許容曲げモーメントを計算する。曲率を ϕ とすると圧縮コンクリートの負担する力 $_cC$ は，式(4・19)より，例題1で求めた $_cE$ を用い，

$$_cC = \frac{1}{2} {_c\sigma_c} \cdot x_n \cdot b = 0.5 \times 2.47 \times 10^4 \times x_n \cdot \phi \cdot x_n \cdot 400 = 494 \times 10^4 \phi \cdot x_n^2$$

であり，4・2・4欄外のヤング係数比の値より $n=15$ であるから，圧縮鉄筋の負担する力 $_sC$ は，式(4・18)より次のようになる。

$$_sC = {_s\sigma_c} \cdot a_c = {_sE} \cdot {_s\varepsilon_c} \cdot a_c = n \cdot {_cE} \cdot {_s\varepsilon_c} \cdot a_c$$
$$= 15 \times 2.47 \times 10^4 \times (x_n - 60)\phi \times 387 \times 3 = 43015 \times 10^4 \times (x_n - 60)\phi$$

また，引張鉄筋の負担する力 $_sT$ は，式(4・17)より次のようになる。

$$_sT = {_s\sigma_t} \cdot a_t = {_sE} \cdot {_s\varepsilon_t} \cdot a_t = n \cdot {_cE} \cdot {_s\varepsilon_t} \cdot a_t$$
$$= 15 \times 2.47 \times 10^4 \times (640 - x_n)\phi \times 387 \times 3$$
$$= 43015 \times 10^4 \times (640 - x_n)\phi$$

$_cC + {_sC} = {_sT}$ より，

$$494\phi \cdot x_n^2 + 43015 \times (x_n - 60)\phi = 43015 \times (640 - x_n)\phi$$
$$494 x_n^2 + 2 \times 43015 x_n - 30110500 = 0$$
$$x_n^2 + 2 \times 87.075 x_n - 60952.4 = 0$$

したがって，$x_n = 174.7$ mm

圧縮コンクリートが，短期許容応力度 16 N/mm² に達するとき，

$$_c\sigma_c = {_cE} \cdot {_c\varepsilon_c} = {_cE} \cdot x_n \cdot \phi = \frac{2}{3} F_c = 16$$

よって，$\phi = \dfrac{16}{2.47 \times 10^4 \times 174.7} = 3.71 \times 10^{-6}$ 〔1/mm〕

圧縮鉄筋が，短期許容応力度 345 N/mm² に達するとき，

$$_s\sigma_c = {_sE} \cdot {_s\varepsilon_c} = n \cdot {_cE} \cdot (x_n - 60)\phi = 345$$

よって，$\phi = \dfrac{345}{15 \times 2.47 \times 10^4 \times (174.7 - 60)} = 8.12 \times 10^{-6}$ 〔1/mm〕

引張鉄筋が，短期許容応力度 345 N/mm² に達するとき，

$$_s\sigma_t = {_sE} \cdot {_s\varepsilon_t} = n \cdot {_cE} \cdot (640 - x_n)\phi = 345$$

よって，$\phi = \dfrac{345}{15 \times 2.47 \times 10^4 \times (640 - 174.7)} = 2.00 \times 10^{-6}$ 〔1/mm〕

以上から，引張鉄筋が短期許容応力度（降伏強度）に達するときの ϕ が最も小さく，短期許容曲げモーメントは，引張鉄筋の降伏により決定される。

短期許容曲げモーメント時の中立軸深さは，$x_n=174.7$mm，$\phi=2.00\times10^{-6}$ 〔1/mm〕であるから，

$$_c\sigma_c = {_cE}\cdot x_n\cdot\phi = 2.47\times10^4\times174.7\times2.00\times10^{-6} = 8.63\text{ N/mm}^2$$

$$_s\sigma_c = n\cdot{_cE}\cdot(x_n-60)\phi = 15\times2.47\times10^4\times(174.7-60)\times2.00\times10^{-6}$$
$$= 84.99\text{ N/mm}^2$$

$$_s\sigma_t = n\cdot{_cE}\cdot(640-x_n)\phi = 15\times2.47\times10^4\times(640-174.7)\times2.00\times10^{-6}$$
$$= 345\text{ N/mm}^2$$

$$_cC = 0.5\cdot{_c\sigma_c}\cdot x_n\cdot b = 0.5\times8.63\times174.7\times400 = 301532\text{ N} = 301.5\text{ kN}$$

$$_sC = {_s\sigma_c}\cdot a_c = 84.99\times387\times3 = 98673\text{ N} = 98.7\text{ kN}$$

$$_sT = {_s\sigma_t}\cdot a_t = 345\times387\times3 = 400545\text{ N} = 400.5\text{ kN}$$

$_cC+{_sC}-{_sT} = 301.5+98.7-400.5 = -0.3$ kN となり，数値を丸めたことによる誤差が生じている。許容曲げモーメントは，式(4・16)より，

$$M = {_sT}\cdot(d-x_n)+{_sC}\cdot(x_n-d_c)+{_cC}\cdot\frac{2}{3}x_n$$
$$= 400.5\times(640-174.7)+98.7\times(174.7-60)+301.5\times\frac{2}{3}\times174.7$$
$$= 232788\text{ kN}\cdot\text{mm} = 232.8\text{ kN}\cdot\text{m}$$

と求められる。

ちなみに，式(4・41)の略算式によると，

$$M_0 = a_t\cdot f_t\cdot\frac{7}{8}d = 387\times3\times345\times\frac{7}{8}\times640 = 224305200\text{ N}\cdot\text{mm}$$
$$= 224.3\text{ kN}\cdot\text{m}$$

であり，4%弱の誤差となっている。

演習問題

1. 例題1のコンクリート強度および鉄筋断面積を，$\sigma_B=30$ N/mm^2，$a_t=a_c=387\times2=774$ mm^2 に変更したときの等価断面2次モーメントを求めよ。
2. 例題1のコンクリート強度および鉄筋断面積を，$\sigma_B=30$ N/mm^2，$a_t=a_c=387\times2=774$ mm^2 に変更したときの等価断面係数を求めよ。
3. 例題1のコンクリート強度および鉄筋断面積を，$\sigma_B=30$ N/mm^2，$a_t=a_c=387\times2=774$ mm^2 に変更したときの曲げひび割れモーメントを求めよ。
4. 例題1のコンクリート強度および鉄筋断面積を，$\sigma_B=30$ N/mm^2，$a_t=a_c=387\times2=774$ mm^2 に変更したときの長期および短期許容曲げモーメントおよびその時の曲率を求めよ。
5. ヤング係数比とは何か，説明せよ。
6. 釣合い鉄筋比とは何か，説明せよ。

第5章
曲げと軸力を受ける鉄筋コンクリート柱

　第3章で軸力を，第4章では曲げを受ける部材の性能について学んできました。でも，皆さんのよく見る柱は，常に軸力と曲げの両方を受けて立っています。地震で柱が倒れたら大変です。

　第5章では，これら両方を受ける部材の性能について学びます。
1. 柱が壊れるとき，鉄筋とコンクリートに何がおこっているのでしょう。
2. 柱にどのくらいの力がかかるとひび割れが入るのでしょう。
3. どのくらいの地震がくると柱が壊れるのでしょう。

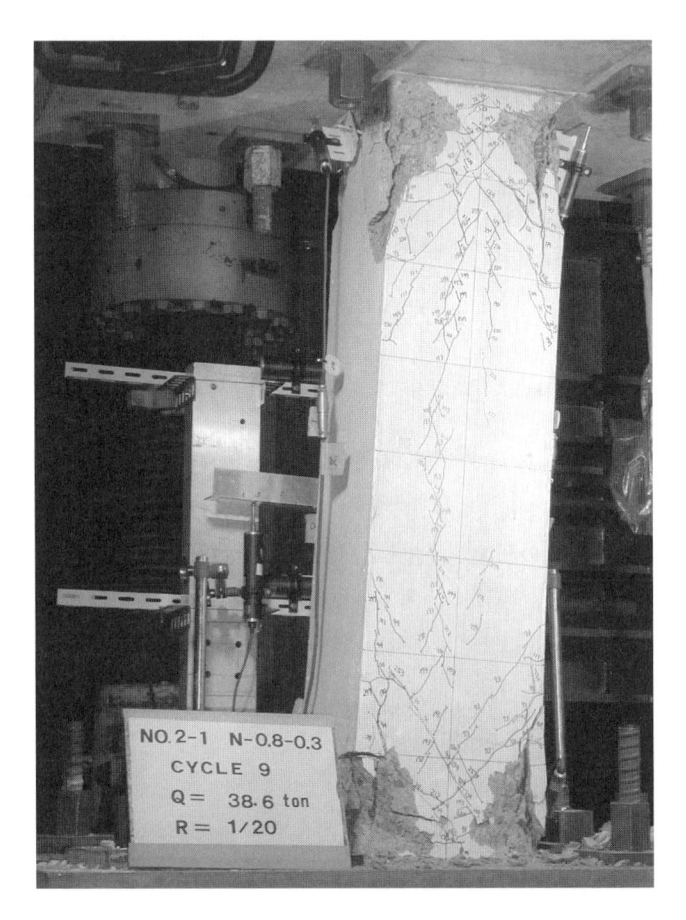

鉄筋コンクリート柱の曲げによる最終破壊状況
高軸力を受ける鉄筋コンクリート柱の曲げ終局状態。両端部のコンクリートが圧壊し，主筋の座屈が発生した。中央部の材軸方向にのびるひび割れは高軸力を受ける柱に特徴的なものである。

5・1 曲げと軸力による壊れかた

5・1・1 壊れるまでの応力度の変化

　第4章で，梁部材の断面に生じる応力度とひずみについて解説した。柱部材には曲げだけではなく，軸力が作用する。断面内の応力度分布は基本的に梁部材と同じであるが，圧縮軸力が大きい場合には，図5・1の右図に示すように，断面内が全て圧縮となる場合も起こる。また，大きな引張軸力が作用した場合には，断面内が全て引張状態となる場合もある。しかし，問題を簡単にするため，ここでは，中立軸が断面内にある場合（図5・1左図）を用いて，破壊にいたるまでの断面内応力度分布の推移について述べる。

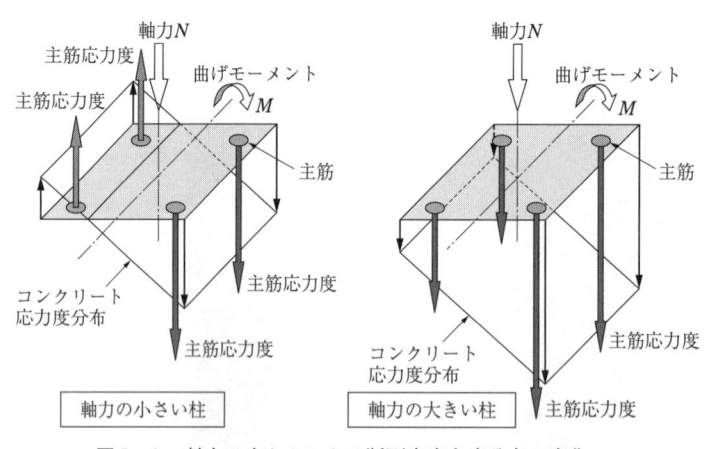

図5・1　軸力の大きさによる断面内応力度分布の変化

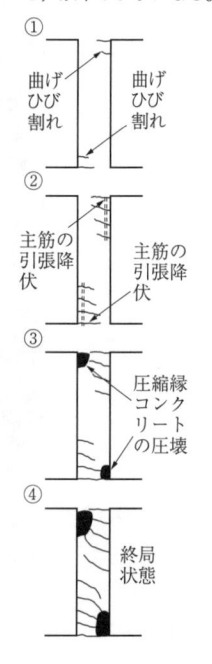

　図5・2に，柱部材の典型的な曲げモーメント－曲率の関係を示す。一定の軸力が作用した状態で曲げモーメントを徐々に大きくすると，**曲げひび割れ，主筋の引張降伏，圧縮縁コンクリートの圧壊**が発生し，最終的に曲げモーメントが最大点（**終局状態**）に到達した後，曲げモーメントは低下し，ついには軸力維持能力喪失により崩壊する。

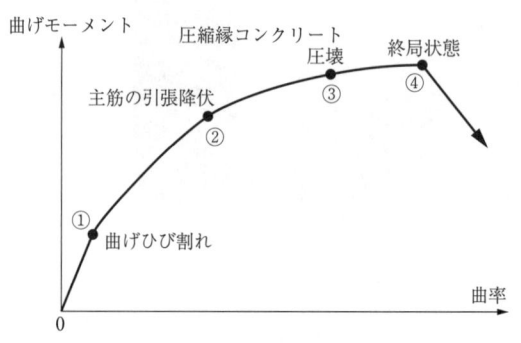

図5・2　典型的な曲げモーメント－曲率関係

図5・2の①曲げひび割れ，②主筋の引張降伏，③圧縮縁コンクリートの圧壊，④終局状態における部材の劣化状態を模式的に示すと，以下のようになる。

崩壊するまでの四つの事象，①曲げひび割れ時，②主筋の引張降伏時，③圧縮縁コンクリートの圧壊時，④終局状態，における断面の応力度分布を模式的に示したのが，図5・3である。なお，図中の記号，$_sC$，$_sT$，$_cC$，$_cT$は，それぞれ主筋の圧縮合力・引張合力，コンクリートの圧縮合力・引張合力を意味しており，これら合力の計算方法については，第4章ですでに解説した。また，図中①の応力状態は，ひび割れ発生後ではなく，ひび割れ発生直前のものであることに注意が必要である。

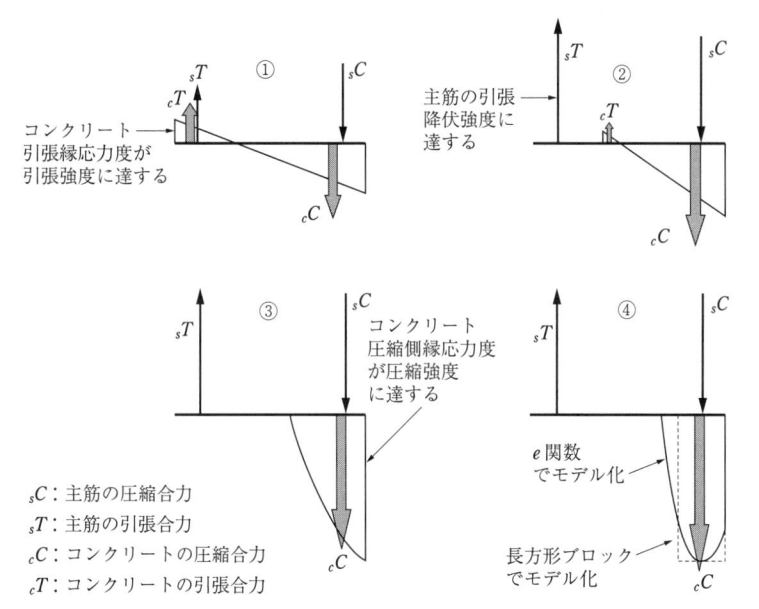

> ひび割れ後の応力度分布（図5・3②，③，④）では，コンクリートの引張合力$_cT$は無視するのが一般的であるが，②にだけは表示した。

$_sC$：主筋の圧縮合力
$_sT$：主筋の引張合力
$_cC$：コンクリートの圧縮合力
$_cT$：コンクリートの引張合力

図5・3 断面応力度分布の推移

ひび割れの発生（図5・3①の状態）までは弾性状態であると仮定することができ，作用曲げモーメントM，等価断面係数Z_e，軸力N（圧縮軸力を正とする），等価断面積A_eを用いて引張縁応力度σは，次のように計算される。

$$\sigma = \frac{M}{Z_e} - \frac{N}{A_e} \qquad (5・1)$$

> 等価断面係数Z_eは4・2・4，等価断面積A_eは3・2・1に解説されている。

この引張縁応力度がコンクリートの引張強度に達するとひび割れが発生し，断面応力状態は図5・3②に示すようになり，コンクリートの引張応力度分布は断面中央に移動する。図5・3②，③，④に示す曲げひび割れの発生後の，主筋の引張降伏時，圧縮縁コンクリートの圧壊時，そして終局状態におけるコンクリートの引張応力度は，無視するのが一般的である。これは，コンクリートの引張合力が他の合力と比較して小さく，かつ，断面中央に近いため，相対的に曲げモーメントに及ぼす影響が小さくなるためである。コンクリートの圧縮応力度は，図5・3②，③，④の状態の全てで曲線分布となるが，簡単化のため②，③で直線分布（すなわち，三角形分布）でモデル化することがよく行われる。終局状態④では，図5・3に示すように，コンクリートの圧縮応力度を積分の容易なe関数でモデル化する方法や，これをもっと簡単に長方形ブロックで

> **e関数でモデル化する方法**
> 応力度σとひずみεの関係を$\sigma = a \cdot e^{b \cdot \varepsilon}$の形でモデル化する方法である。

モデル化することもよく行われる。

図 5・3 ②に示す主筋の引張降伏と同図中③に示す圧縮縁コンクリートの圧壊のどちらが先に発生するのかは，その部材の軸力や主筋量の大きさ等に影響を受けて変化する。基本的に，軸力が大きいほど圧縮縁コンクリートの圧壊が先行して起こる傾向にある。

5・1・2 断面の力の釣合い

本項は，曲げモーメント M と軸力 N が作用する場合の断面の力の釣合い式を示し，断面の応力状態が与えられれば，それをもとに，そのとき断面に作用している曲げモーメントの大きさを求めることができることを述べる。

$_sC$：主筋の圧縮合力
$_sT$：主筋の引張合力
$_cC$：コンクリートの圧縮合力
$_cT$：コンクリートの引張合力

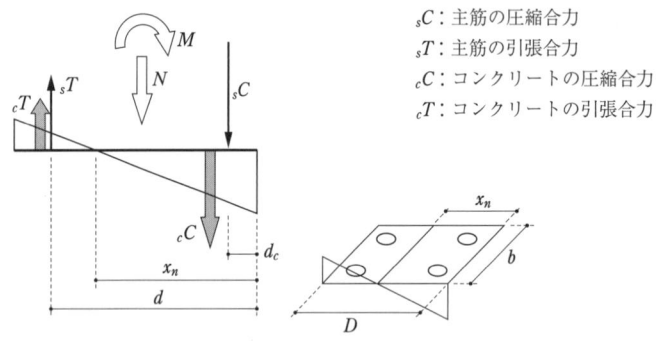

図 5・4 曲げモーメント M と軸力 N が作用する柱の典型的な断面の応力度分布

図 5・4 に，曲げモーメントと軸力が作用するときの断面の応力度分布を，模式的に示す。断面の**軸方向の力の釣合い**は，一般的に次のように表すことができる。

$$N = {}_sC + {}_cC - {}_sT - {}_cT \tag{5・2}$$

$_sC, {}_cC, {}_sT, {}_cT$ は図 5・3，5・4 に定義されている主筋およびコンクリートの合力である。これらは中立軸位置 x_n と関連して定まることから，右辺は x_n の関数となる。式（5・2）を中立軸位置 x_n について解くことにより，中立軸位置 x_n を容易に算出することができる。

中立軸位置で**曲げモーメントの釣合い式**を立てると，次式のようになる。

$$M + N\left(x_n - \frac{D}{2}\right) = {}_sC(x_n - d_c) + {}_sT(d - x_n) \\ + {}_cC \cdot \alpha_c \cdot x_n + {}_cT \cdot \alpha_t(D - x_n) \tag{5・3}$$

なお，右辺の $\alpha_c \cdot x_n$ や $\alpha_t(D-x_n)$ は，圧縮および引張側コンクリートの合力の中立軸までの距離であり，α_c と α_t はコンクリートの応力度の分布形によって異なる値をとる。例えば，三角形分布では2/3であり，四角形分布では1/2である。

式（5・3）を解くことにより，断面に作用している曲げモーメント M の大きさを求めることができる。すなわち，5・1・1で述べた四つの断面応力状態，①曲げひび割れ時，②主筋の引張降伏時，③圧縮縁コンクリートの圧壊時，④

式（5・2）：梁部材では，軸力 N がゼロである。この場合でも，この式の左辺をゼロとした釣合いが成り立っていなくてはならない。

式（5・3）で $N=0$，$_cT=0$ とすると 4・2・5 の式（4・16）と全く同じになる。
式（4・16）では，コンクリートの応力度分布が三角形であるので，$\alpha_c = 2/3$ としてある。

終局状態に対応する曲げモーメントを，上式に基づき計算できる．巻末の付4には，図5・3に示した各応力状態における圧縮鉄筋の合力（$_sC$），引張鉄筋の合力（$_sT$），コンクリートの圧縮合力（$_cC$），引張合力（$_cT$）が一覧表で示されている．

以下では，図5・3の① 曲げひび割れ発生時と④ 終局状態における曲げモーメントの算出法について述べる．なお，同図中の② 引張主筋降伏時と③ 圧縮縁コンクリート圧壊時の曲げモーメントについては，付録5に記載されている．

5・1・3　曲げひび割れモーメント

曲げひび割れが発生するとき（図5・3①）の曲げモーメントの大きさを，コンクリート強度 σ_B，等価断面係数 Z_e，軸力 N，等価断面積 A_e を用いて次式で計算することができる．

$$M_c = 0.56\sqrt{\sigma_B} \cdot Z_e + N\frac{Z_e}{A_e} \tag{5・4}$$

> 等価断面積 A_e
> 3・2・1に算出式および解説があるので参照のこと．

この式は，コンクリートの引張強度 σ_t を $0.56\sqrt{\sigma_B}$ と仮定し，図5・3①に示す引張縁応力度 σ（式(5・1)）がちょうどこの値に達したとき，曲げひび割れが発生するとしたもので，下の式を曲げモーメント M について解くことにより求めることができる．

> 等価断面係数 Z_e
> 4・2・4に算出式および解説があるので参照のこと．

$$\sigma = \frac{M}{Z_e} - \frac{N}{A_e} = 0.56\sqrt{\sigma_B} \tag{5・5}$$

式(5・4)から，軸力 N が大きいほどコンクリートの引張縁応力度が小さく抑えられ，曲げひび割れモーメントは大きく計算されることが分かる．

例題 1

図5・5に示す柱部材の曲げひび割れモーメントを算出し，曲げひび割れが発生する水平力 P（図5・6参照）の値を求めよ．ただし，軸力 N は2000 kN，反曲点位置は材軸方向の中央とする．また，等価断面積 A_e は式(3・17)で計算してよいものとする．また，等価断面係数 Z_e の算出は，式(4・11)を用いること．

ただし，異形鉄筋 D22の断面積は387 mm²，主筋はコンクリート表面から60 mmはいった位置にあり，コンクリートの圧縮強度 σ_B は30 N/mm²，ヤング係数比 n は15である．

図 5・5

図 5・6

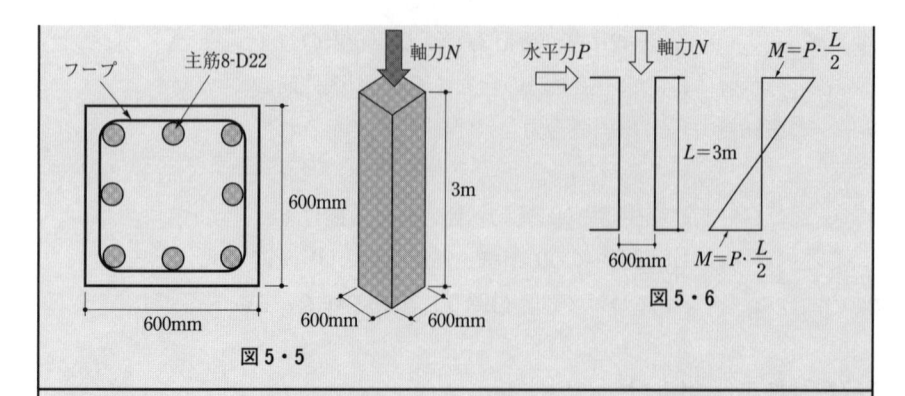

【解説】

曲げひび割れモーメントは，式(5・4)を使って算出できる。

式(3・17)から，

等価断面積 $A_e = b \cdot D + n \cdot {}_sA$
$= 600 \times 600 + 15 \times (387 \times 8)$
$= 406440 \text{ mm}^2$

なお，式中の ${}_sA$ は主筋の総断面積であり，この例題の場合，異形鉄筋 D22（断面積387mm²）8本分である。

式(4・11)から，

等価断面係数 $Z_e = \dfrac{b \cdot D^2}{6} + 2n \cdot (a_t + a_c) \cdot \dfrac{y_s^2}{D}$

$= \dfrac{600 \cdot 600^2}{6} + 2 \times 15(387 \times 3 + 387 \times 3) \times \dfrac{240^2}{600}$

$= 42687360 \text{ mm}^3$

y_s 第4章図4・8参照。

なお，上式中の y_s は図心から主筋中心までの距離であり，$\dfrac{(600 - 60 \times 2)}{2} = 240 \text{mm}$ で計算される。a_t, a_c は，それぞれ引張主筋，圧縮主筋の総断面積であり，D22が3本分の断面積である。

式(5・4)から，曲げひび割れモーメント M_c は，

$M_c = 0.56\sqrt{\sigma_B} \cdot Z_e + N \dfrac{Z_e}{A_e}$

$= 0.56\sqrt{30} \times 42687360 + 2000 \times 10^3 \times \dfrac{42687360}{406440}$

$= 340987564 \text{ N·mm}$

反曲点位置が材の中央である場合，水平力 P とモーメント M との関係は，$P = \dfrac{2M}{L}$ で与えられるので，

$P = \dfrac{2}{3000} \times 340987564 = 227325 \text{ N} = 227 \text{ kN}$

すなわち，水平力227kN が作用すると，この柱部材には脚部に曲げひび割れが発生する。

5・1・4　曲げ終局モーメント

(1)　柱の曲げ終局モーメント

終局状態のコンクリートの応力分布を，図5・3④に示すような長方形のブロックでモデル化し，終局状態における曲げモーメントを次のように求めることができる。

$$M_u = 0.8 a_t \cdot {}_s\sigma_y \cdot D + 0.5 N \cdot D \left(1 - \frac{N}{\sigma_B \cdot bD}\right) \quad (5・6)$$

ここで，a_t：引張側主筋の総断面積，　　${}_s\sigma_y$：主筋の降伏強度，

σ_B：コンクリートの圧縮強度，N：軸力，

b，D：柱の幅とせい

式(5・6)は，曲げモーメントの釣合いである式(5・3)に，付4表1④に示した終局状態における圧縮鉄筋の合力，圧縮コンクリートの合力，引張鉄筋の合力を代入し，曲げモーメント M について解くことにより導き出される。このとき，中立軸位置 x_n は，下の式を用いて消去されている。この式は，軸方向の釣合いである式(5・2)に，上記の終局状態の各合力を代入することで導き出される。

$$x_n = \frac{N}{\sigma_B \cdot b} \quad (5・7)$$

この式は，主筋位置を $d_t, d_c = 0.1D$ と仮定して導き出されたものであり，d_t, d_c が $0.1D$ より大きい場合には，柱の曲げ終局モーメントを過大に評価してしまうので注意が必要である。また，この式は，軸力が非常に大きい場合や軸力が圧縮ではなく引張となる場合には適用できない。これについては次で述べる。

曲げ終局モーメント
柱が耐えうる最大の曲げモーメントであり，構造物の安全性を考える上で最も重要なものである。

主筋の位置は，およそ $d_t, d_c = 0.1D$ で推定してよいが，柱の断面が小さい場合には，$d_t, d_c > 0.1D$ となって，曲げ終局強度を過大評価する可能性がある。

例題 2

図5・5に示した柱部材の曲げ終局モーメントを算出し，終局状態を引き起こす水平力 P（図5・6参照）の大きさを求めよ。反曲点位置は，材軸方向の中央とする。ただし，主筋の降伏強度 ${}_s\sigma_y$ は 345 N/mm²，コンクリートの圧縮強度 σ_B は 30 N/mm² である。

【解説】

終局状態における曲げモーメントは，式(5・6)で計算することができる。

$$\begin{aligned}
M_u &= 0.8 a_t \cdot {}_s\sigma_y \cdot D + 0.5 N \cdot D \left(1 - \frac{N}{\sigma_B \cdot bD}\right) \\
&= 0.8(387 \times 3) \times 345 \times 600 + 0.5 \times 2000 \times 1000 \times 600 \left(1 - \frac{2000 \times 1000}{30 \times 600 \times 600}\right) \\
&= 6.81 \times 10^8 \text{ N·mm}
\end{aligned}$$

反曲点位置が材の中央である場合，水平力 P とモーメント M の関係は，$P =$

$\dfrac{2M}{L}$ で与えられるので，

$$P = \dfrac{2}{3000} \times 6.81 \times 10^8 = 4.54 \times 10^5 \text{ N} = 454 \text{ kN}$$

すなわち，この柱部材は水平力454kNで終局状態に達し，それ以上の水平力を負担できなくなる。そして，さらに載荷を行うと耐力低下が起こり破壊にいたる。

(2) 軸力が曲げ終局モーメントに及ぼす影響

図5・7は，曲げ終局モーメント M_u に及ぼす軸力の影響を概念的に示したものである。圧縮軸力の作用は，曲げモーメントによって断面内に発生する引張応力度を小さくおさえる効果と，断面内に発生する圧縮応力度を大きくする効果の二つを持っている。圧縮軸力が比較的小さい領域（図5・7のOP）では，前者の効果によって M_u は上昇するが，さらに圧縮軸力が増加すると後者の効果によって M_u は減少に転じる（図5・7のPA）。この曲げ終局モーメントが増加から減少に転じる点の軸力比（図5・7の点Pの軸力比）を**釣合い軸力比**と呼ぶ。これよりも大きな圧縮軸力ではコンクリートの圧壊が M_u を支配し，小さい軸力では主筋の引張降伏が曲げ終局モーメントを支配するといえる。

> **軸力比**
> 軸力を $\sigma_B \cdot bD$ で除した値

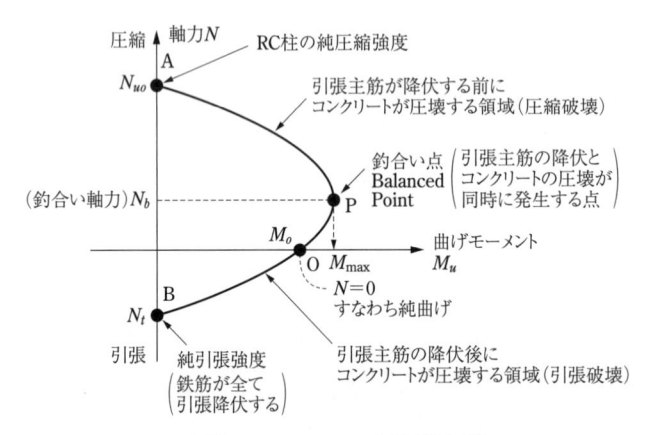

図5・7　$N-M_u$ 曲線（概念図）

図5・7の点Aは軸力が非常に大きくなり，M_u がゼロ，つまり軸力のみで破壊する点であり，この軸力の大きさは式（3・18）に示した純圧縮強度で計算できる。

一方，引張軸力の作用する領域では主筋の引張応力が増加するため M_u が減少し（図5・7のO→B），ついには点Bで $M_u = 0$ となり，引張軸力のみで破壊が発生することになる。この軸力の大きさは式（3・25）で示した純引張強度で与えることができる。

$N-M_u$ 曲線と軸力 N 軸に囲まれる領域に，軸力 N と曲げモーメント M がプロットされる場合には，柱部材は破壊しておらず，この $N-M_u$ 曲線を超えると破壊が発生する。すなわち，$N-M_u$ 曲線が与えられれば，作用している軸力

の大きさと曲げモーメントの大きさから即座に柱の破壊の発生の有無を判断することができる。

図5・8は式（5・6）を縦軸にN, 横軸にM_uを取って示したものである。

式（5・6）で計算される曲げモーメントは, 中立軸が断面内にあり, 断面内に圧縮応力度と引張応力度が共に作用する応力度状態をもとに導き出されたものである。したがって, 図5・1の右図に示すように, 圧縮軸力が大きいため断面に引張応力度が生じない場合や, 引張軸力が大きいため断面に圧縮応力度が生じないような場合には, この曲げモーメント式は適用できない。このようなことから, 式（5・6）の適用範囲は, 軸力比の値がおよそ0.4程度までとされている。

軸力比が0.4以上の圧縮軸力が非常に大きい領域では, **純圧縮強度**の点（図中のA点）と式（5・6）上の軸力比0.4の点（図中のP点）を結んだ直線である次式により, $N-M_u$曲線を表現することがよく行われる。

$$M_u = (0.8a_t \cdot {}_s\sigma_y \cdot D + 0.12\sigma_B \cdot bD^2)\frac{N_{\max} - N}{N_{\max} - 0.4\sigma_B \cdot bD} \quad (5 \cdot 8)$$

ここで, $N_{\max}$は, 図中のA点〔純圧縮強度（式（3・18））〕の軸力値である。

また, 引張軸力となる領域では, **純引張強度**の点（図中のB点）と軸力比0の点（図中のO点）を結んだ直線である次式により, $N-M_u$曲線を表現することがよく行われる。

$$M_u = 0.8a_t \cdot {}_s\sigma_y \cdot D\left(1 - \frac{N}{N_{\min}}\right) \quad (5 \cdot 9)$$

ここで, $N_{\min}$は図中のB点〔純引張強度（式3・25））〕の軸力値である。

以上の3式（5・6），（5・8），（5・9）から, 引張から圧縮にいたる全軸力領域における$N-M_u$曲線を, 図5・8のように描くことができる。

なお, 軸力が大きくなると, 柱の変形能力は減少する。特に, 釣合い軸力比以上の軸力が作用する場合には, 変形能力の低下に十分な注意が必要である。変形能力が耐震性に及ぼす影響については, 11・2・3を参照頂きたい。

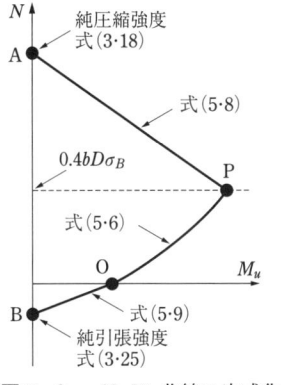

図5・8 $N-M_u$曲線の定式化

軸力が大きい場合の断面の応力状態は, 図5・1の右図になる。

純圧縮強度
圧縮軸力のみで破壊に至る強度（3・2・2参照）。

純引張強度
引張軸力のみで破壊に至る強度（3・3・2参照）。

例題 3

図5・5に示した柱部材に, 8000kNの軸力が作用したときの曲げ終局モーメントを算出し, 終局状態を引き起こす水平力P（図5・6参照）の大きさを求めよ。反曲点位置は, 材軸方向の中央とする。ただし, 主筋の降伏強度${}_s\sigma_y$は345 N/mm², コンクリートの圧縮強度σ_Bは30 N/mm²である。

【解説】

軸力 $8000 \text{kN} > 0.4\sigma_B \cdot b \cdot D$ であるので式(5・8)を用いる。

純圧縮強度(図5・8のA点)における軸力値 N_{max} は,第3章の例題2で算出されており,次のようになる。

$$N_{max} = 圧縮耐力 = \sigma_B \cdot {}_cA + {}_s\sigma_y \cdot {}_sA$$
$$= 30 \times (600 \times 600) + 345 \times (387 \times 8)$$
$$= 11868120 \text{N} = 11868 \text{kN}$$

これを,式(5・8)に代入することで,曲げ終局モーメントは次のように算出される。

$$M_u = (0.8 a_t \cdot {}_s\sigma_y \cdot D + 0.12 \sigma_B \cdot b \cdot D^2)\left(\frac{N_{max} - N}{N_{max} - 0.4\sigma_B \cdot b \cdot D}\right)$$

$$= (0.8 \times (387 \times 3) \times 345 \times 600 + 0.12 \times 30 \times 600 \times 600^2)$$

$$\times \frac{11868120 - 8000 \times 1000}{11868120 - 0.4 \times 30 \times 600 \times 600} = 4.97 \times 10^8 \text{ N·mm}$$

反曲点位置が材の中央である場合,水平力 P とモーメント M との関係は,$P = \dfrac{2M}{L}$ で与えられるので,次のようになる。

$$P = \frac{2}{3000} \times 4.97 \times 10^8 = 3.31 \times 10^5 \text{ N} = 331 \text{ kN}$$

すなわち,この柱部材は,水平力331kNで終局状態に達する。

図5・8に示したように,軸力があまり大きくない場合には,軸力が大きくなるほど曲げ終局モーメントは増加するが,軸力が大きくなり,軸力比が釣合い軸力比より大きくなると,逆に軸力が大きくなるほど曲げ終局モーメントは小さくなる。前の例題2での軸力2000kNは,軸力比で0.185$\left(=\dfrac{2000 \times 1000}{30 \times 600 \times 600}\right)$であるのに対して,本例題の軸力はこの4倍(軸力比0.74)の非常に大きなものである。ここで計算された曲げ終局モーメントが,例題2で計算した曲げ終局モーメント(水平力454kN)を下回っているのは,このためである。

例題 4

図5・5に示した柱部材に,引張軸力500kNが作用したときの曲げ終局モーメントを算出し,終局状態を引き起こす水平力 P (図5・6参照)の大きさを求めよ。反曲点位置は,材軸方向の中央とする。ただし,主筋の降伏強度 ${}_s\sigma_y$ は 345 N/mm^2,コンクリートの圧縮強度 σ_B は 30 N/mm^2 である。

【解説】

純引張強度(図5・8のB点)における軸力値 N_{min} は,第3章の例題3で算出されており,

$$N_{\min} = 引張耐力 = {}_s\sigma_y \cdot {}_sA = 345 \times 387 \times 8$$
$$= 1068120\,\text{N} = 1068\,\text{kN}$$

これを，式(5・9)に代入することで，曲げ終局モーメントは次のように算出される。

$$M_u = 0.8 a_t \cdot {}_s\sigma_y \cdot D \left(1 - \frac{N}{N_{\min}}\right)$$
$$= 0.8 \times (387 \times 3) \times 345 \times 600 \times \left(1 - \frac{500 \times 1000}{1068120}\right)$$
$$= 1.02 \times 10^8\,\text{N·mm}$$

反曲点位置が材の中央である場合，水平力 P とモーメント M との関係は，$P = \dfrac{2M}{L}$ で与えられるので，次のようになる。

$$P = \frac{2}{3000} \times 1.02 \times 10^8 = 0.68 \times 10^5\,\text{N} = 68\,\text{kN}$$

すなわち，この柱部材は，水平力68kNで終局状態に達する。引張軸力が作用する場合の曲げ終局モーメントは，かなり小さなものになることが分かる。

コラム　2方向曲げ

地震時に，柱に作用する曲げは一方向ではない。柱は，地震時に同時に作用する2方向の曲げに対し，抵抗する必要がある。このため柱には，断面の4辺に主筋が配される。

図は，2方向の曲げ終局モーメントと軸力の関係を模式的に示したものである。5・1・4で述べたように，1方向の曲げにおける終局モーメントと軸力の関係は，図5・7に示すような2次元で表現される $N - M_u$ 関係となるが，2方向の曲げを考慮すると，$N - M_u$ 関係は，図に示すように，2方向の曲げ終局モーメント M_{u1}, M_{u2} と軸力 N の3次元空間中の立体曲面として表現されることになる。

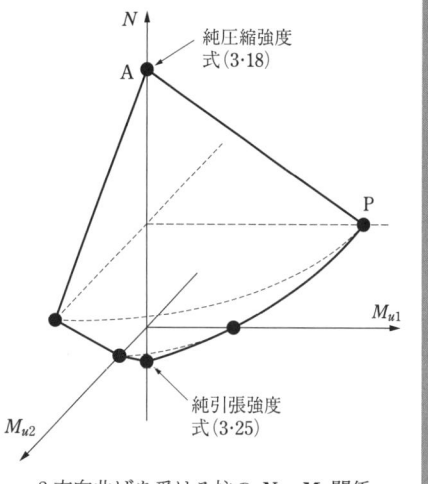

2方向曲げを受ける柱の $N - M_u$ 関係

5・2　許容曲げモーメント

　許容曲げモーメントは主筋とコンクリートを弾性と仮定し，圧縮縁コンクリート・圧縮主筋・引張主筋のいずれかが，許容応力度に達するときの曲げモーメントとして計算される。

　中立軸が断面内にある場合の引張主筋および，圧縮縁コンクリートが許容応力度に達するときの許容曲げモーメントは，付録5式(2)の主筋の降伏強度 $_s\sigma_y$，付録5式(4)のコンクリートの圧縮強度 σ_B のそれぞれに，許容応力度を代入することにより次のように導き出すことができる。式(5・10)は，引張側主筋が許容応力度 f_t に達するときの許容曲げモーメントであり，式(5・11)は，圧縮縁コンクリートが許容応力度 f_c に達するときの許容曲げモーメントである。

許容応力度設計
11・3・2参照。

許容応力度
付録1参照。

$$\frac{M}{b \cdot D^2} = \frac{f_t}{n(d_1 - x_{n1})} \left\{ \frac{1}{3} x_{n1}^3 + n \cdot p_t (2x_{n1}^2 - 2x_{n1} + d_1^2 + d_{c1}^2) \right\}$$
$$+ (0.5 - x_{n1}) \frac{N}{b \cdot D} \qquad (5・10)$$

$$\frac{M}{b \cdot D^2} = \frac{f_c}{x_{n1}} \left\{ \frac{x_{n1}^3}{3} + n \cdot p_t (2x_{n1}^2 - 2x_{n1} + d_1^2 + d_{c1}^2) \right\}$$
$$+ \frac{N}{b \cdot D} (0.5 - x_{n1}) \qquad (5・11)$$

　ここで，p_t：引張鉄筋比 $\left(= \frac{a_t}{b \cdot D} \right)$，$x_{n1} = \frac{x_n}{D}$，$d_1 = \frac{d}{D}$，$d_{c1} = \frac{d_c}{D}$ である（図5・4参照）。また，式中の中立軸位置 x_n は，それぞれ付録5の式(3)，(5)に与えられている。なお当然のことながら，ここではコンクリート・主筋ともに弾性であるから，式中に用いられているヤング係数比は，クリープを考慮した許容応力度用のもの（4・2・4の欄外参照）を用いる。

　設計時には，式(5・10)，(5・11)を用いていちいち許容曲げモーメントを計算するのではなく，あらかじめ軸力と許容曲げモーメントの関係を図表の形にしておくと便利である。このような設計用の軸力と許容曲げモーメントの相関関係が図表化され，日本建築学会「鉄筋コンクリート構造計算資料集」の第8章に示されている。式(5・10)，(5・11)は，中立軸が断面内にある場合のものであるが，そこには，中立軸が断面内にない場合の軸力と許容曲げモーメントの相関曲線についても示されている。この図表の作成方法は，RC規準の付録9に解説されているので参考にされたい。

演習問題

1. 図1に示す断面750mm×750mmの柱に，中心圧縮力（$N=3000$kN）が作用している。異形鉄筋D22の断面積は387mm²，コンクリートの圧縮強度 σ_B は33N/mm²，ヤング係数比 n は15とする。また，主筋はコンクリート表面から75mm入った位置にある。

この柱の曲げひび割れモーメントを算出し，曲げひび割れが発生する水平力 P（図2）の値を求めよ。反曲点は柱頭から $\frac{1}{3}$ の位置とする。

ただし，等価断面積 A_e は式（3・17）で計算してよい。また，等価断面係数 Z_e の算出は，式（4・11）を用いること。

2. 図1に示した柱部材の曲げ終局モーメントを算出し，終局状態を引き起こす水平力 P（図2）の大きさを求めよ。反曲点は柱頭から $\frac{1}{3}$ の位置とする。ただし，主筋の降伏強度 $_s\sigma_y$ は345 N/mm²，コンクリートの圧縮強度 σ_B は33 N/mm² である。

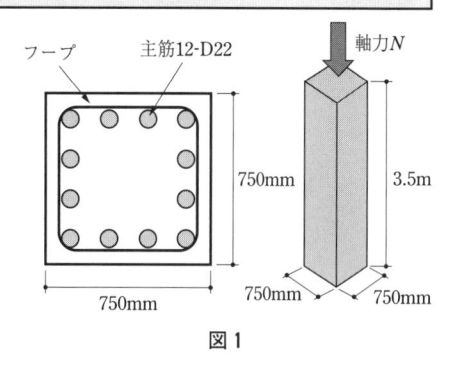

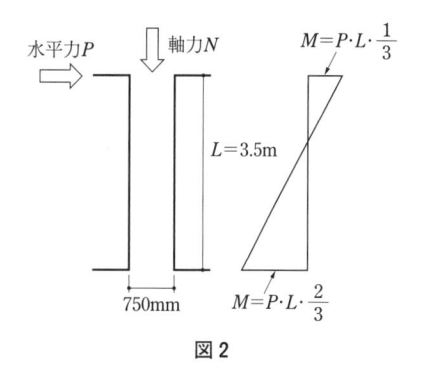

3. 図1に示した柱部材に，14000kN の軸力が作用したときの曲げ終局モーメントを算出し，終局状態を引き起こす水平力 P（図2）の大きさを求めよ。反曲点は，柱頭から $\frac{1}{3}$ の位置とする。ただし，主筋の降伏強度 $_s\sigma_y$ は345 N/mm²，コンクリートの圧縮強度 σ_B は33 N/mm² である。

4. 図1に示した柱部材に，引張軸力500kN が作用したときの曲げ終局モーメントを算出し，終局状態を引き起こす水平力 P（図2）の大きさを求めよ。反曲点は，柱頭から $\frac{1}{3}$ の位置とする。ただし，主筋の降伏強度 $_s\sigma_y$ は345 N/mm²，コンクリートの圧縮強度 σ_B は33 N/mm² である。

第6章
せん断力を受ける鉄筋コンクリート部材

　下の写真をご覧ください。右上から左下にかけて幅の広い斜めひび割れが生じています。この斜めひび割れがせん断破壊の契機となります。鉄筋コンクリート部材のせん断破壊は悪い壊れかたなので防止しなければならないと，第1章で学びました。

　第6章ではそれではなぜせん断破壊が生じるのか，どうすればせん断破壊しないようにできるのかについて学びます。

1. このような斜めひび割れは，なぜ発生するのでしょう。
2. せん断力は鉄筋コンクリート部材の中をどのように流れて，最終的にはどこがどのように壊れるのでしょう。
3. 斜めひび割れが発生するときの強度や，最終的にせん断破壊するときの強度をどのようにして求めるのでしょう。
4. せん断破壊を防ぐためには，どうすればよいのでしょう。そのためのせん断補強設計の基本的な考えかたとはどのようなものでしょう。

鉄筋コンクリート柱のせん断破壊
三陸はるか沖地震（1984年）でせん断破壊した1階隅柱（建物は3階建ての学校校舎）である。せん断補強筋比は0.11%と非常に小さかった。柱頭・柱脚でせん断ひび割れを横切る主筋が座屈しているのがわかる。

6・1　せん断力によって斜めひび割れが発生する理由

6・1・1　直感的な説明

　第1章で説明したように，RC部材に作用するせん断力がある程度以上大きくなると，部材には斜めのひび割れ（**せん断ひび割れ**）が発生する。なぜ，このような斜めのひび割れが生じるのだろうか。この理由を考えるために，図6・1(a)のような地面に固定されたRC壁を取り上げる。

　RC壁の頂部には水平力が作用しており，この水平力は壁部材内部ではせん断力となって地面まで伝達される。このとき，RC壁の頂部は右側に移動するため，壁部材は図(b)のような平行四辺形状に変形する[1]。すなわち，RC壁の左上と右下とを結ぶ対角線は縮むのに対し，右上と左下とを結ぶ対角線は伸びることが分かる。伸びるということは，引張力が作用していることを示す。コンクリートは，引張には弱く，容易にひび割れが生じる。つまり，斜め右方向の引張力がある程度より大きくなると，これに直交する方向にひび割れが発生することになる。このようにして生じたひび割れは，図(c)のように，材軸に対して斜めに傾くことになる。

1）　実際には，曲げによる変形も生じるが，図6・1のように，ずんぐりした形状の部材の場合には，平行四辺形状の変形（せん断変形）に比べて曲げ変形はわずかであるから，ここでは無視した。

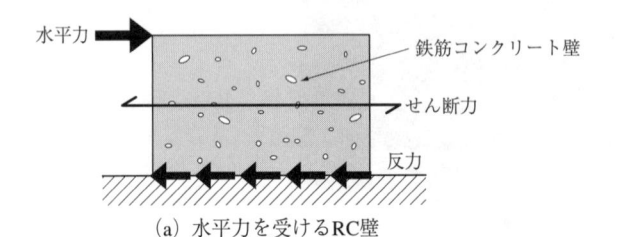

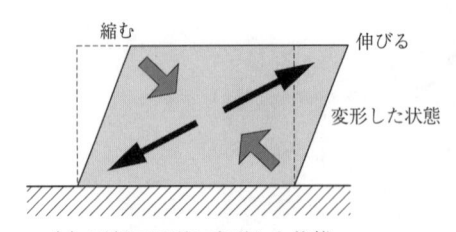

(a) 水平力を受けるRC壁

(b) 平行四辺形に変形した状態

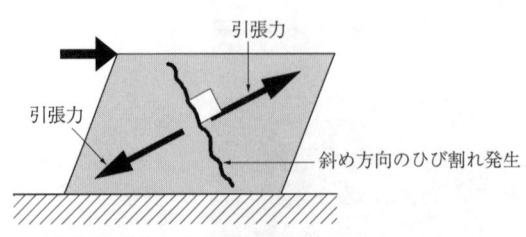

(c) 斜め方向のひび割れの発生

図6・1　せん断力による斜めひび割れの発生

6・1・2 理論的な説明

6・1・1ではせん断力を受けるRC部材に斜めのひび割れが発生する理由を，直感的に理解できるように説明した。次に本項では，斜めのせん断ひび割れが発生する理由を，力学的に説明する。

図6・2(b)のような外力を受けるRC片持梁を考えよう。ここでは，簡単のために自重や積載荷重は無視する。断面形状は長方形とする(図6・2(a))。外力が小さくて，コンクリートにひび割れが発生する以前では，弾性状態とみなしてよい。このとき，断面内の垂直応力度の分布は図(c)のようになり，当然ながら中立軸上では垂直応力度 $\sigma_x=0$ である。また，断面内のせん断応力度の分布は，図(d)のように，中立軸上で最大値 τ_{max} となる放物線状である。ここで，片持梁の中立軸上にあるコンクリート微小要素の**二軸応力状態**を書き出すと，図(e)のようになる。x方向およびy方向の垂直応力度はそれぞれ0であり，せん

(a) 梁の断面　(b) RC片持梁　(c) 断面の垂直応力度の分布　(d) 断面のせん断応力度の分布

(g) 微小要素を回転させる　(e) 微小要素の二軸応力状態

(i) 斜めせん断ひび割れの発生　(h) 微小要素の主応力度と主軸

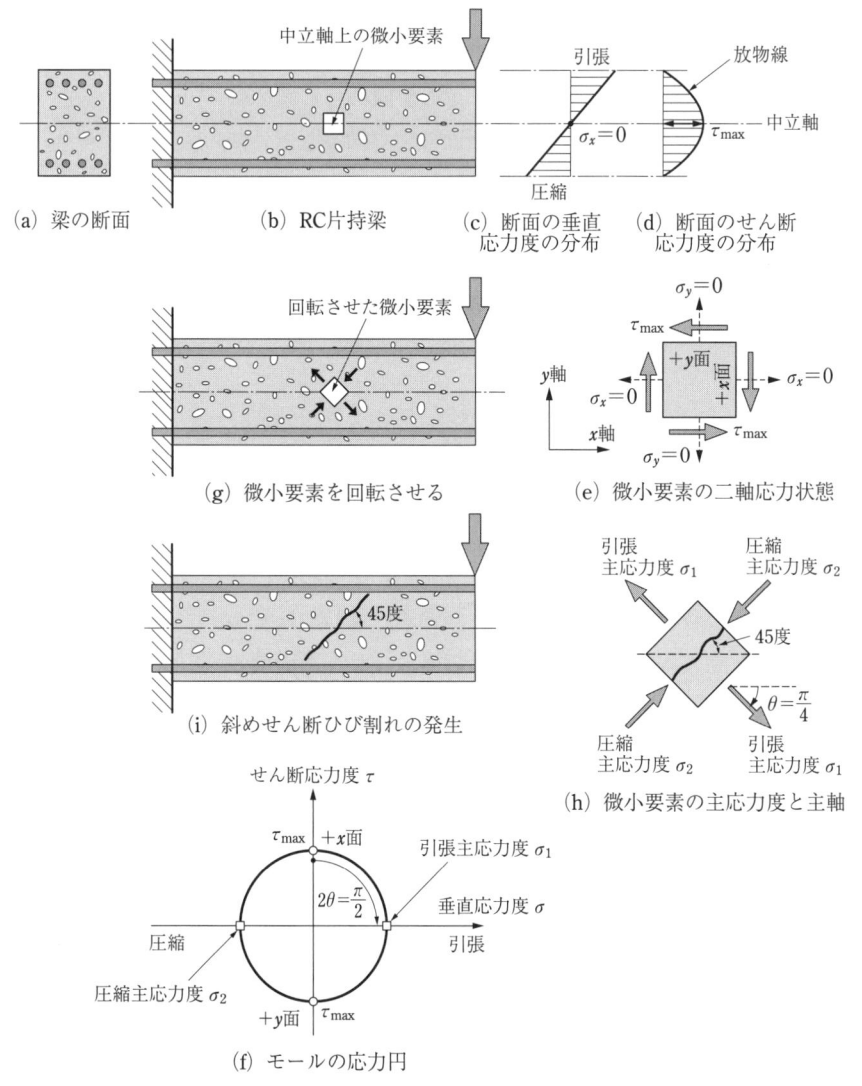

(f) モールの応力円

図6・2 せん断力による斜めひび割れの発生（力学的な説明）

断応力度 τ_{max} のみが作用する。このとき，微小要素の $+x$ 面および $+y$ 面（図6・2(e)参照）における垂直応力度とせん断応力度との組合せを，**モールの応力円**上に示すと図(f)になる。これは，原点を中心に半径が τ_{max} の円である。この図より，$+x$ 面を表す点（0，τ_{max}）から**引張主応力度** σ_1 を表す点（σ_1，0）までの角度 2θ は，時計回りに $\pi/2$（＝90度）であることが分かる。ここで角度 θ は，引張主応力度と x 軸（$+x$ 面の法線方向）とのなす角度（**主軸**）である。すなわち，引張主応力度 σ_1 と x 軸とのなす角度 θ は，時計回りに $\pi/4$（＝45度）となる。この説明が分かりにくければ，中立軸上の微小要素を少しずつ回転させて（図(g)参照），その要素の各面に作用するせん断応力度が零になる位置を探したところ，角度は45度になったというふうに考えて欲しい。

このような**主応力状態**を微小要素に表したものを，図6・2(h)に示す。これはせん断応力度は作用せずに，引張主応力度および圧縮主応力度のみが作用する特殊な状態である。引張主応力度 σ_1 がコンクリートの引張強度を超えると，この引張力に直交する方向（これは圧縮主応力度 σ_2 の方向に等しい）にひび割れが発生することになる。これが，図(i)のように，RC 梁の中腹部分に斜め45度方向のひび割れが発生する理由である。実際には，断面の中立軸位置以外には垂直応力度が作用するため，せん断ひび割れの角度は45度から変化することになる。

6・2　せん断力による壊れかた

コンクリートは，引張力によってひび割れが発生するか，圧縮力によって押しつぶされる（**圧壊**と呼ぶ）か，のどちらかによって（あるいは両方が発生して）破壊に至る。鉄筋コンクリート部材のせん断力による破壊（**せん断破壊**と呼ぶ）も，これらの現象によって引き起こされると考えてよい。すなわち，せん断破壊には，大別して引張系の破壊と圧縮系の破壊とがある。はじめにせん断破壊（せん断強度）に影響を与える要因を列挙し，そのあとにせん断破壊のいくつかの生じかた（モード）を説明する。

6・2・1　せん断破壊に影響を与える要因
(1)　コンクリート強度（引張，圧縮）
上述のように，コンクリートの破壊によってせん断破壊も生じるので，引張および圧縮に対するコンクリート強度を大きくすれば，せん断破壊も生じにくくなる。
(2)　部材の形状
部材の形状が細長くてスレンダーな場合と，ずんぐりして太短い場合とでは，せん断破壊のモードは大きく異なる。部材の形状を表す指標として，**せん断ス**

主応力度と主軸
　部材内の微小要素を回転させて，ある面に作用する垂直応力度が最大あるいは最小になるとき，これを主応力度と呼ぶ。最大あるいは最小主応力度の方向を主軸と呼ぶ。この2つの主軸は互いに直交する。また，主応力度の作用する面においては，せん断応力度は必ず0となる(図6・2(h)参照)。

パン比 $\frac{a}{d}$ を用いると便利である。これは，モーメントが最大の点から零の点までの距離 a（これを**せん断スパン**と呼ぶ）と断面の有効せい d との比によって表される数値である。図6・3(a)のように，両端固定梁の左端のモーメントが右端のそれよりも大きいとき，モーメント0の点から左の部分を切り出した片持梁（図(b)）のモーメント M とせん断力 Q との関係は，$M=Qa$ である。この関係をせん断スパン比 $\frac{a}{d}$ に代入すると，$\frac{M}{Qd}$ となる。そこで，せん断スパン比として，この $\frac{M}{Qd}$ を用いて表記することが多い。

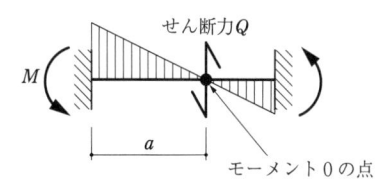

(a) 両端固定梁のモーメント図とせん断力

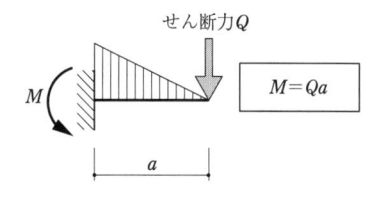

(b) 片持梁のモーメント図とせん断力

図6・3 せん断スパン a

せん断破壊のモードとせん断スパン比との関係は，6・2・2で詳述する。

(3) せん断補強筋の量・形状・配置

せん断補強筋の量が多いほどせん断強度は増大するが，ある程度以上配筋すると，せん断強度は頭打ちになることが分かっている。これは，せん断補強筋量が少ないうちは，せん断補強筋の降伏によってせん断強度が決定されるのに対し，ある程度以上せん断補強筋を配筋すると，せん断補強筋が降伏する前にコンクリートが圧壊することにより，せん断破壊を生じるためである。コンクリートの圧壊を抑えるという点では，せん断補強筋を閉鎖型のフープ状にしてコンクリートをしっかりと拘束することが有効である。また，柱・梁部材の付け根のように，多数のせん断ひび割れが交差して発生する領域では，せん断補強筋量を増やすことが，せん断破壊の発生を遅らせるのに有効である。なお，せん断補強筋の役割については，6・3で説明する。

(4) 主筋量

せん断ひび割れを横切る主筋は局部的に大きく曲げられるため，その部分の主筋にせん断力が発生して外力に対して抵抗する（図6・4）。これを**ダボ作用**（Dowel action）と呼んでいる。主筋量が多くなれば，ダボ作用によってせん断強度も上昇する。

図6・4 主筋のダボ作用

(5) 鉄筋とコンクリートとの付着性状

鉄筋とコンクリートとの間の**付着性能**が良好なときには，ひび割れが分散して発生し，6・3で説明するように，トラス機構が形成されてせん断力を伝達できる。これに対して付着がない場合には，せん断ひび割れの本数は少なく部材両端の圧縮域を結ぶような斜めひび割れの開口が卓越するか，端部のコンクリートが圧壊して破壊にいたる。

(6) 軸力

引張から圧縮へと軸力が増加するとともに，部材のせん断強度も増大する。このとき，発生する斜めせん断ひび割れの角度やコンクリートの圧壊状況が変化するため，破壊の性状もそれに依存して変化する。

6・2・2　いろいろなせん断破壊

ここでは，せん断破壊のモードを6・2・1(2)で説明したように，せん断スパン比 $\frac{a}{d}$ によって大まかに分類して説明する（図6・5参照）。せん断スパン比が大きいほど，細長くてスレンダーな部材形状であることを示す。なお，以下の各破壊モードに示したせん断スパン比の範囲は，大まかな目安である。部材のプロポーションによってせん断破壊のモードが変化することに注意して欲しい。

(1) 斜め引張破壊

斜め引張破壊は，$2.5<\frac{a}{d}$ のときに生じやすい。図6・5(a)のように，斜めせん断ひび割れが伸びて，部材を斜めに切断してしまう。せん断補強筋の少ない柱・梁で生じやすく，せん断ひび割れの発生と同時に，せん断補強筋が降伏し，ひび割れ幅が急激に拡大して耐力を失う。

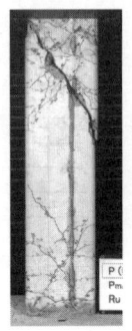

(a) 斜め引張破壊（横浜国立大学前田研究室実験）

(b) 付着割裂破壊

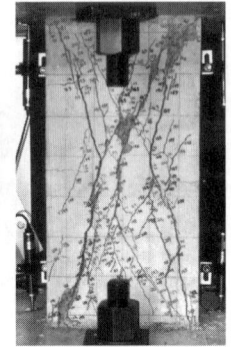

(c) せん断圧縮破壊

図6・5　せん断破壊のいろいろなモード

(2) 付着割裂破壊

付着割裂破壊は，$1 \leq \frac{a}{d} \leq 2.5$ のときに生じやすい。主筋に沿って多数の細かい斜めひび割れが発生し，最終的にはせん断耐力を失う。図6・5(b)では，RC梁の上端筋に沿って，このような付着割裂ひび割れが生じている。主筋から周囲のコンクリートへ力を伝達して両者の一体化を図ること（すなわち付着作用）は，鉄筋コンクリート構造の基本的な構成原理である。しかし，異形鉄筋を用いると周囲のコンクリートを割り裂くような力も作用するため，主筋の径や配筋本数，降伏強度などの組合せによっては，このような破壊が生じることがある。コンクリートが割り裂かれることから，引張系の破壊といえる。なお，付着割裂破壊については，9・3で簡単に説明する。

(3) せん断圧縮破壊

せん断圧縮破壊は，$\frac{a}{d}<2.5$ のときに生じやすい。応力が集中する部材端部に

おいてコンクリートが圧壊するような場合と，部材の腹部のコンクリートが圧壊するような場合とがある。後者は，せん断補強筋が比較的密に配筋されているときやせん断スパン比が1以下のようなときに生じやすい。図6・5(c)では，柱部材端部および腹部のコンクリート圧壊が見られる。

6・3　せん断力の伝わりかた

6・3・1　せん断力は部材内をどのように流れるのか

はじめに地震時に梁部材に発生するひび割れの状況を，図6・6(a)に例示する。梁部材の両端には，逆対称曲げモーメントおよびせん断力が作用している。梁部材には，曲げひび割れおよびX形に交差するせん断ひび割れが発生した。

(a) 逆対称曲げを受ける梁のひび割れ状況

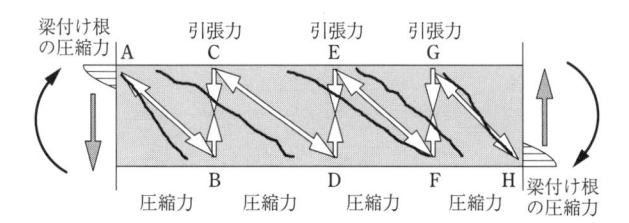

(b) 梁部材内の圧縮力の流れ方

図6・6　梁のひび割れ状況と圧縮力の流れ方

ここで，両端に時計回りの曲げモーメントが作用するときを考えよう。6・1で説明したように，斜めせん断ひび割れと平行方向には圧縮力が存在する。そうすると，図(b)に示すように，斜めのせん断ひび割れとせん断ひび割れとの間のコンクリートには，圧縮力が矢印のように流れていると想像できる。部材の左上のコンクリート圧縮領域（A点）から斜め右下に向かって流れた圧縮力は，下端主筋の位置付近（B点）まで達すると，せん断補強筋の引張力によって吊り上げられて上端主筋近傍へと移ってゆく（C点）。C点から同様な圧縮力が斜め右下に流れてD点に到達し，また吊り上げられる。このような力の流れ方をA－B－C－D－E－…と繰り返し，最後に右下の梁付け根に到達する（H点）。これは，梁部材内を力がジグザグに流れることによって，左から右へせん断力を伝達していることを表している。

このように，せん断力の伝達には，斜め方向のコンクリート圧縮力およびせん断補強筋による引張力が，重要な役割を果たしていると想像される[2]。

2) ここではせん断補強筋の役割をせん断力の伝達に注目して説明した。しかしフープやスターラップのように，コンクリートをグルッと囲んで閉鎖形状に配筋される鉄筋には，もう一つの大切な役割がある。コンクリートを**拘束**するという機能である。コンクリートを鉄筋で取り囲んで拘束すると，コンクリートの圧縮強度が増大し，圧縮後の変形性能も大きく改善されることは，3・2・3で説明した。「せん断補強筋」は，せん断伝達とコンクリートの拘束という二つの異なった機能を持っているので，この名称は厳密には正しくない。それゆえ，「**横補強筋**」（英語では，lateral reinforcement）という呼びかたをすることもある。

6・3・2 三位一体でせん断力を伝達する

ここまでは梁部材のひび割れ状況を見ながら，せん断力の伝達に関して直観的な考察を行った。しかし，例えば図6・6(b)のB点では，斜め方向の圧縮力と鉛直方向の引張力が存在するだけでは，節点における力の釣合いが成り立たない。力の釣合いが成り立つためには，水平方向の力が必要である。結論からいえば，この水平方向の力は，主筋からコンクリートへの**付着作用**によって与えられる。この理由を，以下で説明しよう。

逆対称曲げモーメントとせん断力を受ける梁部材に，主筋とせん断補強筋を加えて図6・7(a)に示す。ここで，隣接する斜めせん断ひび割れ同士で挟まれた**コンクリートの束**（つか，英語で**ストラット**と呼ぶ）を取り出し，図(b)に示す。主筋の引張力は位置によって変化するので，束の左側の引張力を $T+dT$，右側の引張力を T とした。このとき，力の釣合いより引張力の差分 dT は，束内部のコンクリートに作用していなければならない。これが，主筋からコンクリートへの**付着力**である。

(a) 逆対称曲げを受ける梁の
　　ひび割れ状況

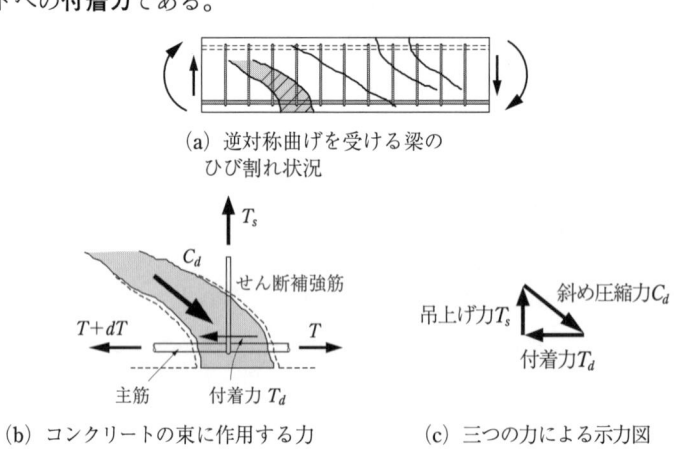

(b) コンクリートの束に作用する力　　(c) 三つの力による示力図

図6・7 せん断力の伝達に必要な三つの力

一方，斜めせん断ひび割れがせん断補強筋を横切ると，せん断補強筋に引張ひずみが生じる。これによってせん断補強筋には，上向きの吊上げ力 T_s が発生する。この引張力は，コンクリートに鉛直方向の力として伝達される。

以上に説明したコンクリートへ伝達される二つの力，すなわち，付着作用による水平力 T_d およびせん断補強筋の吊上げによる鉛直力 T_s に釣り合うように，コンクリートの束の部分に斜め方向の圧縮力 C_d が発生する。これら三つの力の関係を示力図で示すと，図6・7(c)のようになる。

このように，せん断補強筋の吊上げ（引張）力，主筋からの付着力および斜め方向のコンクリート圧縮力，の三つの力によって，せん断力が伝達される機構を**トラス機構**と呼んでいる。トラス機構を模式的に表すと，図6・8(a)のようになる。この様子が，あたかも斜材を持つ鉄骨トラスのようだとして，Ritter が Truss Analogy を提唱したのは，ほぼ1世紀前の1899年のことであった。

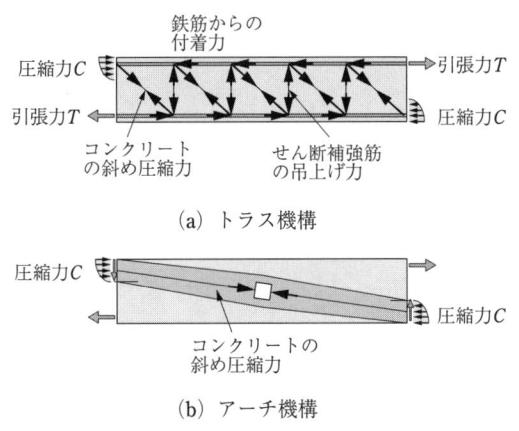

図6・8 トラス機構とアーチ機構

トラス機構では，主筋からの付着力およびせん断補強筋の引張力の存在が不可欠である．しかし，この両者が存在しなくても，せん断力を伝達することは可能である．このようなせん断伝達機構を，**アーチ機構**と呼んでいる．これは，図6・8(b)のように，部材両端の圧縮域を斜めのコンクリート圧縮束によって結ぶもので，斜め圧縮力の鉛直成分が伝達されるせん断力に相当する．

現実の鉄筋コンクリート部材のせん断力は，トラス機構およびアーチ機構に分担されて伝達される．ただし，地震時におけるそれぞれの負担割合は，主筋の付着性状，軸力の変動，部材の変形性状などによって刻々と変化すると考えられ，複雑である．

6・3・3　せん断ひび割れ強度

6・1で説明したように，斜めのせん断ひび割れは，梁部材であれば材軸に対して45度の方向に発生する．しかし一般には，柱のように，軸力が作用する．そのときの部材内の微小要素の応力状態は，図6・9(a)のようになる．ここで，柱の圧縮軸応力度を σ_0，せん断応力度を τ とした．また，このときの平面応力状態を**モールの応力円**で示すと，図(c)の破線のようになる．

さて，コンクリートの引張主応力度 σ_1 が徐々に大きくなって（すなわち，モールの応力円が同心円状に大きくなって），コンクリートの引張強度 f_t に達したとき，せん断ひび割れが発生するので，この瞬間の平面応力状態を示すと図(b)となる．これより，斜めせん断ひび割れが発生するときに部材断面に作用するせん断応力度 τ_{cr} は，次のようになる．

$$\tau_{cr} = \sqrt{f_t^2 + f_t \cdot |\sigma_0|} \quad (6 \cdot 1)$$

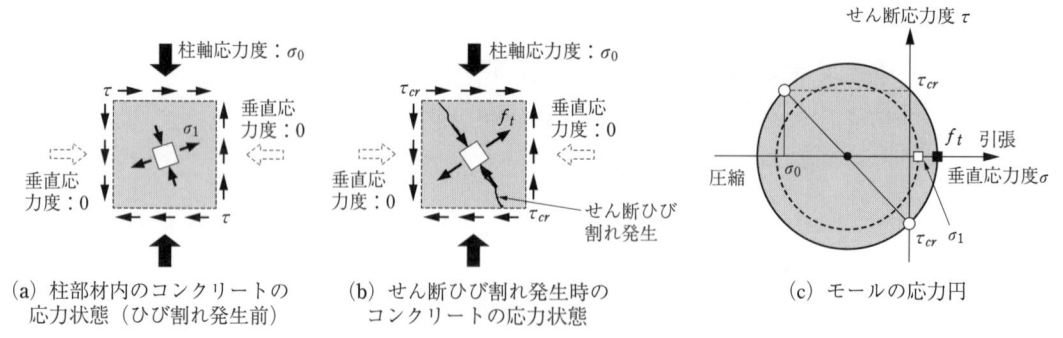

(a) 柱部材内のコンクリートの応力状態（ひび割れ発生前）

(b) せん断ひび割れ発生時のコンクリートの応力状態

(c) モールの応力円

図6・9　斜めせん断ひび割れ発生時のせん断応力度

このせん断応力度 τ_{cr} は，断面の中立軸上（すなわち断面図心）における値である。図6・2 (d) に示したように，弾性論によれば矩形断面におけるせん断応力度の分布は放物線となり，中立軸位置上でのせん断応力度が最大となる（これを τ_{max} とする。図6・10参照）。いま，断面に作用するせん断力 Q は，この放物線の面積に柱幅を乗じたものであるから，

$$Q = \frac{2}{3} \tau_{max} bD$$

　　ここで，b：柱幅　　D：柱全せい

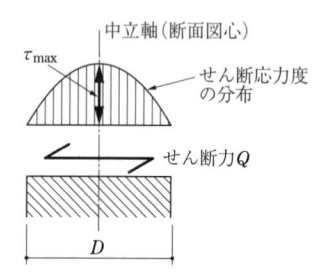

図6・10　せん断応力度の分布

となる。よって，せん断ひび割れが発生するときのせん断力 Q_{cr} は，次のようになる。

$$Q_{cr} = \frac{2}{3} \tau_{cr} bD \tag{6・2}$$

以上は，理論的な説明であるが，多くの実験結果を統計処理して経験的に得られた方法により，せん断ひび割れ強度を求めることも行われる。その代表として，荒川によって提案された経験式を紹介する。せん断ひび割れが発生するときのせん断応力度の下限値 τ_{cmin} は，以下で与えられる。

$$\tau_{cmin} = \frac{0.065 k_c (50 + \sigma_B)}{\frac{M}{Qd} + 1.7} \quad (\text{N/mm}^2) \tag{6・3}$$

ここで，k_c は断面寸法による補正係数で，有効せいが400mm以上の場合には0.72で一定とする。σ_B は，コンクリートの圧縮強度（N/mm²），$\frac{M}{Qd}$ はせん断スパン比で，3以上の場合には3とする。

このとき，部材断面に作用するせん断力 Q_{cmin} は，次の式によって求められる。

$$Q_{cmin} = \tau_{cmin} \cdot b \cdot j \tag{6・4}$$

　　b：部材の幅　　j：部材断面の応力中心間距離

なお，式(6・3)において $k_c=0.7$，$\dfrac{M}{Qd}=3$ を代入すると，以下のように，せん断ひび割れ応力度の最小値が得られる。

$$\tau_{cMIN}=0.5+\frac{\sigma_B}{100} \quad (\mathrm{N/mm^2}) \tag{6・5}$$

この数値が，日本建築学会のRC規準におけるコンクリートの**長期許容せん断応力度**として採用されている。

例題 1

主筋：16-D19
せん断補強筋：2-D13@100

せん断補強筋の降伏強度
σ_{wy} : 345 N/mm²

コンクリートの圧縮強度
σ_B : 24 N/mm²

コンクリートの引張強度
f_t : 2.4 N/mm²

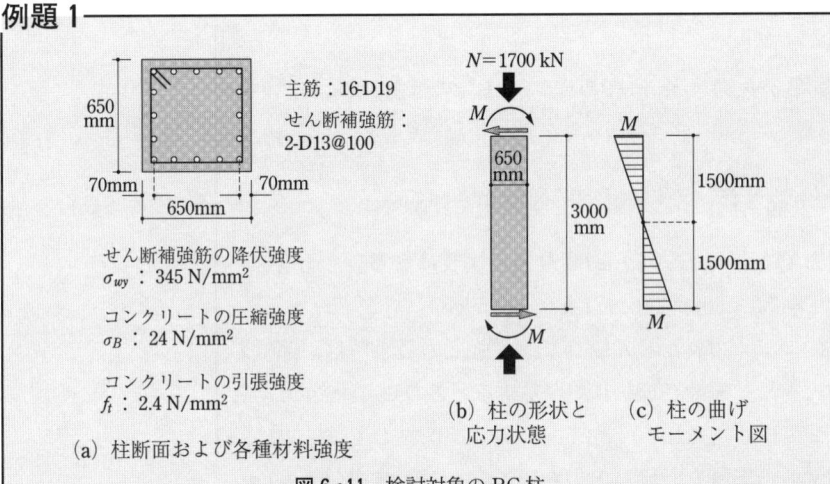

(a) 柱断面および各種材料強度
(b) 柱の形状と応力状態
(c) 柱の曲げモーメント図

図6・11 検討対象のRC柱

図6・11(a)のような断面を持つRC柱がある。せん断補強筋の降伏強度，コンクリートの圧縮強度および引張強度は同図中のとおりである。柱の形状は，図(b)に示した。内法階高は3000mmであり，圧縮軸力1700kNが作用している。また，柱頭・柱脚の危険断面には，図(b)のように，大きさ・向きともに同じ曲げモーメントがそれぞれ作用している（このような曲げモーメントの加力状態を**逆対称曲げ**と呼ぶ）。

このとき，このRC柱にせん断ひび割れが発生するときの荷重を求めよ。

【解説】

まず，理論的に導かれた式(6・1)を用いて，せん断ひび割れが発生するときのせん断応力度 τ_{cr} を求める。柱の圧縮軸応力度 σ_0 は，

$$\sigma_0=\frac{1700\times 10^3}{650\times 650}=4.0 \, \mathrm{N/mm^2}$$

$\sigma_0=4.0\mathrm{N/mm^2}$ およびコンクリートの引張強度 $f_t=2.4\mathrm{N/mm^2}$ を式(6・1)に代入する。

$$\tau_{cr}=\sqrt{2.4^2+2.4\times 4.0}=3.92\mathrm{N/mm^2}$$

この τ_{cr} を式(6・2)に代入すると以下のようになる。

$$Q_{cr} = \frac{2}{3} \times 3.92 \times 650 \times 650 = 1,104,133 \text{N} = 1104.1 \text{kN}$$

次に，経験的に得られた式（6・3）を用いて計算してみよう。

柱有効せい $d = 650 - 70 = 580$ mm で，これは400mm よりも大きいので，$k_c = 0.72$ となる。

断面の応力中心間距離 $j = \frac{7}{8} d = \frac{7}{8} \times 580 = 508$ mm

せん断スパン a は，図6・11(c)の曲げモーメント図から，$a\left(=\frac{M}{Q}\right) = 1500$ mm

よって，$\frac{M}{Qd} = \frac{a}{d} = \frac{1500}{580} = 2.59 < 3$

コンクリート圧縮強度 $\sigma_B = 24$ N/mm^2 であるから，上記の数値とともに式（6・3）に代入する。

$$\tau_{cmin} = \frac{0.065 \times 0.72 (50 + 24)}{2.59 + 1.7} = 0.807 \text{ N/mm}^2$$

このときのせん断力 Q_{cmin} は，式（6・4）より次のようになる。

$$Q_{cmin} = 0.807 \times 650 \times 508 = 266,471 \text{N} = 266.5 \text{kN}$$

この例では，経験的に求められたせん断ひび割れ強度の最小値は，部材の中立軸位置に理論的に斜めせん断ひび割れが発生するときのせん断力の1/4と小さいことがわかる。これは主として，式（6・3）が，梁部材の実験結果に基づいているため圧縮軸力の影響を評価していないこと，および式（6・3）が，実験結果の下限値を求めるように定式化されていることによる。

6・3・4　経験に基づくせん断終局強度

　鉄筋コンクリート部材のせん断終局強度を完全に理論的に求めることは困難であり，現在でも成し遂げられていない。しかし，そのようなことをいっていては現実の設計ができないので，日本では，過去の震害例を教訓として，経験に基づいて定式化されたせん断終局強度推定式を用いてきた。ここでは，その代表である**荒川式**を説明する。なお，6・3・2で説明したトラス機構とアーチ機構とに基づいて，おおむね理論的にせん断終局強度を求める方法を第9章に示すので，興味のある方は参照して欲しい。

　経験に基づくせん断終局強度の推定式として，荒川（1970）が提案した式（荒川式と呼ばれる）が広く使われている。これは，1方向単調載荷した普通コンクリート梁約1200体の実験結果を統計的に整理し，せん断終局強度に影響を与える因子を考慮した回帰式である。荒川式は，提案されてから30年以上経過しているが，かなり精度のよいせん断終局強度を簡単に求めることができるため，現在でも設計現場において使われている。RC梁のせん断終局強度 Q_{bu} は，次の式で求められる。

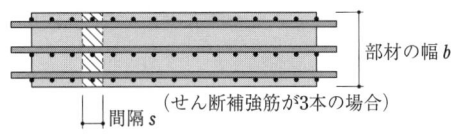

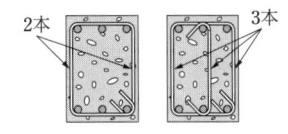

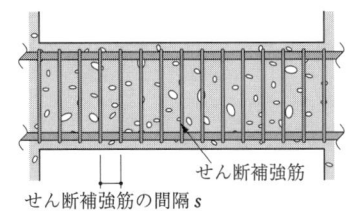

(a) 一組のせん断補強筋（数え方）　　（b) せん断補強筋の間隔

図6・12　部材のせん断補強筋

$$Q_{bu} = \left\{ \frac{0.053 p_t^{0.23}(18+\sigma_B)}{\frac{M}{Qd}+0.12} + 0.85\sqrt{p_w \cdot \sigma_{wy}} \right\} b \cdot j \quad (\text{N}) \qquad (6 \cdot 6)$$

$\frac{M}{Qd}$：せん断スパン比で，1以下のときには1とし，3以上のときには3とする。なおdは，断面の有効せいである。

σ_{wy}：せん断補強筋の降伏強度（N/mm²）

b：部材の幅（mm）

j：部材断面の応力中心間距離（mm）

p_t：引張鉄筋比（a_t/bd）で，%表示したものを代入する。

p_w：**せん断補強筋比**で，0.012以上のときは0.012とする。

せん断補強筋比は，次の式によって求める。

$$p_w = \frac{a_w}{b \cdot s} \qquad (6 \cdot 7)$$

a_w：一組のせん断補強筋（図6・12(a)参照）の断面積

b：部材の幅

s：せん断補強筋の間隔（図6・12(b)参照）

式（6・6）は，一般に荒川最小式[3]と呼ばれており，せん断終局強度の下限値を与える。また，右辺の大括弧内第1項の係数0.053を0.068に置き換えると，せん断終局強度の平均値を求めることができる。

式（6・6）を見ると，引張主筋量が多いほど，コンクリート圧縮強度が大きいほど，せん断スパン比が小さいほど，せん断補強量（$p_w \cdot \sigma_{wy}$）が多いほど，部材断面（$b \cdot j$）が大きいほど，せん断終局強度は大きくなることが分かる。

柱の場合には，軸力が作用する。そこで梁のせん断終局強度Q_{bu}に，圧縮軸力による強度増分を加えた強度式が提案[4]されている。すなわち，RC柱のせん断終局強度の下限値Q_{cu}は，次の式で求められる。

$$Q_{cu} = \left\{ \frac{0.053 p_t^{0.23}(18+\sigma_B)}{\frac{M}{Qd}+0.12} + 0.85\sqrt{p_w \cdot \sigma_{wy}} + 0.1 \cdot \sigma_0 \right\} b \cdot j (\text{N}) \qquad (6 \cdot 8)$$

引用文献　3)　荒川卓：鉄筋コンクリート梁の許容せん断応力度とせん断補強について，コンクリートジャーナル，Vol.8, No.7, 1970.
　　　　　4)　広沢雅也ほか：軸力を受ける鉄筋コンクリート部材の強度と粘り，日本建築学会学術講演梗概集

ここで，σ_0 は，柱の圧縮軸応力度で，8N/mm^2 以上のときには 8N/mm^2 とする。圧縮軸応力度は，次の式によって求める。

$$\sigma_0 = \frac{N}{b \cdot D} \qquad (6 \cdot 9)$$

N：柱の軸力(N)　　　b：柱幅(mm)　　　D：柱全せい(mm)

例題 2

例題1の図6・11と同じRC柱について，荒川最小式を用いてせん断終局強度を求めよ。

【解説】

引張主筋は断面最外列の5-D19とすると，引張主筋断面積 a_t は第2章の表2・2より，$a_t = 1435\text{mm}^2$ であるから，引張鉄筋比 p_t は，次のようになる。

$$p_t = \frac{a_t}{bd} = \frac{1435}{650 \times 580} = 0.381 \times 10^{-2} = 0.38\%$$

一組のせん断補強筋（2-D13）の断面積 $a_w = 254\text{mm}^2$，せん断補強筋の間隔 $s = 100\text{mm}$ なので，せん断補強筋比 p_w は次のようになる。

$$p_w = \frac{a_w}{bs} = \frac{254}{650 \times 100} = 0.391 \times 10^{-2} < 0.012$$

せん断スパン比 $\dfrac{M}{Qd}$ は例題1より，　$\dfrac{M}{Qd} = 2.59 < 3$

柱の圧縮軸応力度　$\sigma_0 = 4.0\text{N/mm}^2 < 8\text{N/mm}^2$

断面の応力中心間距離　$j = \dfrac{7}{8}d = \dfrac{7}{8} \times 580 = 508\text{mm}$

以上の数値を式（6・8）に代入する。引張鉄筋比 p_t は％表示の数値（ここでは0.38）を代入することに注意しよう。

$$Q_{cu} = \left\{ \frac{0.053 \times 0.38^{0.23}(18+24)}{2.59+0.12} + 0.85\sqrt{0.391 \times 10^{-2} \times 345} + 0.1 \times 4.0 \right\}$$

$$\times 650 \times 508 = (0.657 + 0.987 + 0.4) 650 \times 508$$

$$= 674929 \text{ N} = 674.9 \text{ kN}$$

なお，第2行の括弧の中の数値の合計値（2.044 N/mm²）は，有効断面積（650mm×508mm）に作用する平均的なせん断応力度である。また，式（6・8）の大括弧内第1項の係数0.053を0.068に置き換え，せん断終局強度の平均値を求めると736.5kNとなる。

6・4 せん断破壊を防止する方法

6・4・1 せん断補強設計の考えかた

柱・梁や耐震壁などの鉄筋コンクリート部材のせん断破壊を防止するためには，以下のような設計原則を用いればよい。

設計原則：個々の部材の保有するせん断強度が，曲げ強度よりも大きくなるように設計すること

なお，ここでいう曲げ強度とは，部材の両端で曲げ降伏を生じたときのせん断力のことである。せん断破壊（悪い壊れかたであることは，第 1 章で説明した）が発生する前に，曲げ破壊（よい壊れ方）を起こさせれば，人命に関わるような重大な被害は軽減できる。

このような基本的な設計原則を実現するためには，部材の曲げ強度およびせん断強度を精度よく求めることが大前提となる。曲げ降伏時の曲げモーメントは，第 4 章で説明したように，平面保持を仮定した断面解析などによって精度よく求めることが可能である。これに対してせん断強度については，今まで述べてきたように，いろいろな求め方は提案されているものの，曲げ強度ほどの精度は持っていない。そのため，実際の設計では，せん断強度の下限値を用いる，あるいは作用するせん断力を割り増しする，などの工学的な判断が必要となる。

部材のせん断強度が，そのプロポーションに依存することはすでに述べた。部材の曲げ降伏時の曲げモーメントは，断面の性能によって決定されるのに対し，せん断強度は断面せいとせん断スパン比によって定まるプロポーション（すなわち体積）に左右される。一般に，図 6・13 のように，ずんぐりして太くて短い柱と細長いスレンダーな柱とが建物内に混在する場合には，剛性の高い太くて短い柱にせん断力が集中する（すなわち，図中のせん断力 Q_3 が大きくなる）。せん断スパン比が小さくなれば，曲げ強度およびせん断強度ともに増大するが，一般的な配筋では，曲げ強度の上昇はせん断強度のそれよりも大きいので，太くて短い柱はせん断破壊しやすくなる。そこで，このような太短い柱は作らないようにすることが肝要である。図 6・13 でいうと，腰壁および垂れ壁を撤去するか，あるいは柱と腰壁・垂れ壁との間にスリットを設けるなどの方法によって，細長い柱とすることができる。

図6・13 太短い柱と細長い柱とが混在する構造　　**図6・14** 135度フック

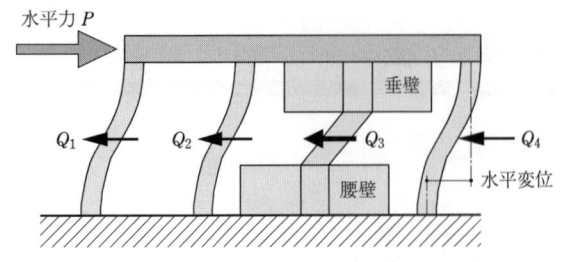

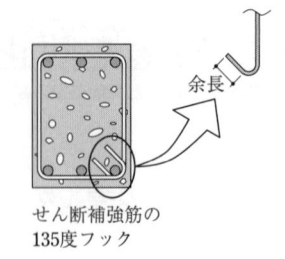

　これまでの説明から，曲げ強度は一定とすると，部材のせん断強度は大きいほどよいということになる。せん断強度を高めるためには，①部材の断面を大きくする，②コンクリート強度を高くする，さらに③せん断補強筋を密に配筋することが重要である。これによって，部材にねばりのある変形性能（**靭性**）を与えることができるとともに，コンクリートを拘束することで一体性を高めることができる。なお，日本建築学会のRC規準では，せん断補強筋比が0.2％以上になるように配筋すること，という**最小せん断補強量**の規定を設けている。さらに，せん断補強筋の間隔として，柱では100mm以下，梁では梁せいの1/2以下かつ250mm以下とすることを定めている。また，せん断補強筋の端部は，135度以上に曲げた**フック**で定着し（図6・14），フック端部の**余長**として鉄筋径の6倍以上を確保することを定めている。正確には，RC規準の15条「梁・柱および柱梁接合部のせん断補強」を参照して欲しい。

6・4・2　せん断力に対する許容応力度設計

　日本建築学会のRC規準における梁・柱のせん断設計は，長期および短期の許容せん断力が各々の設計用せん断力を上回るようにすることになってなされる。許容せん断力は，荒川式による部材のせん断強度を基本として導出されたものである。以下に，梁および柱に分けて簡単に説明する。

(1)　梁の場合

　梁の許容せん断力 Q_A は，長期・短期ともに次の式によって求める。

$$Q_A = bj\{\alpha f_s + 0.5 \cdot {_w}f_t (p_w - 0.002)\} \quad (6・10)$$

　ここで，b：梁幅

j：梁断面の応力中心間距離で $\dfrac{7}{8}d$ としてよい。

d：梁断面の有効せい

α：梁のせん断スパン比による割増係数で，

$$\alpha = \dfrac{4}{\dfrac{M}{Qd}+1} \text{ かつ } 1 \leq \alpha \leq 2$$

f_s：コンクリートの**許容せん断応力度**

${_w}f_t$：せん断補強筋の**せん断補強用許容引張応力度**

p_w：せん断補強筋比で，0.012を超えるときには0.012とする。

M：設計する梁の最大曲げモーメント
Q：設計する梁の最大せん断力

式(6・10)の右辺第1項は，斜めせん断ひび割れ発生強度の下限値にほぼ対応する。コンクリートのみでせん断力を伝達できないときは，右辺第2項のように，$p_w \geq 0.002$ を満たすせん断補強筋を配筋することによって許容せん断力を増大させる。

梁の短期設計用せん断力 $Q_{D,梁}$ は，次の式によって求める。

$$Q_{D,梁} = Q_{L,梁} + \frac{\Sigma M_y}{l'} \quad (6・11)$$

ここで，

$Q_{L,梁}$：単純梁に置き換えたときの長期荷重によるせん断力（図6・15(a)参照）

ΣM_y：梁両端の降伏曲げモーメントの絶対値の和（図6・15(b) の $M_{y,右}+M_{y,左}$）

l'：梁の内法スパン長さ

ただし，以下に示す式(6・12)を用いてもよい。

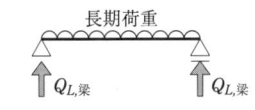

$$Q_{D,梁} = Q_{L,梁} + \gamma Q_{E,梁} \quad (6・12)$$

ここで，$Q_{E,梁}$：地震による水平力が建物に作用するときの梁のせん断力（図6・15(c)）

γ：地震時せん断力の割増し係数で，1.5以上とする。

式(6・12)は，梁部材の曲げ降伏先行を保証するものではなく，大地震時には，せん断破壊する可能性があることを許容している点に，注意が必要である。

図6・15 梁の短期設計用せん断力の採りかた
(a) 長期荷重によるせん断力
(b) 梁両端の曲げ降伏時モーメント図
(c) 地震時のモーメント図と梁せん断力

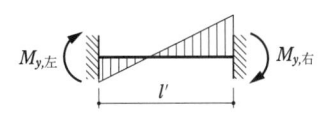

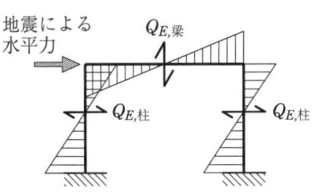

(2) 柱の場合

柱の長期許容せん断力 Q_{AL} および短期許容せん断力 Q_{AS} は，次の式によって求める。なお，下の式の右辺の記号は，式(6・10)の記号の説明における「梁」を「柱」に置き換えることによって読み換えればよい。

$$Q_{AL} = bj\alpha f_s \quad (6・13a)$$
$$Q_{AS} = bj\{f_s + 0.5_w f_t (p_w - 0.002)\} \quad (6・13b)$$

長期荷重に対しては，せん断ひび割れが発生することなく，コンクリートのみでせん断力を伝達できることを求めている。短期荷重に対しては，せん断強度の確保が重要なため，せん断スパン比の効果を無視した式(6・13b)によって短期許容せん断力を設定している。圧縮軸力によるせん断強度の増大は，安全のため考慮しない。

柱の短期設計用せん断力 $Q_{D,柱}$ は，次の式によって求める。

$$Q_{D,柱} = \frac{\Sigma M_y}{h'} \qquad h'：柱の内法高さ \qquad (6・14)$$

ここで，ΣM_y は柱頭および柱脚の降伏曲げモーメントの絶対値の和である。ただし，柱頭の降伏曲げモーメントよりも，柱頭に連なる梁の降伏曲げモーメントの絶対値の和の1/2が小さい場合には，小さいほうの値を柱頭の降伏曲げモーメントとしてよい。

ただし，以下に示す式(6・15)を用いてもよい。

$$Q_{D,柱} = Q_{L,柱} + \gamma Q_{E,柱} \qquad (6・15)$$

ここで，$Q_{L,柱}$：骨組に長期荷重が作用するときの柱のせん断力
$Q_{E,柱}$：地震による水平力が作用するときの柱のせん断力
γ：地震時せん断力の割増し係数で，1.5以上とする。

式(6・15)は，柱部材の曲げ降伏先行を保証するものではなく，大地震時には，せん断破壊する可能性があることを許容している点に，注意が必要である。

例題 3

図6・11と同じRC柱について，許容せん断力を算定せよ。ただし，$F_c = 24$ N/mm² の普通コンクリート，およびSD345のせん断補強筋を使用するものとする。

【解説】

長期の場合：

コンクリートの長期許容せん断応力度は付録1の表3より，以下の二つのうち小さいほうを採用する。

$$\frac{1}{30}F_c = \frac{24}{30} = 0.8\,\text{N/mm}^2$$

$$0.49 + \frac{1}{100}F_c = 0.49 + \frac{24}{100} = 0.73\,\text{N/mm}^2$$

よって，$f_s = 0.73\,\text{N/mm}^2$

柱のせん断スパン比による割増し係数 α は，

$$\alpha = \frac{4}{2.59+1} = 1.11 \qquad これは 1 \leq \alpha \leq 2 を満たしている。$$

以上を式(6・13a)に代入し，長期の許容せん断力 Q_{AL} を計算する。

$$Q_{AL} = bj\alpha f_s = 650 \times 508 \times 1.11 \times 0.73 = 267,561\,\text{N} = 267.6\,\text{kN}$$

短期の場合：

せん断補強筋(SD345)のせん断補強用許容引張応力度 $_wf_t$ は，付録1の表4より，

$$_wf_t = 345\,\text{N/mm}^2$$

また，コンクリートの短期許容せん断応力度 f_s は，
$$f_s = 0.73 \times 1.5 = 1.10 \text{N/mm}^2$$
$$\text{せん断補強筋比 } p_w = 0.391 \times 10^{-2}$$
これらを式（6・13b）に代入し，短期の許容せん断力 Q_{AS} を計算する。
$$\begin{aligned} Q_{AS} &= bj\{f_s + 0.5{}_wf_t(p_w - 0.002)\} \\ &= 650 \times 508\{1.10 + 0.5 \times 345(0.391 \times 10^{-2} - 0.002)\} \\ &= 472,013\text{N} = 472.0\text{kN} \end{aligned}$$

演習問題

1．梁の許容応力度設計

図1のような骨組の RC 梁を対象として，せん断力に対する許容応力度設計を行いなさい。梁には長期荷重 $w=30\text{kN/m}$ が作用している。梁の形状，断面サイズ，主筋の配筋などは図のとおりである。使用する材料の強度は以下とする。

　　主筋の降伏強度：$\sigma_y = 390\text{N/mm}^2$

　　使用するコンクリート：普通コンクリートで $F_c = 21\text{N/mm}^2$

　　せん断補強筋の材種：SD345

また，梁部材の降伏モーメント M_y は，以下の略算で求めてよい。

　　$M_y = a_t \sigma_y j$

ここで，a_t は引張主筋の断面積，j は断面内の応力中心間距離で $\dfrac{7}{8}d$（d：有効せい）としてよい。

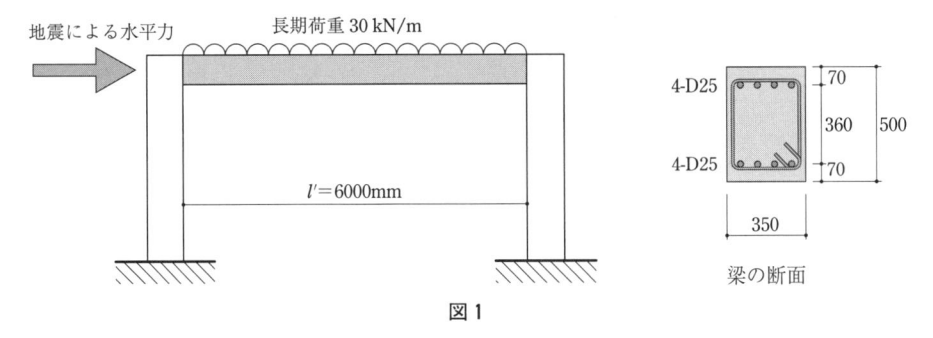

図1

2．柱のせん断終局強度設計

図2のような RC 骨組の柱を対象として，柱の曲げ降伏後もせん断破壊が生じないように，せん断終局強度を確保するための設計を行いなさい。柱には長期軸力 $N=760\text{kN}$ が作用している。梁は十分に剛とみなしてよい。柱の形状，断面サイズ，主筋の配筋などは図のとおりである。使用する材料の強度は以下とする。

　　主筋の降伏強度：$\sigma_y = 390\text{N/mm}^2$

　　使用するコンクリート：普通コンクリートで圧縮強度 $\sigma_B = 21\text{N/mm}^2$

せん断補強筋の材種：SD295

また，柱断面の曲げ終局モーメント M_u は，次式より略算で求めてよい。

$$M_u = 0.8 a_t \sigma_y D + 0.5 N \cdot D \left(1 - \frac{N}{bD\sigma_B}\right)$$

a_t：引張主筋の断面積　　D：柱断面の全せい　　N：柱軸力　　b：柱幅
σ_B：コンクリート圧縮強度

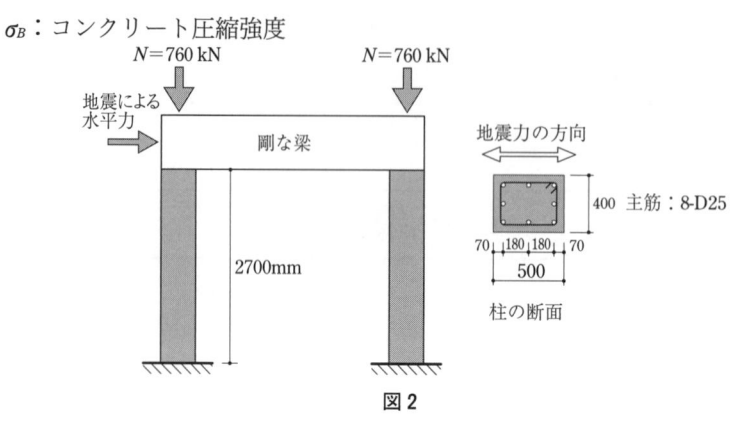

図2

3．せん断破壊を防止するための方法

図3のようなプロポーションを持ち，同一断面のRC柱2本からなる骨組がある。主筋およびフープ筋の配筋も同じである。梁は十分に剛とする。また，柱Bには剛強な垂れ壁および腰壁が付いている。水平力 P が作用するとき，柱A，柱Bの負担せん断力をそれぞれ Q_A，Q_B とする。このとき，以下の問いに答えよ。

(1) 柱Aおよび柱Bに生じるひび割れを，図中に図示せよ。
(2) 以下の文中の（　）に，適切な等号・不等号を記入せよ。
　　水平力 P とせん断力 Q_A，Q_B との間には，P（　　）$Q_A + Q_B$ の関係がある。
　　また，せん断力 Q_A，Q_B の間には，Q_A（　　）Q_B の関係がある。
(3) 柱A，柱Bのうち，せん断破壊しやすいのはどちらか。また，その理由を述べよ。
(4) 一般的に，柱のせん断破壊を防ぐためにはどのようにしたらよいか。その方法を列記せよ。

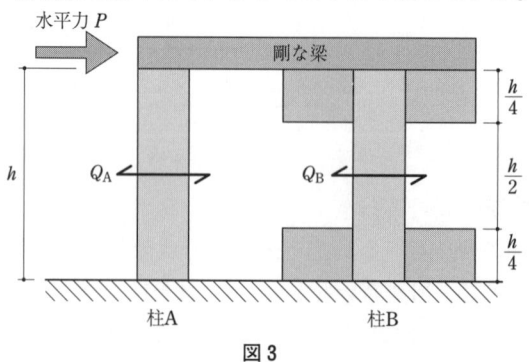

図3

応 用 編

　応用編では，鉄筋コンクリート構造についての初歩を学び終わった方（大学院修士課程など）を主な対象としています。
　そこで，これは難しいなと思われる初学者の方は，今はパスして構いません。でも，力と変形の関係を理解することは，構造設計では大変大切なことですから，実務を経験したら，勉強しに来て下さい。

第7章
耐震壁

　耐震壁は地震力などの水平力をたくさん，柱の何本分も負担する構造要素です。

　第7章では，耐震壁の構造，耐震壁に作用する力，耐震壁の壊れかたを学びます。

1. 耐震壁の初期剛性，曲げひび割れモーメント，せん断ひび割れ強度，せん断終局強度は，どのように求めるのでしょう。
2. 耐震壁には窓やドアなどの開口があります。開口がある耐震壁の耐力や剛性は，開口のない耐震壁とどのような違いがあるのでしょう。

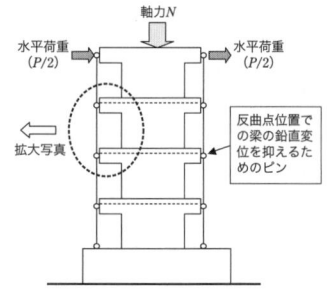

スラブ，境界梁付きの耐震壁のせん断実験
境界梁の中央の上下変位を拘束しているので，壁だけでなく境界梁にもせん断ひび割れが発生している。

7・1　耐震壁の性能

7・1・1　耐震壁の構造

　鉄筋コンクリート建物における壁の果たす役割は，機能的にはもちろんであるが，構造的にも非常に大きなものがある。地震力の負担を期待されて設計された壁を**耐震壁**と呼び，それ以外の間仕切壁などを**非構造壁**と呼ぶ。柱梁によって拘束されていない壁や薄い壁は，力を受けると非常に脆性的な破壊をするので，このような壁は非構造壁である。

　その周囲を柱と梁で囲まれていて，厚さは120mm以上かつ壁内法高さの1/30以上である壁を，耐震壁として扱うことができる。付帯柱・梁付の耐震壁の配筋例を図7・1に示す。壁を囲んでいる柱・梁を**付帯柱・付帯梁**と呼ぶ（図7・2）。付帯梁の主筋全断面積は，スラブ部分を除く梁のコンクリート全断面積に対し，0.8％以上でなければならない。縦横格子状に配筋される壁筋には，D10以上の異形鉄筋あるいは素線が6 mm以上の溶接金網を用い，見付面に対する壁筋の間隔は，単配筋，複配筋では300mm以下とし，千鳥配筋では450mm以下とする(図7・3)。壁筋量は縦横それぞれ0.25％以上とし，壁厚が200mm以上の場合には，壁筋を複配筋としなければならない。

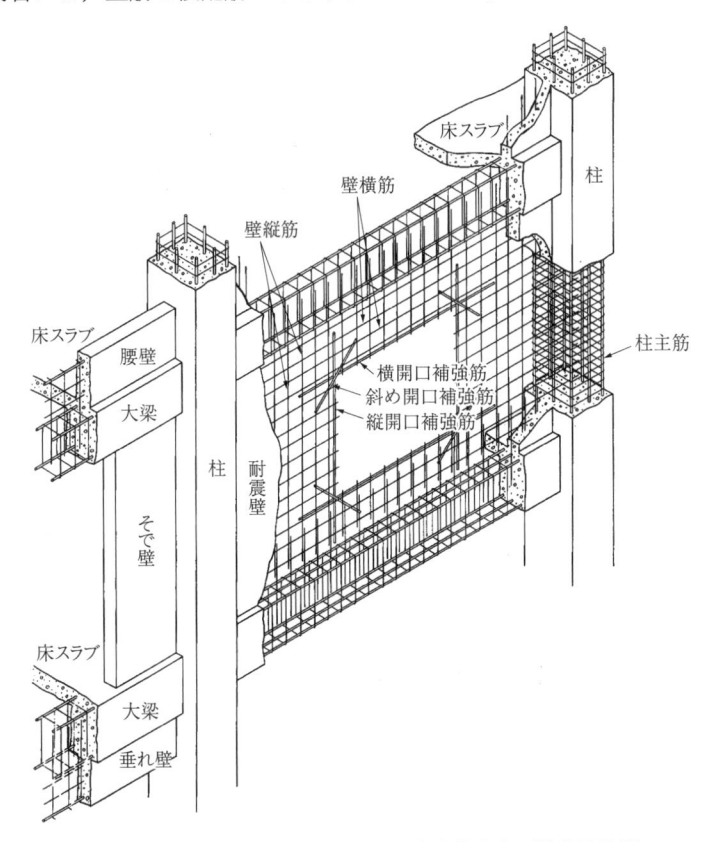

図7・1　付帯ラーメン付耐震壁（日本建築学会　構造用教材）

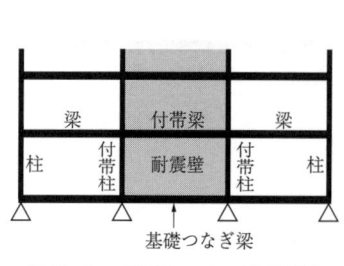

図7・2　付帯ラーメン付耐震壁

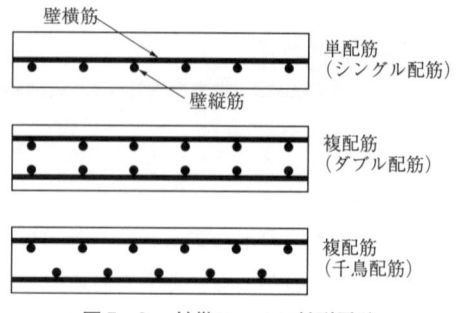

図7・3　付帯ラーメン付耐震壁

7・1・2　連層耐震壁に作用する力

　先にも述べたように，耐震壁は連層耐震壁として用いることが多い。図7・4に示すように，地震力は，各階ごとに梁とスラブを介して耐震壁に作用する。図を見てわかるように，連層耐震壁のみの場合は，左図のように，生じる曲げモーメントは片持柱に作用する場合と同じようになる。右図のような場合は，連層耐震壁が両隣のフレームと1体の耐震要素となったような形になり，連層耐震壁に，中央に示すような境界梁からのせん断力と曲げモーメントが作用し，右図のような曲げモーメントとなる。壁が1層しかないような場合は，せん断スパン比が小さな部材となり，連層になるとせん断スパン比が大きな部材となる。

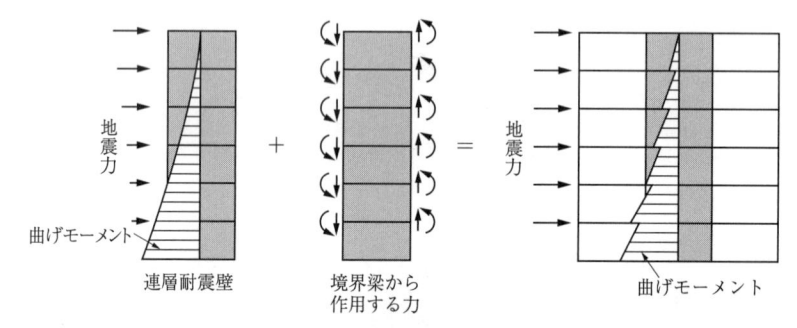

図7・4　耐震壁の配置とその特性

7・1・3　耐震壁の壊れかた

　図7・5(a)に示すように，耐震壁に水平力が作用したとき，付帯柱中心間距離をせいとするシアスパン比の小さなI形断面（図7・5(b)）の柱のように抵抗する。図7・5(c)の断面内のひずみ分布を見て分かるように，柱主筋のみならず，壁縦筋も曲げモーメントに抵抗する主筋と考えることができる。よって，曲げモーメントに対して，柱主筋から徐々に内側に向かって壁縦筋へと降伏が進み，耐震壁のせん断力－変形の関係において明確な降伏点は示さない。また，せん断ひび割れ発生に伴い著しい剛性低下を示す。壁は，柱の場合と同様に，シアスパン比が3以上になると，曲げ破壊が先行し，それ以下であればせん断破壊が先行する場合が多い。

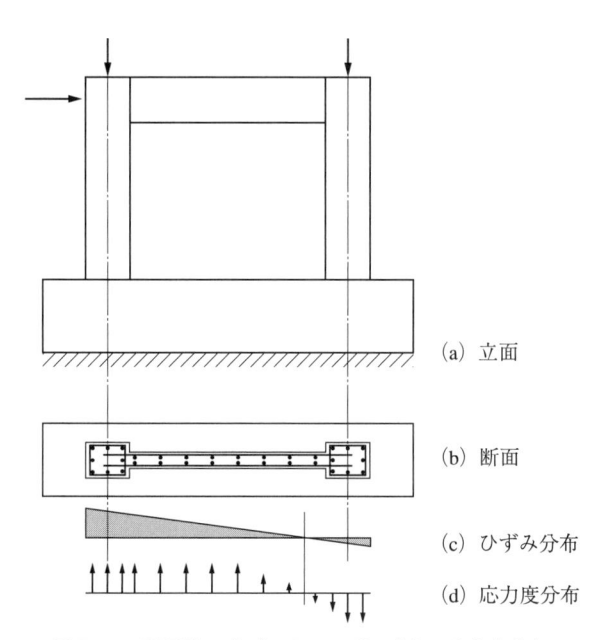

図7・5 耐震壁の曲げによるひずみ分布と応力度分布

(a) 立面
(b) 断面
(c) ひずみ分布
(d) 応力度分布

耐震壁は大きなせん断力を負担するから，耐震壁の支持部である最下階の基礎では，大きな曲げモーメントが発生する。このため，基礎の耐力のほかに変形の影響も考慮し，耐震壁の剛性・耐力を評価する必要がある。基礎の耐力が耐震壁の耐力よりも小さいと，耐震壁は一定の耐力を保持したまま大きな損傷を受けることなく，支持部で回転をすることが多い。靱性能が大きくなるという意味で基礎回転は悪いことではないが，圧縮側の杭に大きなせん断力と軸力が作用したり，耐震壁に接続している境界梁に大きな変形を生じさせたりすることがあるので，十分な検討が必要である。

具体的には，次のようなことが考えられる。図7・6に示すように，① 引張側の杭が地盤から抜け出す，② 杭の主筋が引張降伏して伸びる，③ 圧縮側の杭のコンクリートが圧壊あるいはせん断破壊して沈下する，④ 杭の支持層が破壊して沈下する，などである。

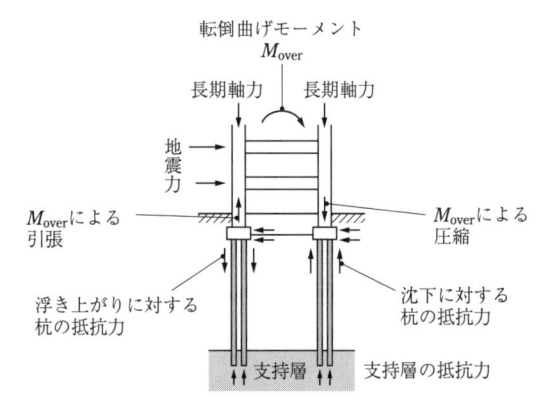

図7・6 連層耐震壁を有する杭支持された構造物

7・2　耐震壁の初期剛性と曲げに対する性質

7・2・1　初期剛性と曲げひび割れモーメント

せん断力 Q を受ける耐震壁の変形 δ は，曲げ変形 δ_b とせん断変形 δ_s の和として求められる。初期剛性 K_w は以下のように求めることができる。

$$K_w = \frac{Q}{\delta} \tag{7・1}$$

曲げ変形 δ_b は，梁や柱の曲げ変形と同様に，コンクリートと鉄筋のヤング係数 $_cE$ と $_sE$，断面2次モーメント $_cI$ と $_sI$ および耐震壁高さ h から計算できる。せん断変形 δ_s は式(7・2)により計算できる。

$$\delta_s = \frac{\kappa_w \cdot Q \cdot h}{_cG \cdot A_w} \tag{7・2}$$

ただし，κ_w：せん断変形計算用の形状係数(付帯柱の影響を無視して長方形断面と考えると1.2)

　　　　Q：せん断力

　　　　h：耐震壁の高さ（図7・7参照）

　　　　$_cG$：コンクリートのせん断剛性

　　　　A_w：耐震壁の断面積

曲げひび割れモーメント M_c は，柱と同様に，軸力 N の影響を考慮して式(7・3)，(7・4)で計算できる。

$$M_c = 0.56\sqrt{\sigma_B} \cdot Z_e + N \frac{Z_e}{A_e} \tag{7・3}$$

5・2参照。

$$M_c \fallingdotseq 0.56\sqrt{\sigma_B} \cdot Z + N \frac{Z}{A} \tag{7・4}$$

ただし，σ_B：コンクリートの圧縮強度(N/mm²)　　Z_e：等価断面係数

　　　　A_e：等価断面積

7・2・2　曲げ降伏モーメントと曲げ終局モーメント

耐震壁は，図7・5に示したように，I形断面の柱と考えることができ，図(c)のように，「平面保持を仮定して，コンクリートおよび鉄筋の応力度－ひずみの関係」を用いることにより，第5章で示した方法と同様の方法で計算できる。また，曲げ降伏モーメントと曲げ終局モーメントを略算する場合も，中立軸を仮定して，引張側の柱主筋および壁主筋が降伏していると考えると，柱の場合と同様に扱える。一般に用いられる耐震壁の**曲げ終局モーメント**の算定式は，式(7・5)である。

$$M_u = {_sa_t} \cdot {_s\sigma_y} \cdot l + 0.5 a_w \cdot \sigma_{wy} \cdot l + 0.5 N \cdot l \tag{7・5}$$

ただし，$_sa_t$：引張側柱の主筋断面積の総和
$_s\sigma_y$：引張側柱主筋の降伏点強度
l：側柱中心間距離　　a_w：壁縦筋断面積の総和
σ_{wy}：壁縦筋の降伏点強度　　　N：柱の軸力（圧縮を正とする）

7・3　耐震壁のせん断に対する性質

せん断性状が卓越するようなシアスパン比の小さな耐震壁の復元力特性は，せん断剛性，せん断ひび割れ強度およびせん断終局強度によって特徴づけられる。

7・3・1　せん断ひび割れ強度

せん断ひび割れ強度 Q_{wsc} は，コンクリートの引張強度を用いて弾性論により，式(7・6)により求めることができる。

$$Q_{wsc} = \frac{1}{\kappa_w}\sqrt{\sigma_t^2 + \sigma_t \cdot \sigma_0} \cdot t_w \cdot l \tag{7・6}$$

ただし，

$\kappa_w = \dfrac{3(1+\xi)\{1-(1-\eta)\xi^2\}}{4\{1-(1-\eta)\xi^3\}}$（付帯柱の影響を考慮した断面形状係数）

σ_t：コンクリートの引張強度

σ_0：全断面積に対する平均軸方向応力度

t_w：壁の厚さ　　b：柱の幅　　D：柱のせい

$\eta = \dfrac{t_w}{b}$　　$\xi = \dfrac{l-D}{l+D}$

7・3・2　せん断終局強度

せん断終局強度 Q_{wu} は，シアスパン比を用いて比較的よく評価できる修正荒川式である式(7・7)より求めることができる。

$$Q_{wu} = \left\{\frac{0.053 p_{te}^{0.23}(18+\sigma_B)}{\frac{M}{Q \cdot D_w}+0.12} + 0.85\sqrt{p_{wh} \cdot \sigma_{why}} + 0.1\sigma_0\right\} b_e \cdot j \tag{7・7}$$

6・4・2参照。

ただし，

D_w：壁全せい（側柱中心間距離 l + 柱せい D）

b_e：I形断面を断面積が等しい長さ D_w の等価長方形断面に置換したときの幅

$$p_{te} = \frac{a_t}{b_e \cdot l_w} \qquad l_w = l + 0.5D$$

a_t：引張側柱の主筋断面積の総和

p_{wh}：b_eを幅と考えたときの水平せん断補強筋比

σ_{why}：水平せん断補強筋の降伏点強度

$$j = \frac{7}{8}d$$

　これは，I形断面の耐震壁を長さ $D_w(=l+D)$ で，断面積が等しい等価長方形断面に置換した柱と考えて算出した式であり，耐震壁のせん断実験結果とある程度適合することから，よく用いられている式である。しかし，連層耐震壁に適用する場合には，中間荷重や中間層の梁の鉄筋量を評価することができない。このようなものを検討する場合には，第6章6・3・2で示したようなトラス機構，アーチ機構の考え方を用いる必要がある。

7・4　耐震壁の許容水平せん断力

7・4・1　無開口耐震壁の許容水平せん断力

　耐震壁では，常時荷重により発生する応力は小さいので，短期荷重に対してのみ検討すればよい。連層耐震壁が地震力を受ける場合，そのシアスパン比を簡便に求めることができないので，連層耐震壁の終局せん断力を求めることは難しい。そこで，日本建築学会のRC規準では，単層の耐震壁の設計用せん断力を求め，これにより発生する応力度に対して許容応力度設計を行っている。

　無開口耐震壁の許容水平せん断力 $_wQ_A$ は，以下のように求められる。

$$_wQ_A = \max(Q_1, Q_2) \tag{7・8}$$

$$Q_1 = t \cdot l \cdot f_s \tag{7・9}$$

$$Q_2 = Q_w + \sum Q_c \tag{7・10}$$

$$Q_w = p_s \cdot t_w \cdot l' \cdot f_t \tag{7・11}$$

$$Q_c = b \cdot j \{1.5f_s + 0.5_wf_t(p_w - 0.002)\} \tag{7・12}$$

ただし，

t：壁板の厚さ

l：付帯柱の中心間距離

f_s：コンクリートの短期許容せん断応力度

p_s：壁板内で直交する各方向のせん断補強筋比 ($0.25\% \leq p_s \leq 1.2\%$)

p_w：付帯柱のせん断補強筋比 ($0.2\% \leq p_s \leq 1.2\%$)

l'：壁板の内法長さ

f_t：壁筋のせん断補強用短期引張許容応力度

b：付帯柱の幅

j：付帯柱の応力中心間距離

$_{wf_t}$：付帯柱のせん断補強筋の短期引張許容応力度

Q_1 は壁コンクリートの許容負担力であり，Q_w は壁板の許容せん断力，Q_c は柱の許容せん断力である。Q_1 はコンクリートのみの負担力であるから，ひび割れが入ったあとは，ほとんど 0 になる。そのためひび割れ発生後は，耐力が低下する。その後，変形が大きくなるに従い，再び耐力が上昇するが，これは，付帯柱の Q_c と壁部分の壁筋の Q_w の和に相当するものである。したがって，壁の許容水平せん断力は Q_1 と Q_2 の大きいほうを採用することができる。

7・4・2　有開口耐震壁の許容水平せん断力

建築物においては，耐震壁に開口を設ける必要が生じる。

開口が大きい場合には，耐震壁というよりは，袖壁付柱や腰壁付梁と考えるほうがよい。図 7・7 に示すように，有開口壁の開口の大きさと形状の影響を考慮するために等価開口周比 (γ_0) を考える。これは，壁板と開口をともに正方形に置換したときの辺の長さの比の相乗平均である。

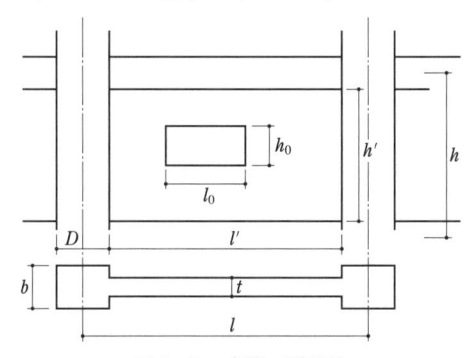

図 7・7　有開口耐震壁

耐震壁と考えてよい等価開口周比は，以下のように決められている。

$$\gamma_0=\sqrt{\frac{h_0 \cdot l_0}{h \cdot l}} \leq 0.4 \tag{7・13}$$

γ_0 が 0.4 以下であっても，$h_0 = h'$ の場合は，1 枚の耐力壁として扱ってはならない。

有開口耐震壁のせん断剛性 K_{wo}，短期許容せん断力 $_{wo}Q_A$ は，以下のように与えられる。

式 (7・1) で計算した無開口耐震壁の初期剛性 K_w と，式 (7・8) で計算した無開口の耐震壁の短期許容せん断力 $_wQ_A$ に，式 (7・14) のように開口による低減を行っている。式 (7・15) はせん断剛性に対する低減係数で，式 (7・16) は等価開口周比によるほかに開口長さ比 $\frac{l_0}{l}$ および開口高さ比 $\frac{h_0}{h}$ によるものを考慮したせん断耐力に対する低減係数である。

$$K_{wo}=\gamma_1 \cdot K_w, \quad _{wo}Q_A=\gamma_2 \cdot {_wQ_A} \tag{7・14}$$

$$\gamma_1 = 1 - 1.25\gamma_0 \tag{7・15}$$

$$\gamma_2 = 1 - \max\left\{\gamma_0, \frac{l_0}{l}, \frac{h_0}{h}\right\} \qquad (7\cdot16)$$

これらにより，有開口耐震壁に対して所定のせん断剛性を満足させたり，設計用水平せん断力を満足するように，許容水平せん断力を定めることができる。このほかに，開口隅角部に集中する局部応力によって誘発されるひび割れが伸展しないようにするため，図7・8のような開口補強が必要となる。局部応力の算定には，以下の式が用いられている。

開口隅角部の付加斜張力（開口隅角部の斜め補強）

$$T_d = \frac{h_0 + l_0}{2\sqrt{2}\,l} Q \qquad (7\cdot17)$$

開口隅角部の鉛直縁張力（開口隅角部の鉛直補強）

$$T_y = \frac{h_0}{2(l-l_0)} Q \qquad (7\cdot18)$$

開口隅角部の水平縁張力（開口隅角部の水平補強）

$$T_h = \frac{l_0}{2(h-h_0)\,l} \cdot \frac{h}{l} \qquad (7\cdot19)$$

これらの式に用いる設計用せん断力 Q は，壁板に生じる平均せん断応力度 τ の大きさにより，次の値を用いる。

$\tau \leq f_s$ の場合，Q は耐震壁の設計用せん断力 Q_D

$\tau > f_s$ の場合，Q は Q_1 または $\gamma_2 \cdot Q_w$ のうち，大きいほうの値とする。ただし，$\gamma_2 \cdot Q_w$ とするときは，h，l のかわりに h'，l' を用いる。

式(7・17)〜(7・19)により求めた力に対してそれぞれ補強筋を図7・8のように配筋する。

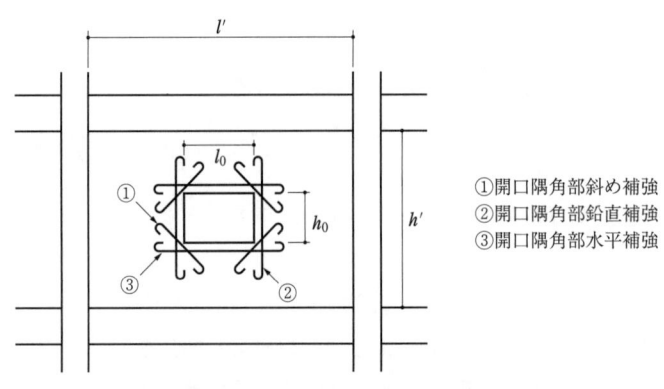

①開口隅角部斜め補強
②開口隅角部鉛直補強
③開口隅角部水平補強

図7・8　有開口耐震壁の開口補強

例題 1

図7・9に示す耐震壁に 1800 kN の設計用せん断力が作用する場合，許容応力度設計法により付帯柱のせん断設計および壁板の断面設計を行え。ただし，鉄筋はどれも SD295，コンクリート強度 $F_c=21$ N/mm^2，付帯柱断面寸法500 mm×500 mm，壁の厚さ200 mm とする。なお，有効せい d は $0.9D$（D は柱せい）としてよい。

【解説】

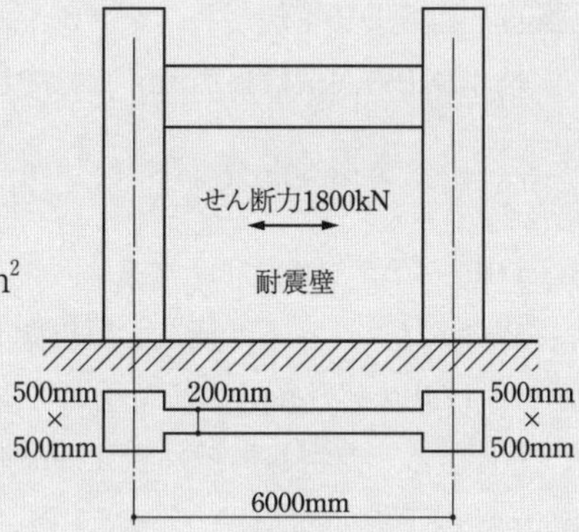

せん断補強筋の短期許容応力度 $_wf_t$ およびコンクリートの短期許容せん断応力度 f_s は，

$$_wf_t = 295 \text{ N/mm}^2$$
$$f_s = (21/30) \times 1.5 = 1.05 \text{ N/mm}^2$$

耐震壁の許容水平せん断力
式(7・9)より，

$$Q_1 = t \cdot l \cdot f_s = 200 \times 6000 \times 1.05$$
$$= 1260000 \text{ N}$$
$$= 1260 \text{ kN} < 1800 \text{ kN}$$

図7・9

よって，式(7・10)の Q_2 により設計する。

$$Q_2 = Q_w + \sum Q_c$$

付帯柱が全せん断力の半分を負担することにすると，柱1本分のせん断力は，

$$Q_c = \frac{0.5Q}{2} = 450 \text{ kN} = 450000 \text{N} \tag{1}$$

となる。付帯柱1本あたりの許容せん断力は，

$$Q_c = b \cdot j\{1.5 f_s + 0.5 {}_wf_t (p_w - 0.002)\} \tag{2}$$

$$= 500 \times \frac{7}{8}(0.9 \times 500)\{1.5 \times 1.05 + 0.5 \times 295(p_w - 0.002)\}$$

式(1)＝式(2)より，$p_w = 0.006818$ と求まる。よって，柱の帯筋を中子筋を用いて3-D13@100とすると，付録2より $a_w = 381$ mm^2 なので

$$p_w = \frac{381}{500 \times 100} = 0.00762$$

となって条件を満足するので，柱の帯筋は3-D13@100とする。
よって，付帯柱1本あたりの許容せん断力は，

$$Q = b \cdot j\{1.5 f_s + 0.5 {}_wf_t(p_w - 0.002)\}$$

$$= 500 \times \frac{7}{8}(0.9 \times 500)\{1.5 \times 1.05 + 0.5 \times 295(0.0076 - 0.002)\} \tag{3}$$

$$= 472.7 \text{ kN}$$

ゆえに，壁筋で負担すべきせん断力 Q_w は，
$$Q_w = 1800 - 472.7 \times 2 = 854.6 \text{ kN}$$

これから，耐震壁の必要せん断補強筋比 p_s は，式(7・11)から，
$$Q_w = p_s \cdot t \cdot l' \cdot f_t$$
$$854600 = p_s \times 200(6000 - 500) \times 295 \tag{4}$$

より，$p_s = 0.0026 > 0.0025$（最小規定）となり，壁板のせん断補強筋は $p_s = 0.26\%$ とする。

壁板内のせん断補強筋としてD10を使用し，ダブル配筋とすれば補強筋間隔 x は，付録2より2本のD10の面積は143 mm^2 なので，
$$x = \frac{143}{0.0026 \times 200} = 275.0 \text{ mm}$$

と求まるので，壁筋はD10@275ダブル配筋とする。

なお，日本建築学会の鉄筋コンクリート構造計算規準・同解説2010の構造規定によると，「壁筋は，D10以上の異形鉄筋を用いる。見付面に対する壁筋の間隔は300 mm以下とする。ただし，千鳥状に複配筋とする場合は，片面の壁筋の間隔は450 mm以下とする。」となっており，D10@275はこの規定も満たしている。

演習問題

1．耐震壁に設ける開口の大きさにはどんな制限があるか述べよ。

2．耐震壁の開口周辺の配筋で注意すべき点を述べよ。

第8章
基礎，柱梁接合部，スラブ

　基礎構造，柱梁接合部，床スラブは，どれも鉄筋コンクリート造建築物の居住性，耐震性の上で大変重要な要素です。しかし，これらのメカニズムについては大変難しく，研究も十分ではないので，よく分かっていないのが現状です。柱や梁，耐震壁に比べて詳しく書かれていませんが，決して，重要でないということではありません。

　第8章では，基礎構造，柱梁接合部，床スラブについて基本的なことを学びます。

1. 基礎構造は，建物の使用性と安全性を一番下で支えている要素です。浅い地盤で直接建物を支える場合と，深い地盤で杭を使用して建物を支える場合がありますが，それぞれどのようにして建物を支えているのでしょう。
2. 柱梁接合部は，梁の力を柱に伝える重要な要素です。柱梁接合部の役割と力の伝達機構はどのようなものでしょう。
3. 床スラブは私たちの生活活動を最初に支え，居住性を保障する重要な要素です。床に載せた荷重はどのようにして，柱に伝わるのでしょう。

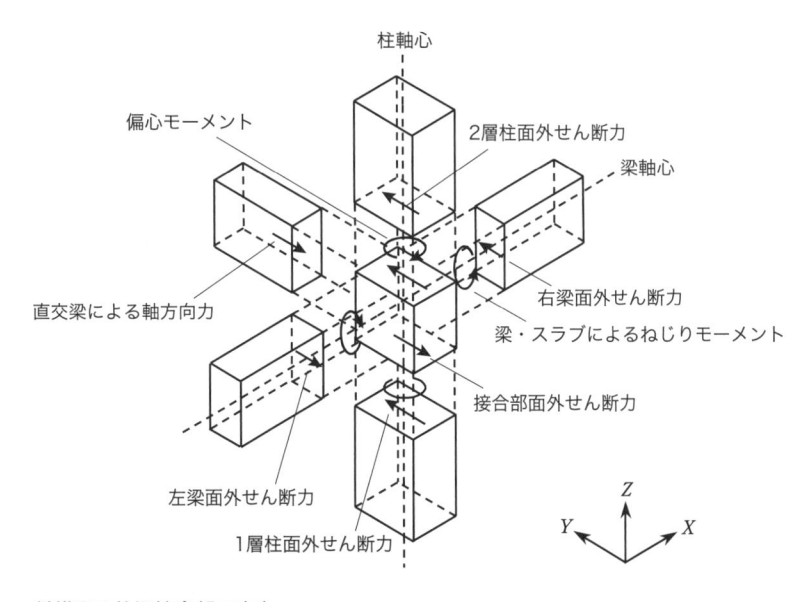

外構面の柱梁接合部の応力
床スラブや直交の梁なども考慮して立体的に考えると，柱や梁からの面内せん断力と曲げモーメント以外に面外せん断力やねじりモーメントが作用している。

8・1 柱梁接合部

8・1・1 柱梁接合部の役割と形式

前章まで，柱や梁，耐震壁といった構造要素について学んできた。それでは，梁と柱，梁と耐震壁はどのように接合されているのだろうか。鉄筋コンクリート造で建物を建設する場合，建設現場で鉄筋を組み立て，コンクリートを打設して構造要素を作っていくので，梁と柱，梁と壁は一体として建設される。この点が鉄骨構造や木質構造とは違う，鉄筋コンクリート構造の大きな特徴であり，鉄筋コンクリート造の構造要素は，それぞれ剛接合されている。

構造要素が十分にその性能を発揮するためには，接合部を通してそれぞれの部材が負担しなければならない応力を相互に伝達できることが必要である。梁を耐震壁に接合する場合，接合部は耐震壁の一部として扱われ，梁の主筋が耐震壁に十分定着されていれば，梁の応力は耐震壁へと伝達することができる。

柱と梁を接合する場合には，その交差部においてそれぞれの応力を伝達しなければならない。この交差部を，**柱梁接合部**と呼んでいる。柱と梁からなる純フレーム構造が水平力を受けた場合，図8・1のように，変形する。柱梁接合部は，一般的には，柱や梁よりも先に壊れて応力の伝達ができなくなることはないが，高層の建物や高強度の材料を用いた場合，あるいは配筋のディテールによっては，柱梁接合部が梁や柱より先に壊れ，応力の伝達ができなくなる場合もあるので，注意が必要である。

この節では，地震時の柱梁接合部の性能について説明する。

柱梁接合部には，図8・1に〇印で示したように，**十字形接合部・ト形接合部・T形接合部・L形接合部**の四つのパターンがある。それぞれ，柱と梁から柱梁接合部へ作用する応力が異なるので，力学的な性能や破壊性状も異なり，設計時における検討項目や方法も異なる。

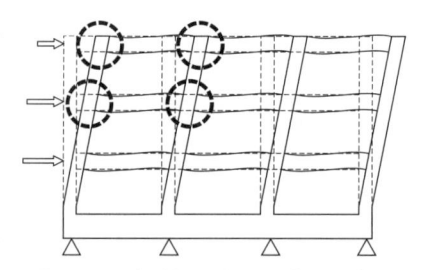

図8・1 水平力を受ける骨組みの変形

8・1・2 柱梁接合部の強度と変形

柱梁接合部には，どのような応力が作用することになるのか，十字形接合部を例にして考えてみる。

水平力が作用するラーメン構造の曲げモーメント模式図を，図8・2に示す。〇印で示した十字形接合部に作用している応力状態の詳細を，図8・3(a)に示す。柱から作用している軸力は，曲げモーメントによって生じている圧縮力との合力として考えることができるので，柱梁接合部に作用する応力は，図8・3

剛接合とは，曲げモーメント・せん断力・軸力のいずれもが，伝達できる接合方法をいう。軸力とせん断力しか伝達できない**ピン接合**や，軸力しか伝達できない**ローラー接合**などもある。

十字形接合部は，建物の内部で2本の柱と2本の梁を接合する。

ト形接合部は，建物の側部で2本の柱と1本の梁を接合する。

T形接合部は，最上階内部で1本の柱と2本の梁を接合する。

L形接合部は，最上階の側部で1本の柱と1本の梁を接合する。

(b)のように考えることができる。したがって，柱梁接合部に作用する応力は，せん断力のみと考えてよく，その大きさQ_jは図8・3(b)のAA断面で考えることができ，式(8・1)で計算することができる。

$$Q_j = T_b + C_b - Q_c \qquad (8・1)$$

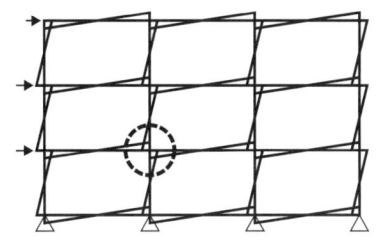

柱梁接合部内では，主として左上隅部分と右下隅部分に，柱と梁から大きな圧縮力を受けるゾーンが形成される。上階の柱と梁に生じている応力は，下階の柱へと伝達されるが，この応力は，主として上左隅の圧縮域から右下隅の圧縮域へと，対角アーチによる圧縮力として伝達される。したがって，柱梁接合部の強度はコンクリートの圧縮強度が支配的となり，柱梁接合部の強度を調べた実験結果によれば，コンクリートの圧縮強度が低強度（40N/mm²以下）の場合には，ほぼコンクリート強度に比例している。

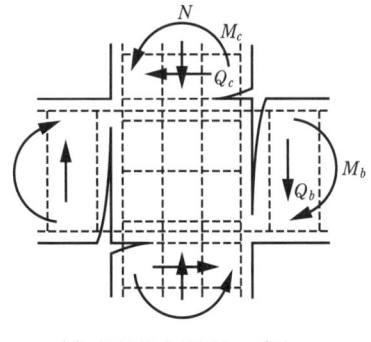

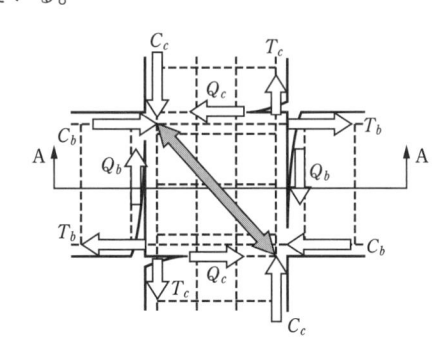

図8・2 水平力を受けるラーメンの曲げモーメント図

T_bは，梁の章で学んだように，梁端部（柱面）での曲げモーメントを応力中心間距離（j）で除して求めることができる。

梁には軸力がないのでT_bとC_bは等しい。図8・3のように，左右の梁端モーメントが等しい場合には，$Q_j = 2T_b - Q_c$とすることができる。

柱梁接合部は柱と梁の交差部であるから，その形状は柱と梁の断面寸法で決定される。柱の断面が同じであっても，接合される梁の断面寸法が異なれば，強度と変形性状は異なる。

(a) 柱梁接合部周りの応力　　(b) 柱梁接合部への入力せん断

図8・3 柱梁接合部に入力される応力

柱梁接合部の変形は，せん断変形として扱うことができる。したがって，骨組の解析を行う場合，柱梁接合部は，せん断変形のみ生じるいわゆるせん断パネルとしてモデル化することができるが，一般的には，全く変形しない剛域としてモデル化している。柱梁接合部の大きさは，柱と梁の交差部，すなわち柱面と梁面で囲まれた部分であるが，そのままモデル化することは少ない。柱と梁から応力が伝達されるとき，柱梁接合部内で応力と変形が急変するわけではないので，柱梁接合部としては，柱面と梁面からやや内側の部分としてモデル化される。この柱梁接合部の大きさは，柱梁接合部をせん断変形の可能なせん断パネルとしてモデル化する場合と，せん断変形をしない剛域としてモデル化する場合とでは，異なることが多い。

柱梁接合部の強度と変形は，コンクリートの圧縮強度と弾性係数のほか，柱梁接合部形状や直交方向の梁の有無などにより影響を受ける。柱梁接合部の応力の伝達と破壊の機構はまだ完全には解明されていないので，柱梁接合部の強度や設計上の扱いについては，日本建築学会の設計指針などを参照されたい。

8・1・3　梁主筋の定着

　柱梁接合部には，応力と変形の連続性を保持することのほか，もう一つ梁主筋や柱主筋を定着させるという役目がある。

　骨組内の柱主筋と梁主筋の配筋例を，図8・4に示す。梁主筋は最外縁における柱梁接合部内に，柱主筋は最上階の柱梁接合部内において，コンクリートと一体となるように定着されなければならない。鉄筋を定着させる方法は，その末端を90度あるいは180度に折り曲げ，鉄筋が柱梁接合部から抜け出さないようにするのが一般的である。また，鉄筋の定着部では，柱梁接合部に図8・5に示すような破壊が生じやすいので，鉄筋のかぶり厚さや柱梁接合部内への飲込み長さ（**定着長さ**）に注意しなければならない。

　最上階の場合，図8・6に示すように，梁と柱の曲げモーメントにより隅角部から斜めに曲げひび割れが発生する場合があるので，梁端（柱面）からではなく，斜めひび割れから必要な定着長さを取らなければならない。

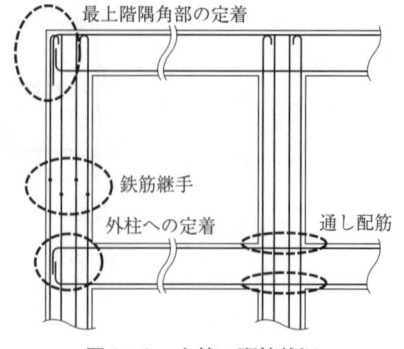

図8・4　主筋の配筋状況

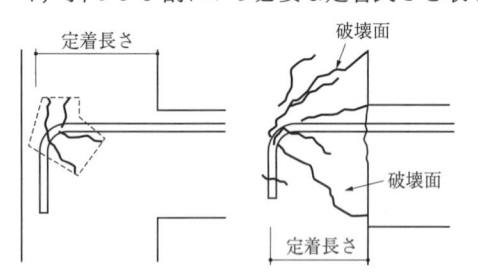

図8・5　外柱への主筋の定着と破壊性状

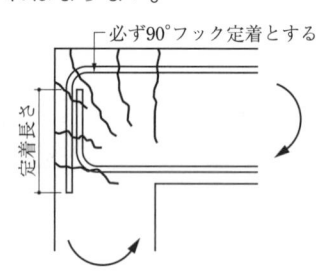

図8・6　最上階隅角部における主筋の定着

　鉄筋は，工場からはある一定の長さで出荷されてくるので，建設現場では，鉄筋は接合されて配筋される。この鉄筋を接合することあるいは接合された部分のことを，**鉄筋継手**という。図8・4の柱主筋の丸印は，鉄筋の継手位置を示している。

　主筋は，末端においても鉄筋とコンクリートとは一体となる必要がある。末端において鉄筋とコンクリートを一体とすることを，**定着**という。

　定着の方法として，図8・5に示すような折曲げ定着のほか，主筋末端に鉄板を溶接するなどのメカニカルな定着方法もある。梁主筋を壁に定着させる場合など，定着長さを十分に取ることができる場合には，直線定着する方法もある。

　中の構面（十字形接合部）では，柱と梁の主筋は定着することなく**通し配筋**とする。この場合，主筋は柱梁接合部両端で図8・3(b)に示したように，引張応力と圧縮応力となっている必要があり，柱梁接合部内では主筋には大きな付着応力が作用している。梁主筋の径が柱せいに比べて太い場合，必要な付着強度を確保できなくなり，梁主筋は圧縮側から引張側へとすべり移動を生じてしまう恐れがある。梁主筋が降伏強度に達する前にこのすべりが生じると，梁は端部での必要な曲げモーメントを確保できず，骨組の水平耐力が低下してしまう。また，梁主筋が降伏耐力を維持できたとしても，このすべりが大きく，梁主筋の柱梁接合部からの抜出し量が大きくなると，見かけ上梁主筋の弾性係数が大幅に低下することとなり，降伏時の変形が大きくなるなど，骨組の地震時の履歴吸収エネルギーが小さなものとなるので，注意が必要である。

8・2 基礎構造

8・2・1 基礎構造の役割と形式

全ての建築物は，地面の上に建設される。自重・積載荷重あるいは地震力など構造部材で支えられた力は，最終的には地面へと流されることになる（図8・7）ので，地盤は上部構造からの荷重を支持できなければならない。地盤が軟らかく，この荷重によって沈下すると，建物は全体に傾き，場合によっては柱や梁にひび割れを発生させる（図8・8，8・9）。

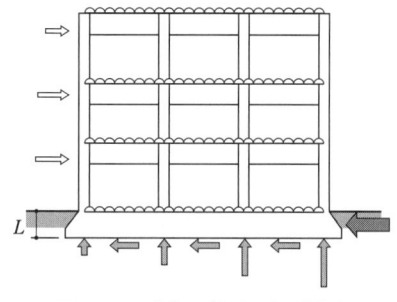

図8・7　建物の荷重と基礎構造

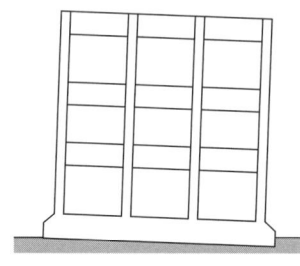

図8・8　不同沈下による傾斜　　図8・9　不同沈下によるひび割れ

地面が軟らかい場合には，硬い地盤面まで掘削した上で，建築物を建造しなければならない。軟らかい地盤の層が厚く，硬い地盤まで掘削できない場合は，杭を利用して建物を硬い地盤に支持させる。

建物をしっかりと地盤で支持させる構造を，**基礎構造**という。基礎構造は，建物を直接地盤で支持させる**直接基礎**と，深い地盤に杭を介して支持させる**杭基礎**に分類される。鉄筋コンクリート構造の場合，最下層（地盤と接する）部分は，上部構造からの荷重による応力と地盤反力によって生じる応力の複合応力が生じるので，複雑な応力状態となる。一般的には，地盤・杭，最下層の部分をまとめて基礎構造と呼んでいる。基礎構造をきちんと理解するためには，鉄筋コンクリート構造だけではなく，地盤工学に関する知識も必要である。

8・2・2 基礎構造に必要な性能

基礎構造を設計するにあたって重要なことは，上部構造と同様に強度と変形を考えることである。基礎構造が上部構造を安全に支持し，上部構造の機能に障害を与えないためには，地盤が破壊しないこと，過大な変形（沈下）を生じないことの検討が必要である。建物底面において，部分的に沈下が生じることを不同沈下という。不同沈下が生じると，図8・8，8・9に示すように，上部

基礎構造では，鉛直反力も水平反力も地盤が受けるが，水平反力を受けるのは，根入れ部分の地盤となる。図8・7に示す L は，地盤面から建物の底面までの深さで，**根入れ深さ**という。地下階があれば根入れ深さも深くなる。根入れ深さは，8・3で説明するように，地震力に対して建物の水平移動を防止する上で（滑動抵抗要素として），大きな役割を果たしている。高層の建物では，根入れ深さを建物高さの10％程度にすることが望ましい。

鉛直反力を図8・7では柱下のみで受けているが，基礎梁底面でも受ける場合がある。この場合，基礎梁底面で受ける荷重は，建物全重量の反力なので，基礎梁の常時の荷重よりも大きくなり，曲げモーメントは下図のようになる。常時荷重時に，一般階の梁は，梁端上部と中央部下部が引張力となるが，基礎梁では，逆に梁端下部と中央部上部が引張力となる。

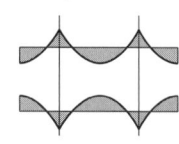

構造は，沈下量の差による強制変形を受けてひび割れが発生したり，床が水平でなくなるなどの障害を受ける。建物が一様に沈下すれば，上部構造自体には障害が生じないが，ガスや水道などの設備配管や，建物の出入り口での障害が発生する。

強度の観点からの地盤が，荷重を支えることができる能力を支持力といい，変形の観点，すなわち建物を支持することによって生じる地盤沈下量の限界を加味した地盤の支持能力を，耐力（地耐力）という。

8・2・3 浅い基礎（直接基礎）

(1) 基礎に作用する力

地盤と接して建物を支持する部分を，**フーチング**と呼ぶ。フーチングの形状によって，独立フーチング基礎・複合フーチング基礎・連続フーチング基礎・べた基礎などがあり，この順に基礎と地盤とが接する底面積は大きくなる。

ここでは，独立フーチング基礎の設計の考え方について簡単に説明する。

フーチングに作用している外力には，図8・10に示すように，柱から伝達される曲げモーメントと鉛直力，埋め戻した土の重さおよびフーチングの自重があり，これらの鉛直力と釣り合う接地圧と呼ぶ地盤反力がある。フーチングのコンクリートは，地盤上に直接打設された上で硬化するので，自重による応力は生じない。

独立フーチング基礎：単一のフーチングが単一の柱を支持しているもの

複合フーチング基礎：単一のフーチングが複数の柱を支持しているもの

連続フーチング基礎：帯状のフーチングで壁または柱を支持しているもの

べた基礎：上部構造の広範囲な面積内の荷重を単一のフーチングあるいは，格子状の基礎梁と基礎スラブで支持するもの

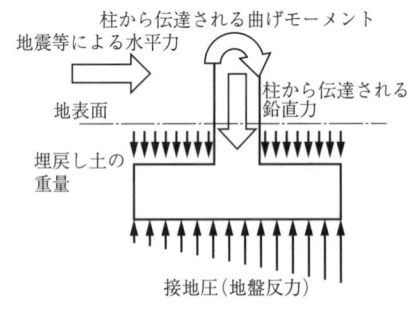

図8・10 フーチングへの外力

一般に，鉄筋コンクリート構造の場合は，基礎梁が設けられ，これが曲げモーメントを負担する。地震などによって生じる水平力も，基礎底面と地盤との間の付着力や摩擦力と，基礎や基礎梁の前面での土の抵抗によって負担されていると考える場合が多く，フーチングには，上部から柱軸力と埋戻し土の重量が，下部からこれに釣り合う接地圧が作用していると考えられる。

(2) 地盤耐力の検討

接地圧の大きさが地盤の耐力（地耐力）を超えると，有害な沈下が生じる。図8・11に示すように，フーチングの中心に柱からの軸力のみが作用している場合には，フーチングの底面積（ABCD）に地耐力を乗じた値が基礎の耐力となるので，この耐力をフーチングに上部から作用している力（柱軸力と埋戻し土重量の和）を超えないようにする。一般的には，事前の調査によって地耐力が得られているので，必要なフーチングの底面積を検討することになる。

図8・11 圧縮力のみのフーチング

(3) フーチングの曲げモーメントとせん断力

フーチングに生じる曲げモーメントとせん断力は，図8・11に示すように，柱の位置で固定支持されたフーチングに，地盤からの反力（接地圧）を作用させることによって計算できる。EGで固定支持された台形の片持梁（AEGD）の応力の計算であるが，EFで固定支持された台形の片持梁（AEFB）も隣接しているので，AE面にはねじれ応力も発生している。したがって，フーチング内に生じる応力を正確に把握することは難しい。

8・2・4　深い基礎（杭基礎）

(1) 基礎に作用する力

杭基礎の構造を，図8・12に示す。支持地盤まで埋め込んだ杭の上にフーチング（杭基礎の場合にはパイルキャップと呼ぶ）を設け，建物を支持させる。杭基礎に作用する力は，直接基礎の場合と同じであるが，水平力も軸力も地盤ではなく，杭が負担することになる。

(2) 杭基礎の耐力

杭基礎の支持力は，杭先端での地盤の支持力と，杭と地盤との摩擦力の和として与えられる。建物の重量は，まず杭に伝えられ，それから地盤へと伝えられるので，杭体の圧縮耐力の検討も行わなければならない。杭基礎の沈下を考える場合，杭先端の地盤沈下量と杭体の縮み量の和として与えられる。杭は軟弱な地盤を貫通して，硬い地盤に支持させるのが最も確実な方法であるが，軟弱な地層が厚く軽微な建物では，杭と地盤との摩擦力だけで上部構造を支持することができる場合がある。このような杭を摩擦杭と呼ぶが，摩擦杭の場合には，長期間にわたって沈下が進行することになるので，単に支持力だけではなく，沈下による影響も考慮した基礎の耐力を検討することが重要である。

杭基礎の場合，杭は最下層の柱ともなるので，地震時の応力についても検討が必要であり，水平力によって生じる杭の曲げモーメントと，せん断力に対する強度と変形について検討しなければならない。

図8・12　杭基礎構造

(3) パイルキャップの曲げモーメントとせん断力

直接基礎と同様に，柱で固定支持されたパイルキャップには，杭からの鉛直力・曲げモーメントおよびせん断力が集中荷重として作用するので，杭頭（パイルキャップと杭との接合部）での応力の伝達機構と，パイルキャップの強度と変形について検討をしなければならない。さらに，杭からの応力の一部は基礎梁にも伝達されるので，基礎梁については，上部構造からの応力との合力に対する使用性と安全性の検討が必要となる。

杭体の種類

場所打ち杭：地盤に堅穴を掘削し，その中に鉄筋かごを設置したあと，コンクリートを打設することによって，建設現場で製造された杭

既製杭：工場などで製造し，建設現場に運んで設置する杭

鋼杭：既製杭の1種。鋼管あるいはH形鋼を用いる。

既製コンクリート杭：コンクリート系の既製杭である。運搬中あるいは施工中にひび割れが入らないように，また，軸耐力を高めるために高強度コンクリートを使用したプレストレス杭（PHC杭）が多く用いられる。水平力に対する耐力が高いプレストレスト鉄筋コンクリート（PRC杭）や，鋼管コンクリート杭も使用されている。

8・3 床構造

8・3・1 床構造の役割と形式

　床（スラブ）は，建物内部の水平な構造体で，直接人間の生活空間を支える構造体であるから，構造的な役割だけでなく，機能の上からも求められる性能を考える必要がある。(11・1および11・2参照のこと)

(1) 鉛直力の伝達

　床に作用する人間や家具・設備などの荷重は，図8・13に示すように，梁へと伝えられ，さらに梁によって柱へと伝えられる。このとき，2方向の柱の間隔が等しく，スラブの形状が正方形に近い場合には，梁Aと梁Bにほぼ等しく荷重が伝達される。しかし，スラブの形状が長方形の場合には，荷重は主として長辺の梁Aへ伝達され，短辺の梁Bへ伝達される荷重は少ない。荷重が2方向に伝達されるスラブを**2方向スラブ**，主として1方向にしか伝達されないスラブを**1方向スラブ**と呼ぶ。

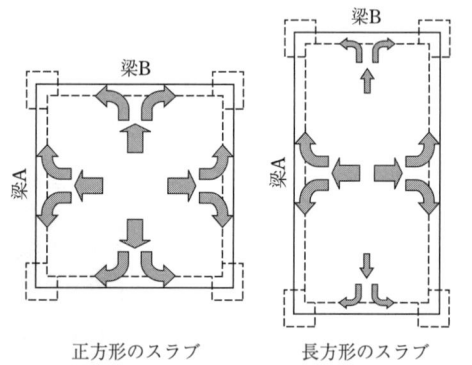

図8・13　床スラブでの荷重の伝達

　ベランダのように，片持ちで支持される場合もある。

(2) 水平力の伝達

　スラブには，柱や梁・壁などの耐震要素を連結して建物の安定性を確保し，風や地震による水平力に対して，建物の剛性を確保し，それぞれの耐震要素に力を配分する役割もある。スラブの面内剛性が高く，柱や梁の水平変形に比べてスラブの面内変形が小さく，無視できる場合には，建物にねじれ変形が起きなければ，同じ層の柱や壁の水平変形が全て同じと考えることができるので，構造解析が単純化できる。一般的な骨組解析では，この**剛床**の仮定に基づいている場合が多いので，建物が細長い場合や吹抜けがある場合など，床の面内剛性が確保できない場合には注意が必要である。

(3) 梁の曲げ剛性と強度に対する協力

　鉄筋コンクリート構造では，スラブのコンクリートは梁と一体に打設されるので，梁の曲げ変形やせん断変形にも追随して変形をする。したがって，梁の剛性や強度を計算する場合にスラブの協力を期待して，T形の梁として計算することがある(巻末付録3参照のこと)。このときのスラブの協力幅は，梁どうしの間隔や長さ，また，ひび割れ状況などによって異なる。

床の機能性能

　床はその上で人間が生活するので，居住性の確保が重要である。**居住性能**としては，振動と遮音性能が重要であるが，火事の際の耐火性能や防火性能も求められる。スラブの面外剛性（曲げ剛性）が不足すると，人の歩行や機械・道路などの振動が伝えられ，居住者が不快に感じるほどの振動が生じることもある。振動障害は人間の感じかたの問題で，個人差が大きく，一般論として定義することは難しい。日本建築学会などにより，振動評価法が提示されているので参考になろう。

　音に関しては，人の靴音や人が飛び跳ねたときの音などがあり，床の仕上げ工法の影響も大きい。このうち，飛び跳ねたときの音などの重量衝撃音は，床の構造（重量・剛性・厚さ）の影響が大きい。

8・3・2　曲げモーメントとせん断力

　曲げモーメントの大きさは，スラブ周辺の固定度の影響が大きい。一般的なスラブは，周辺が梁と一体に作られており，4辺固定と考える。周辺が固定された版の曲げモーメントの計算は大変複雑だが，曲げモーメントの大きな中央部の状況は，図8・14に示すように，両端固定の2方向の交差梁として理解することができる。交差梁の曲げモーメントを，図8・14に示す。短辺方向の梁に大きな曲げモーメントが生じている。

　使用時にスラブに生じる応力は，曲げモーメントとせん断力であるが，一般的に，スラブは厚さに対してスパンが長いので，せん断力が問題となることは少なく，曲げモーメントに対して配筋量を定める。

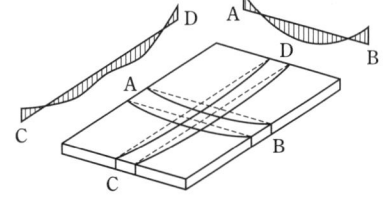

図8・14　4辺固定スラブの交差梁モデル化と曲げモーメント

8・3・3　たわみ

　4周辺固定版に生じるたわみの計算も複雑なので，最も大きな中央部のたわみも，曲げモーメントと同様に，図8・14に示す両端固定の交差梁として近似的に計算することができる。

　スラブには，建設時にスラブ下の型枠と支保工を外したときに生じるスラブ自重によるたわみと，積載によるたわみが生じる。これらのたわみは，版を弾性として計算することができ，**弾性たわみ**と呼ばれる。長期間使用していると，スラブには，乾燥収縮などによるひび割れや圧縮側のコンクリートのクリープひずみが生じ，たわみも徐々に大きくなる。これを**長期たわみ**という。

　現在の知見では，長期たわみの厳密な計算はできないので，通常，弾性たわみの16倍程度と考えている。スラブのたわみは，スパン長さの1/250を超えると使用上障害が発生するといわれているので，弾性たわみとしては，1/4000程度に納まるように，スラブ厚さを定める必要がある。

8・3・4　小梁

　スラブに生じる曲げモーメントによる応力とたわみを抑えるためには，スラブ厚さを厚くするか，スパンを短くする必要がある。スラブは面積が広く，スラブの自重は建物全体の重さに大きな影響を与えるので，建物の全体への影響を少なく，スラブの弾性たわみを押さえるためには，スラブ1枚の面積を小さくする（短辺方向の長さを短くする）ことが効果的である。

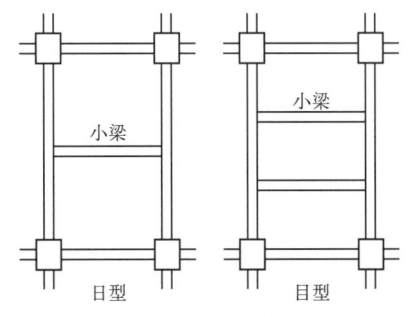

図8・15　小梁の配置

交差梁モデルによる略算

　スラブの中央部に2本の単位幅の仮想の梁を考える。荷重が載った場合，短辺方向にかかる梁ABと長辺方向にかかる梁CDの中央の変位は等しいとして，弾性計算で曲げモーメントとせん断力・たわみを計算することができる。梁ABが主たる荷重を負担し，梁CDには二次的な応力が生じる

　大きな応力が作用している短辺(AB)方向に配筋されるスラブ鉄筋を主筋といい，二次的な応力に対する配筋である長辺(CD)方向の鉄筋を**配力筋**と呼ぶ。

スラブ短辺方向の長さを短くするために柱間隔を短くすることは，建物の使用に障害となり，また，建物重量の軽減にもつながらないので現実的ではない。通常，図8・15に示すように，梁と梁の間にもう1本梁を追加することが多い。両端を柱ではなく梁で支持された梁は，スラブ荷重のみを支持し，地震などによる水平力に対しては有効ではないので，**小梁**と呼ばれている。

通常スラブ1枚の大きさは，スラブ長辺方向の有効スパン長さ (l_y) とスラブ短辺方向の有効スパン長さ (l_x) との比 ($\lambda = l_y/l_x$) が2以下の場合は $l_x \times l_y$ が36m²以下，λ が2を超える場合は l_x を4.2m以下とすることが推奨されているが，最近ではコラムに示したように大スパン用に各種工法が開発されているので，スラブの厚さを，l_x と λ によって定める[1]とともに，たわみの計算を行うことで，特にスラブ1枚の大きさは制限されていない。

小梁は，長期の常時荷重に対してのみ設計をすることとなるが，大きな1枚のスラブを日型の場合で2枚に，目型の場合で3枚に小さく分割することを目的としているので，スラブの4辺は，大梁と同程度の固定度となるように断面寸法を定めなければならない。小梁にも，十分な曲げ剛性やねじれ剛性が確保できるように注意しなければならない。また，場合によっては，たわみやクリープの検討も必要になる。

演習問題

1．柱梁接合部の重要性について簡単に説明せよ。

2．鉄筋の定着と継手の違いについて簡単に説明せよ。

3．基礎構造に必要な性能について簡単に説明せよ。

4．1方向スラブと2方向スラブの違いについて簡単に説明せよ。

5．スラブの長期たわみに影響を及ぼす因子をあげよ。

コラム　いろいろな床

　資源と環境問題から，建築物の長寿命化に関する研究が重要になってきた。長寿命の建築物の場合，必ず将来の間取りの変更に対応できることが必要になってくる。高層建築のように，将来の建替が容易でない建築物も同様である。間取りの自由化や将来の変更にも対応させるために，階段室やエレベータなどの共用部分を中央に集め，そこに形成したセンターコアに地震力のほとんどを負担させ，居住分には，柱も梁もない大空間を構成させる構造形式が，最近用いられるようになってきた。

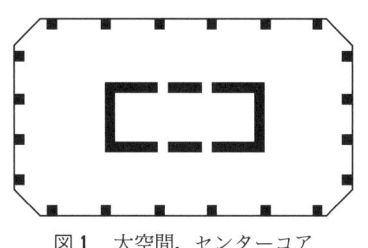

図1　大空間，センターコア形式構造

　大空間，センターコア形式構造の共同住宅の例を，図1に示す。この場合，最大10mを超える大スパン床版を用いることになる。大スパンで，たわみや振動を抑えかつ軽量にするために，各種の床構造形式が開発されている。床構造は面積が広く，床構造の施工の合理化は工事全体の効率化・工期短縮につながるので，構造的な検討と同時に，施工法に関する検討も行われる。たわみと振動を抑えるために，スラブ厚さを厚くするとともにプレストレスト構造とし，さらに軽量化を目指して中空スラブとする例が多い。また，図2に示すように，施工の合理化を図って，スラブ下部を工場生産するプレキャスト合成床版とすることになる。

　そのほかに，プレキャスト版にプレストレストを導入しない工法や，プレキャスト版自体を穴明きプレストレスト版とする工法などもあり，その例を図3に示す。

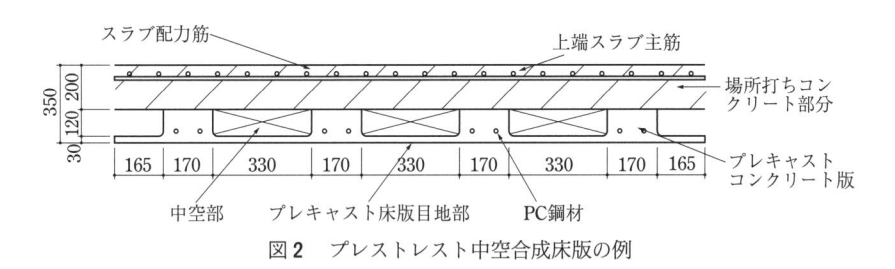

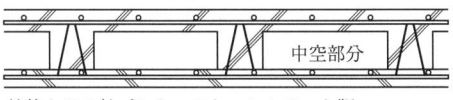

図2　プレストレスト中空合成床版の例

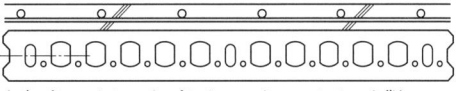

図3　中空合成床版の例[4]

参考文献　1．日本建築学会：鉄筋コンクリート構造計算規準・同解説1999
　　　　　2．日本建築学会：鉄筋コンクリート造建物の靱性保証型耐震設計指針・同解説
　　　　　3．日本建築学会：建築基礎構造設計指針
　　　　　4．岡田克也他：床・スラブの設計と施工，建築技術，536号，1994.4

第9章
鉄筋コンクリート部材の
せん断終局強度と付着割裂破壊

　第6章でせん断力を受ける鉄筋コンクリート部材の性能について，さらに，せん断破壊させないことが部材の変形性能を確保する上で重要であることを学びました。

　第9章では，もう少し詳しく，理論的に，鉄筋コンクリート部材の中のせん断力の伝わりかたを通して，鉄筋コンクリート構造の仕組みを学びます。

1. 主筋とコンクリート，せん断補強筋はどのような仕組みでせん断力を伝達しているのでしょう。
2. 主筋とコンクリートとの付着はせん断力の伝達にどのような役割を持っているのでしょう。
3. 付着作用が損なわれたら，鉄筋コンクリート部材はどうなるのでしょう。

二方向水平力を受けてせん断破壊した鉄筋コンクリート柱

せん断補強筋比は約0.1％であり，せん断補強筋量が非常に少ないRC柱である。二方向のせん断力によって，柱中央部に斜め帯状のせん断破壊領域が広がっている。断面隅角部の主筋に沿って付着割裂ひび割れが発生し，そのあとかぶりコンクリートが剥落して隅主筋が激しく露出した。

118　第9章　鉄筋コンクリート部材のせん断終局強度と付着割裂破壊

　第6章では，せん断力を受ける鉄筋コンクリート部材の基本的な力学特性について述べた。ここではさらに一歩進んで，鉄筋コンクリート部材内のせん断力の伝わりかた（これを**せん断伝達機構**あるいは**せん断抵抗機構**と呼ぶ）を理論的に考えることによって，せん断終局強度を導く方法を説明する。また，せん断力の伝達に重要な役割を果たす，主筋から周辺コンクリートへの付着作用が損なわれた場合に生じる物理現象を簡単に紹介する。

9・1　理論に基づくせん断終局強度

　ほぼ理論的にせん断終局強度を求める方法として，ここでは日本建築学会の「鉄筋コンクリート造建物の終局強度型耐震設計指針・同解説」の方法を紹介する。

　せん断抵抗機構として，6・3・2で説明した**トラス機構**と**アーチ機構**の二つを考える。そして，RC部材のせん断終局強度 Q_u は，トラス機構の負担せん断力 V_t とアーチ機構の負担せん断力 V_a の和として求める。得られた評価式を式(9・1)に示す。その際，力の釣合い条件とともにせん断補強筋は降伏し，かつ，コンクリートは**有効圧縮強度**[1]に達しているという条件を用いる。

$$Q_u = V_t + V_a$$
$$= p_w \sigma_{wy} b j_t \cot\phi + b \frac{D}{2}\left(1-\beta\right)\nu_o \sigma_B \tan\theta \quad (9\cdot1)$$

ただし，$\tan\theta = \dfrac{\sqrt{L^2+D^2}-L}{D}$ \quad (9・2)

$$\beta = \frac{p_w \sigma_{wy}(1+\cot^2\phi)}{\nu_o \sigma_B} \quad (9\cdot3)$$

ここで，b：部材の幅　　j_t：主筋中心間距離　　D：部材の全せい
　　　　L：部材の内法長さ　　σ_B：コンクリートの圧縮強度(N/mm^2)
　　　　ν_o：コンクリート圧縮強度の有効係数で次の式で与えられる。

$$\nu_o = 0.7 - \frac{\sigma_B}{200} \quad (9\cdot4)$$

以下に各機構の負担せん断力の求め方について説明する。

9・1・1　トラス機構による負担せん断力

　式(9・1)の右辺第1項はトラス機構の負担せん断力で，トラスの角度を ϕ としている。ここで $\cot\phi$ の値は以下の式(9・5)～(9・7)による値のうち最小のものを採用する。

$$\cot\phi = 2 \quad (9\cdot5)$$

[1]　われわれが，ここで扱っているのはRC部材の**終局状態**であり，地震動によってかなりひび割れが発生してダメージを受けていると想定できる。このようなひび割れの生じたコンクリートの圧縮強度は，シリンダー試験で得られた（無垢の）コンクリートの圧縮強度よりも低下することが，多くの実験研究によって分かっている。直感的には，ひび割れによってコンクリートが損傷するため，圧縮強度も低下すると思ってよい。そこで，無垢のコンクリートの圧縮強度 σ_B からどのくらい低下するのかを，有効係数 ν_o で表すことにした。すなわち $\nu_o \sigma_B$ をコンク

$$\cot\phi = \frac{j_t}{D\tan\theta} \tag{9・6}$$

$$\cot\phi = \sqrt{\frac{\nu_o \sigma_B}{p_w \sigma_{wy}} - 1} \tag{9・7}$$

ここで，θ はアーチ機構における斜材の角度であり，後述する。

せん断補強筋が十分に密に配筋されていると，せん断補強筋による吊上げ力（図6・7参照）は均等に分布すると見なせる。そのため，トラス機構の斜材は，図6・8(a)のように，離散的に存在するわけではなく，図9・1(a)のように，連続的に均一に分布することになる。トラスのせいを上下の主筋中心間距離 j_t とすると一つのトラスの幅は $j_t \cdot \cot\phi$ となる(図9・1(b))。この幅の中に存在するせん断補強筋の組数は，せん断補強筋の間隔を s とすると $j_t \cdot \cot\phi / s$ となる。せん断補強筋は，全て降伏して降伏強度 σ_{wy} に達しているという条件を用いると，一つのトラス幅内のせん断補強筋の吊上げ力の和 $\sum T_s$ は，

$$\sum T_s = \frac{j_t \cot\phi}{s} \cdot a_w \sigma_{wy} = j_t \cot\phi \cdot b p_w \sigma_{wy} \tag{9・8}$$

となる。ここで，式(6・7)を移項して得られる $\frac{a_w}{s} = b p_w$（a_w：一組のせん断補強筋の断面積）という関係を用いた。吊上げ力の和 $\sum T_s$ は，部材の一端から他端まで，斜材の圧縮力→吊上げ力→圧縮力……→吊上げ力，となって伝達されるので，結局，トラス機構の負担せん断力 V_t は式(9・8)に等しいということになる。

図9・1 均一に分布するトラス機構
(a) 均一に分布するトラス機構の成立
(b) 一つのトラスの幅と吊上げ力 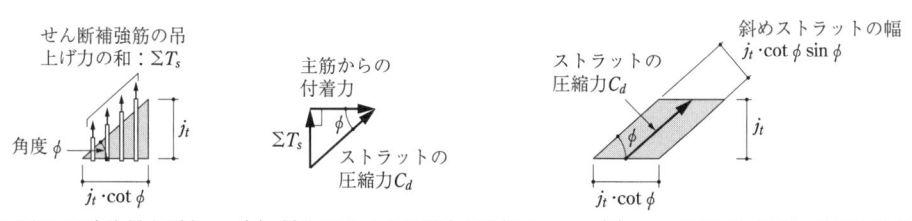
(c) 斜めストラットの圧縮力と示力図
(d) 一つのトラスに対応する斜めストラット

ここで，均一分布の斜め圧縮ストラットに作用する圧縮応力度 σ_t を求めておく。せん断補強筋の吊上げ力の和 $\sum T_s$ に釣り合う斜め圧縮力 C_d は，図9・1(c)の示力図より $\frac{\sum T_s}{\sin\phi}$ となる。

$$C_d = \frac{\sum T_s}{\sin\phi} \tag{9・9}$$

一つのトラスに対応する斜めストラットの幅は，図9・1(d)より，$j_t \cdot \cot\phi \sin\phi$

リートの有効圧縮強度と呼んでいる。なお，有効係数 ν_o を最も簡単に表現したのが式(9・4)であるが，この式が妥当かどうかについてはここでは触れない（興味のある方は，専門書などを参考にして考えてほしい）。

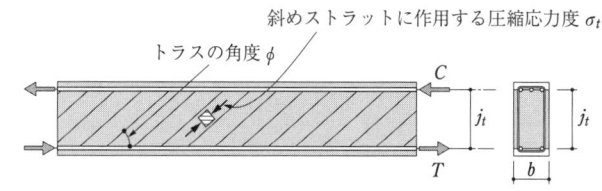

となるので，斜めストラットの圧縮応力度 σ_t は次の式で求められる．

$$\sigma_t = \frac{C_d}{bj_t \cdot \cot\phi \sin\phi} = \frac{p_w \sigma_{wy}}{\sin^2\phi} \tag{9・10}$$

9・1・2　アーチ機構による負担せん断力

　式(9・1)の右辺第2項はアーチ機構の負担せん断力で，図9・2のように，部材の一端から他端を結ぶ斜め圧縮ストラットの角度を θ とする．ここで，斜め圧縮ストラットのコンクリートの圧縮応力度を σ_a，斜め圧縮ストラットの部材端部における見付け幅を x とすると，斜め圧縮ストラットの負担する圧縮力 C_a は，次のようになる．

$$C_a = b\frac{x}{\cos\theta}\sigma_a \tag{9・11}$$

アーチ機構の負担せん断力 V_a は，斜め圧縮力 C_a の鉛直分力であるから，

$$V_a = C_a \sin\theta = bx\sigma_a \tan\theta \tag{9・12}$$

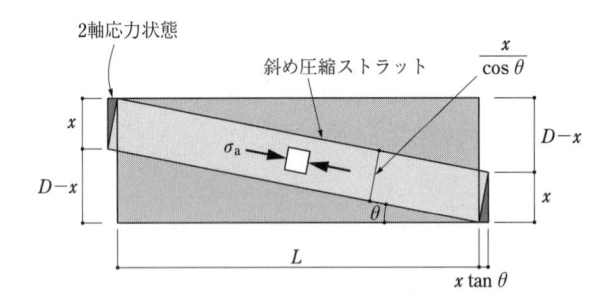

図9・2　アーチ機構の成立

一方，幾何学的な関係から，

$$\tan\theta = \frac{D-x}{L+x\tan\theta} \tag{9・13}$$

ここで，D は部材の全せい，L は部材の内法長さである．式(9・13)を書き直すと，$\tan\theta$ に関する二次式になるので，これを $\tan\theta$ について解き，さらに $\tan\theta$ が正であるという条件から，

$$\tan\theta = \frac{\sqrt{L^2 - 4x^2 + 4Dx} - L}{2x} \tag{9・14}$$

以上より，

$$V_a = b\sigma_a \frac{\sqrt{L^2 - 4x^2 + 4Dx} - L}{2} \tag{9・15}$$

　式(9・15)は，見付け幅 x によって変化するので，負担せん断力 V_a が最大に

なるような見付け幅 x を求めると(式(9・15)の右辺の平方根の中が，最大になるようにすればよい)，$x=\dfrac{D}{2}$ のときである。このとき，

$$\tan\theta = \dfrac{\sqrt{L^2+D^2}-L}{D} \tag{9・16}$$

これより，アーチ機構の負担せん断力の最大値は，次の式により求めることができる。

$$V_a = b\,\dfrac{D}{2}\,\sigma_a\,\dfrac{\sqrt{L^2+D^2}-L}{D} \tag{9・17}$$

式(9・17)の右辺を見ると，斜め圧縮ストラットの圧縮応力度 σ_a が未知数である。ここでコンクリートの圧縮応力度は，有効圧縮強度 $\nu_o\sigma_B$ に達しているという条件を思い出して欲しい。コンクリートの圧縮応力度は，トラス機構およびアーチ機構の両者によって使われている。そこで，トラス機構の圧縮応力度 σ_t とアーチ機構の圧縮応力度 σ_a の和が，コンクリートの有効圧縮強度 $\nu_o\sigma_B$ に等しいと仮定する[2]と，次の式になる。

$$\sigma_t + \sigma_a = \nu_o\sigma_B \tag{9・18}$$

トラス機構による圧縮応力度 σ_t は圧縮ストラットの角度 ϕ を仮定すれば式(9・10)から求めることができる。これに対してアーチ機構による圧縮応力度 σ_a は，よく分からない。そこで，以下のような係数 β を導入する。

$$\beta = \dfrac{\sigma_t}{\nu_o\sigma_B} \tag{9・19}$$

ちなみに係数 β は，右辺の σ_t に式(9・10)を代入することによって，次式となる。

$$\beta = \dfrac{p_w\sigma_{wy}(1+\cot^2\phi)}{\nu_o\sigma_B} \tag{9・20}$$

式(9・18)および式(9・19)より，アーチ機構の圧縮応力度 σ_a は，次式で表現できる。

$$\sigma_a = (1-\beta)\nu_o\sigma_B \tag{9・21}$$

式(9・21)を式(9・17)に代入して次式を得る。すなわち，これが式(9・1)の右辺第2項である。

$$V_a = b\,\dfrac{D}{2}(1-\beta)\nu_o\sigma_B\,\dfrac{\sqrt{L^2+D^2}-L}{D} \tag{9・22}$$

以上で，トラス機構およびアーチ機構の負担せん断力についての説明を終えるが，最後にもう一度せん断終局強度を与える式(9・1)に戻ってみよう。

$$Q_u = p_w\sigma_{wy}bj_t\cot\phi + b\,\dfrac{D}{2}\left(1-\beta\right)\nu_o\sigma_B\tan\theta \tag{9.1 再録}$$

これまでの説明から式(9・1)はほぼ理論的に導出されている。しかし，例えばコンクリートの有効圧縮強度 $\nu_o\sigma_B$ については理論解を得るには至っておら

[2] この仮定は，厳密には正しくない。なぜなら一般にトラス機構およびアーチ機構における圧縮ストラットの角度は互いに異なるが(図6・8を見て欲しい)，式(9・18)ではその角度の違いを無視して，本来ベクトルである二つの応力度をスカラー量として(すなわち，両者の角度は等しいとして)加えているからである。これは安全側の仮定ではあるが，その妥当性についてはまだ示されていない。

ず，現在のところ経験式を用いざるを得ない。また，いろいろな仮定の妥当性についても，さらに検討する必要がある。

荒川式を修正した式（6・8）では，柱の軸力の影響を考慮できるのに対し，理論式である式（9・1）では，せん断終局強度は柱軸力には依存しないことになる。しかし，RC柱部材を用いた多くの実験によって圧縮軸力の増加とともに，せん断終局強度も増大することが指摘されている。式（9・1）で軸力の影響を評価できないことは，欠点であろう。

例題 1

図9・3のRC柱について，理論的に導かれた式（9・1）を用いてせん断終局強度を求めよ。

主筋：16-D19
せん断補強筋：2-D13@100

せん断補強筋の降伏強度
σ_{wy}：345 N/mm²

コンクリートの圧縮強度
σ_B：24 N/mm²

コンクリートの引張強度
f_t：2.4 N/mm²

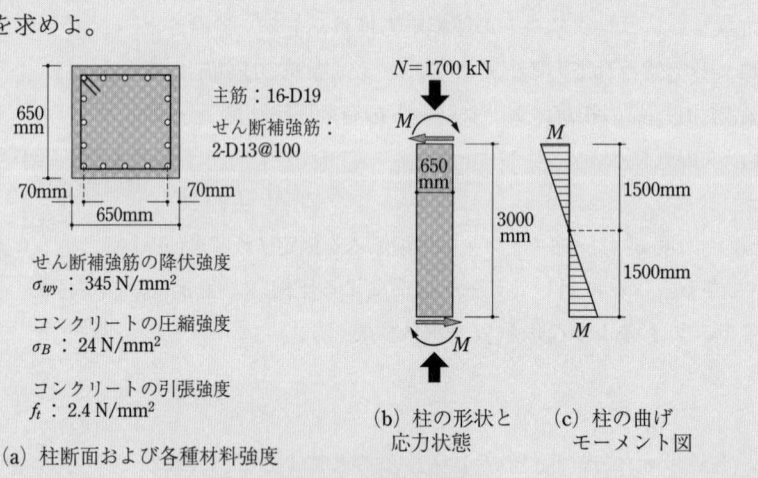

(a) 柱断面および各種材料強度　(b) 柱の形状と応力状態　(c) 柱の曲げモーメント図

図9・3　検討対象のRC柱

【解説】

式（9・4）より，$\nu_o = 0.7 - \dfrac{24}{200} = 0.58$

式（9・2）より，$\tan\theta = \dfrac{\sqrt{3000^2 + 650^2} - 3000}{650} = 0.107$

主筋中心間距離 $j_t = 650 - 70 \times 2 = 510$ mm

次に，$\cot\phi$ を決定する。式（9・5）から式（9・7）のうちの最小値を採用するので，

式（9・5）　$\cot\phi = 2$

式（9・6）　$\cot\phi = \dfrac{510}{650 \times 0.107} = 7.3$

式（9・7）　$\cot\phi = \sqrt{\dfrac{0.58 \times 24}{0.391 \times 10^{-2} \times 345} - 1} = 3.1$

よって，$\cot\phi = 2$ となる。これを式（9・3）に代入して，

$$\beta = \frac{0.391 \times 10^{-2} \times 345(1+2^2)}{0.58 \times 24} = 0.484$$

以上の各数値を式(9・1)に代入して,せん断終局強度 Q_u を得る。

$$Q_u = 0.391 \times 10^{-2} \times 345 \times 650 \times 510 \times 2 + 650 \times \frac{650}{2} \times (1-0.484) \times 0.58$$
$$\times 24 \times 0.107 = 894354\text{N} + 162356\text{N} = 1056710\text{N} = 1056.7\text{kN}$$

せん断終局強度1056.7kN のうち,トラス機構の負担分は894.3kN,アーチ機構の負担分は162.4kN であり,トラス機構の負担分が全体の85%を占めていることがわかる。

また,第6章の例題2の荒川最小式によるせん断終局強度674.9kN と比較すると,理論的に導かれた式(9・1)による値のほうが約1.5倍大きい。

9・2　主筋の付着応力度とRC部材のせん断力との関係

6・3・2では,主筋に沿った付着力が,せん断力の伝達に重要な役割を果たすことを述べた。ここでは,曲げモーメントとせん断力を受けるRC部材を対象として,主筋の付着応力度と RC 部材のせん断力との関係を調べてみよう。

図9・4のような RC 単純梁を考える。図のように,幅 dx の微小部分を設定すると,左面と右面とでは必ずモーメントの差分が生じるので,ここでは左面のモーメントを M,右面のモーメントを $M+dM$ とする。この微小部分を取り出して作用する力を図示したのが,図9・5である。ここで,左右の梁断面におけるコンクリート圧縮合力の作用位置は同じと仮定する。モーメントの変化 dM によって主筋には応力差が生じるので,主筋の引張力を左面で T,右面で $T+dT$ とおく。このとき,左右の断面におけるモーメントの釣合いより,

$$M = T \cdot j \tag{9・23a}$$
$$M + dM = (T + dT) \cdot j \tag{9・23b}$$

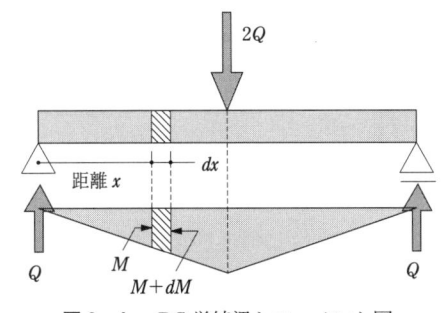

図9・4　RC 単純梁とモーメント図 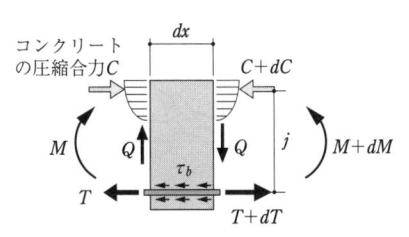　　**図9・5**　微小部分に作用する力と付着応力度

ここで，j は断面内の応力中心間距離である。この2式を整理すると，

$$dT = \frac{dM}{j} \tag{9・24}$$

という関係を得る。ここで dT は，微小区間 dx における主筋の付着力に相当する。そこで鉄筋の単位表面積に作用する付着力を**付着応力度** τ_b と定義すると，

$$dT = \tau_b \psi dx \tag{9・25}$$

ここで，ψ は鉄筋の周長である。式(9・24)および式(9・25)を等置して整理すると，

$$\tau_b = \frac{dT}{\psi dx} = \frac{1}{\psi j} \cdot \frac{dM}{dx} \tag{9・26}$$

式(9・26)の右辺の $\frac{dM}{dx}$（すなわち，曲げモーメント M を距離 x で微分したもの）は，梁部材に作用するせん断力 Q である。よって，次の式を得る。

$$\tau_b = \frac{Q}{\psi j} \tag{9・27}$$

これは主筋に沿った付着応力度と部材に作用するせん断力とが，一対一に対応することを表しており，せん断力がトラス機構のみによって伝達される場合に相当する。

9・3　主筋に沿った付着割裂ひび割れの発生

9・2で見たように，曲げモーメントとせん断力を受ける RC 部材では，せん断力の伝達のために梁主筋に沿った付着力が重要である。それでは，この主筋に沿った付着作用が物理的に損なわれると，どのような現象が生じるのであろうか。以下に簡単に説明しよう。

異形鉄筋の割裂力によって図9・6のように，主筋に沿った細かい斜めひび割れが発生して破壊に至る様態を**付着割裂破壊**ということは，6・2・2で説明した。付着割裂破壊は断面内でのひび割れの発生位置によって，図9・7のように

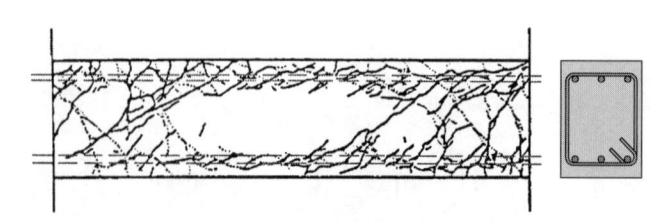

図9・6　RC 梁の付着割裂破壊

二つの破壊モードに大別できる。図9・7(a)は，一列に並んだ主筋を縫うようにしてひび割れが発生し，図9・7(b)は，隅角部のコンクリートを斜めに欠き取るように，隅角部主筋を通るひび割れが発生している。

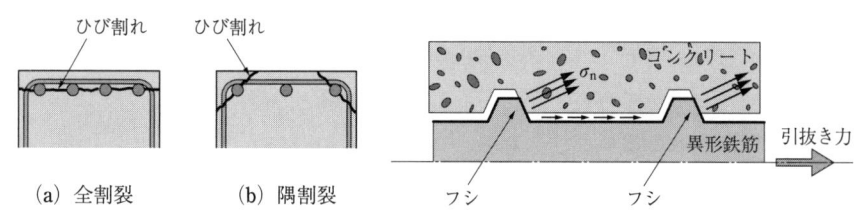

(a) 全割裂　　(b) 隅割裂

図9・7　付着割裂破壊の二つのモード　　図9・8　異形鉄筋のフシからコンクリートへの圧縮力

それでは，このように主筋に沿ったひび割れが発生する理由を考えてみよう。図9・8のように，コンクリート中を引き抜かれる鉄筋のフシがコンクリートに引っ掛かることにより，フシ前面には斜め方向の圧縮力が発生する（図中のσ_n）。この斜め圧縮力の水平方向成分の力は，付着力となってコンクリートと鉄筋との一体性を保つことに寄与する。これに対して，鉛直方向成分の力は，コンクリートを割り裂くような作用を与えるので，主筋に沿って図9・6のようなひび割れが発生する。

なお，付着割裂破壊が生じるときの主筋に沿った付着強度は，実験結果を統計的に処理して定式化されており，例えば，日本建築学会の「鉄筋コンクリート造建物の靱性保証型耐震設計指針・同解説」では，付着強度を，主筋径，一列に配筋される主筋の本数，部材の幅，コンクリート圧縮強度，せん断補強筋量および中子筋の本数を変数として作られた実験式によって与えている。具体的には同指針を参照して欲しい。

9・4　付着割裂破壊を防止する方法

　付着割裂破壊を防止するためには，鉄筋とコンクリートからなる複合系が本来保有している付着強度を，主筋に沿って存在する付着力（設計用付着応力度）より，常に大きくするように設計すればよい。すなわち，

付着強度 ≧ 設計用付着応力度

の関係が成り立てばよい。付着強度を大きくするためには，次のようなことが有効である。

- コンクリート圧縮強度を大きくする。
- 主筋径を小さくする[3]。
- 部材幅を大きくする。
- 横補強筋量を増やす。

また，設計用付着応力度を小さくするためには，次のようにすればよい。

- 主筋の降伏強度を小さくする。
- 主筋径を小さくする[4]。

　日本建築学会の RC 規準では，必要な**付着長さ**を確保する形式となっているが，そこで用いられる**許容付着応力度**は，主筋配置および横補強筋による補正を合わせれば，9・3 で紹介した付着強度実験式に基づいて定められている。

　ただし，柱や梁部材の内部で局所的に付着割裂破壊が生じても，その周辺の付着作用によって主筋が十分に**定着**されていれば，曲げモーメントやせん断力を伝達できることも多い。そのような場合に，設計用せん断力を伝達できることを確認すれば，付着強度を確保しなくてもよい。

[3]　柱・梁主筋の付着強度 τ_{bu} は，例えば日本建築学会「鉄筋コンクリート造建物の終局強度型耐震設計指針・同解説」によれば，以下で求められる。

$$\tau_{bu} = \left(1.2 + 5\frac{p'_w b}{d_b}\right)\sqrt{\sigma_B}$$

ここで，p'_w：断面の外周に配筋されたせん断補強筋比，b：部材の幅，d_b：主筋径，および σ_B：コンクリート圧縮強度である。これより主筋径 d_b を小さくすると付着強度 τ_{bu} は大きくなることがわかる。

[4]　図 9・4 において，左端の主筋の引張応力度を σ_t，右端のそれを $\sigma_t + \Delta\sigma_t$ とする。主筋の断面積を A_s とすると，微小区間内の付着力 $dT = \Delta\sigma_t \cdot A_s$ となる。これを式 (9・25) に代入し，主筋の直径を d_b として整理すると，$\tau_b = \frac{\Delta\sigma_t \cdot d_b}{4dx}$ となる。これより主筋径が小さくなると，左辺の付着応力度も小さくなることがわかる。

9・5　鉄筋コンクリート建物の終局強度設計

　ここまでは，個々の部材のせん断破壊や付着割裂破壊を防止するための考えかたや設計方法を説明してきた。しかし，実際の建物では柱・梁および耐震壁といった部材は相互に接続しており，節点や層全体での力の釣合いおよび変形の適合を満たした状態で，個材のせん断力は作用する。そのため，個々の部材に実際に作用するせん断力を求めることは，意外と難しい。

　一方，地震力を受けた建物が終局状態においても崩壊することなく生き残るためには，全ての梁端部と1階柱脚に曲げ降伏を生じさせて建物に入力される地震力を抑制するとともに，これら曲げ破壊させた部位の変形が大きくなることによってエネルギーを吸収できるように，建物全体を設計することが望ましい（図9・9）。このように，建物全体としての壊れかた（これを**崩壊形**と呼ぶ）を望ましいものとするためには，部材間の強度の階層化を明確に意識して設計することが重要である（図9・10）。すなわち，梁の曲げ終局強度はそのせん断強度よりも小さく，梁の曲げ降伏が生じて終局状態に達したときに柱に作用する応力は柱の曲げ降伏強度よりも小さく，柱の曲げ終局強度はそのせん断強度よりも小さい，ということが常に実現されなければならない。

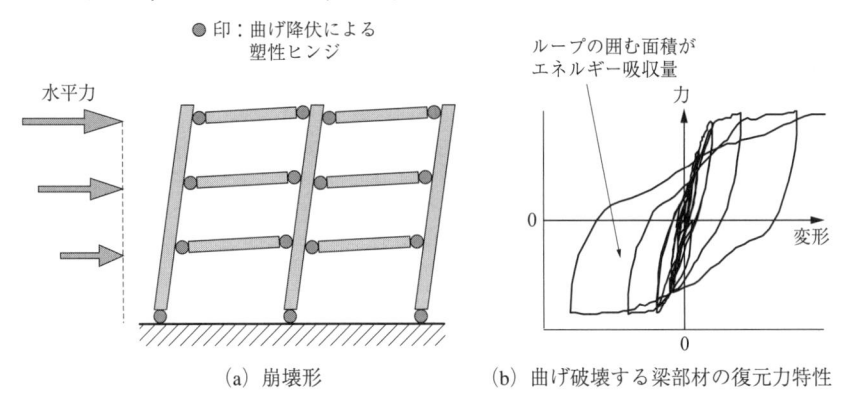

図9・9　骨組の崩壊形とエネルギー吸収

　このように，崩壊形を設定すれば，個々の部材に作用するせん断力（すなわち設計用せん断力）を求めるための考え方が明瞭になる。一般に，梁部材の曲げ終局モーメントは降伏モーメントに較べて増大する。これは，①鉄筋の塑性化によってひずみ硬化を生じ鉄筋強度が増大，②スラブの有効幅の変化，③曲げ耐力算定法自体が持つ精度のばらつき，④施工における誤差や計算外の鉄筋の存在，など

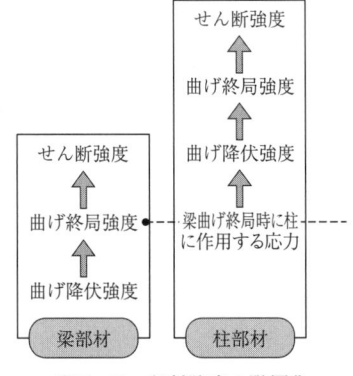

図9・10　部材強度の階層化

によって引き起こされる。柱部材の設計用せん断力は，梁の曲げ終局強度の上限を，上述の影響を考慮して評価するとともに，①地震時の動的な効果によって生じる外力分布の変動，②2方向地震力の同時性，などを考慮して割り増すことが必要になる。詳しくは，例えば日本建築学会の「鉄筋コンクリート造建物の靱性保証型耐震設計指針・同解説」などを参考にして欲しい。

演習問題

1．柱のせん断終局強度の算定

図1のようなRC柱を対象として，式(9・1)を用いてせん断終局強度を求めなさい。ただし，柱は曲げ降伏しないものとする。柱には長期軸力 $N=760\mathrm{kN}$ が作用している。断面サイズ，主筋の配筋などは図のとおりである。また，柱の内法階高は2,700mmとする。使用する材料の強度は以下とする。

主筋の降伏強度：$\sigma_y=390\mathrm{N/mm^2}$

使用するコンクリート：普通コンクリートで圧縮強度 $\sigma_B=21\mathrm{N/mm^2}$

せん断補強筋の材種：SD295

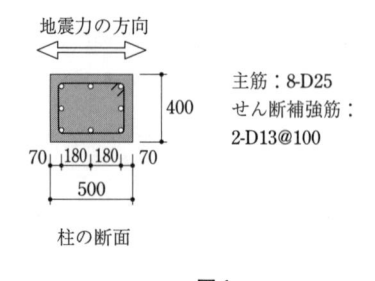

地震力の方向

主筋：8-D25
せん断補強筋：
2-D13@100

柱の断面

図1

2．主筋の付着割裂破壊

RC柱・梁部材において，主筋に沿った付着割裂破壊が生じると，必要なせん断力を伝達できなくなることがある。この理由をせん断伝達機構に即して説明せよ。

第10章
鉄筋コンクリート部材の力と変形

　この世界のあらゆる物体は，外力が作用すると必ず変形します。鉄とコンクリートから成る鉄筋コンクリート部材もその例外ではありません。鉄筋コンクリート部材に力を加えると，変形の進展とともにコンクリートにひび割れが生じて，やがて主筋が降伏して，そうこうするうちにコンクリートが圧縮破壊して…，というふうにいろいろな現象が生じます。

　第10章では，この壊れるまでの鉄筋コンクリート部材の力と変形との関係について学びます。
1. コンクリートのひび割れ，主筋降伏などの現象が発生するときの変形はどのようにして求めるのでしょう。
2. これらの変形はどのような要因によって生じるのでしょう。

鉄筋コンクリート骨組の正負交番繰り返し実験（首都大学東京・北山研究室）
2層3スパンの平面骨組試験体でスケールは約1/4である。スパン中央には耐震補強でよく用いられる鉄骨ブレースが組み込まれており，ブレース右脇のRC柱が浮き上がっているのがわかる。

10・1　力と変形との関係

　部材に力を加えると，変形が生じる。力としては軸力・せん断力および曲げモーメントがあり，変形としては伸び・縮み，たわみ，回転角，曲率がある。このような力と変形との関係を，**復元力特性**と呼ぶ。外力を受ける建物の挙動を知るためには，柱や梁のような個々の部材の力学特性を把握することが重要である。そして，これから説明する復元力特性によって，部材の力学特性は代表されると考えてよい。

10・1・1　復元力特性

　ここでは，鉄筋コンクリート部材に単調増加の外力が作用するときの復元力特性（これを**骨格曲線**（Skeleton Curve）と呼ぶ）について説明する。例えば，図10・1(a)のように，跳出し長さ l の片持梁の先端に，外力 P が作用するときのたわみ（変位）δ は，弾性学の知識を用いると次の式で求められる。

$$P = \frac{3EI_e}{l^3} \delta \tag{10・1}$$

ここで，E は，材料のヤング係数で，ひび割れ発生以前の**弾性状態**ではコンクリートのものを使用してよい。I_e は，鉄筋を考慮した部材断面の断面2次モーメント（4・2・4参照）である。

　式(10・1)は，ひび割れ発生以前の弾性状態における力と変形との関係が，線形になることを表しており，バネ定数が $3EI_e/l^3$ となる**フックの法則**だと思えばよい。この弾性時の剛性を**初期剛性**とも呼ぶ。

　このように，ひび割れ発生前の外力 P と変位 δ との関係（復元力特性）は，原点を通る直線となる（図10・1(b)）が，外力の増大とともにコンクリートにひび割れが発生し，**剛性**（骨格曲線の傾き）が低下することになる。そこで以降は，部材が曲げ破壊する場合とせん断破壊する場合とに分けて説明する。

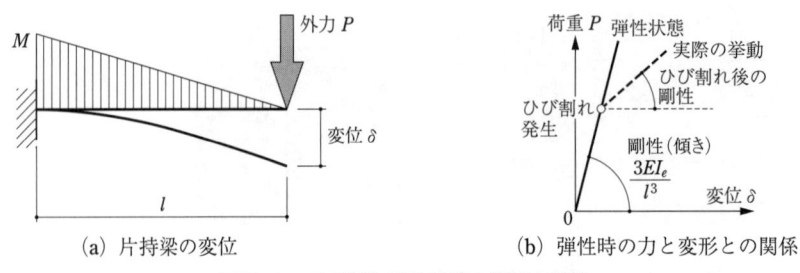

図10・1　ひび割れ発生以前の復元力特性
(a) 片持梁の変位
(b) 弾性時の力と変形との関係

(1)　曲げ破壊の場合

　曲げ破壊するときのモデル化された骨格曲線を，図10・2(a)に示す。この図

は，剛性が急激に変化する点をいくつか示して，それらを直線で結んだものである。実際の剛性は徐々に変化するため，骨格曲線も直線ではなく文字どおり曲線状になるが，ここでは簡単のため，折れ線によってモデル化した。

剛性の急激な変化を引き起こすできごととして，以下があげられる。

・曲げひび割れ（図中のC点）
・主筋の降伏　（図中のY点）
・かぶりコンクリートの圧壊（図中のU点）
・主筋の破断や座屈あるいはコア・コンクリートの圧壊（図中のS点）

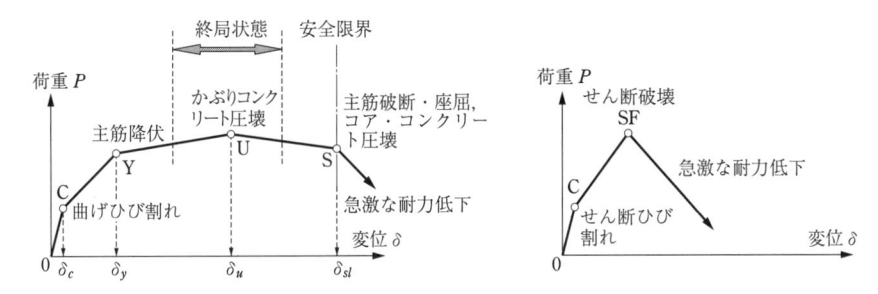

(a) 曲げ破壊するときの復元力特性　　(b) せん断破壊するときの復元力特性
図10・2　曲げ破壊あるいはせん断破壊するときの復元力特性（骨格曲線）

なお，曲げ破壊する場合でもせん断ひび割れは発生するが，ここでは簡単のため省略した。図中のC点からY点の間に曲げひび割れやせん断ひび割れが，さらに発生することが多く，それによって実際には，剛性がゆっくりと低下してゆく。主筋の降伏によって，剛性は大幅に低下する（Y点）が，主筋のひずみ硬化や断面内の応力中心間距離の増加によって，耐力はわずかに上昇し続ける。やがて，かぶりコンクリートの圧壊が生じ，最大耐力に到達する（U点）。このあたりの状態を，一般に**終局状態**（Ultimate State）と呼ぶ。その後，かぶりコンクリートの剥落とともに耐力は徐々に低下して行き，主筋の破断や座屈あるいはコア・コンクリートの圧壊などの原因により，耐力が急激に低下して崩壊する。この急激な耐力低下が生じる直前の点(S点)を，**安全限界**と呼ぶ。

(2)　せん断破壊の場合

せん断破壊するときのモデル化された骨格曲線を，図10・2(b)に示す。曲げ破壊する場合と同様に，折れ線でモデル化した。剛性の急変は，以下の二つのできごとによって引き起こされる。

・せん断ひび割れ（図中のC点）
・せん断破壊（図中のSF点）

せん断破壊の発生によって耐力が急激に低下することは，第6章で説明したとおりである。ただし，せん断破壊のモードや外力の状態により，せん断破壊後の様相は複雑に変化することに注意が必要である。

10・1・2　変形を求める方法

　実際の建物の構造設計では，部材の曲げ降伏を先行させることが望ましい。そこでここでは，曲げ破壊する場合の骨格曲線を具体的に定めるために，ひび割れ点（図10・2(a)のC点），主筋降伏点（同Y点）および終局点（同U点）を求める方法を説明する。通常の耐震設計では，安全限界（同S点）までを考慮することはまれであるから，ここでは扱わない。また，各点の耐力は，第4章および第5章で示した方法（例えば，平面保持を仮定した断面解析）によって比較的精度よく求めることができるので，ここでは各点の変位の求めかたに説明を限定する。

(1)　曲げひび割れ発生時の変位

　図10・1(a)と同じく，跳出し長さ l の片持梁の先端に，外力 P が作用するときを考えよう。ひび割れ発生以前の弾性状態では，曲げモーメント M と断面の曲率 ϕ との間には，以下の関係が成り立つ。

$$M = EI_e \phi \tag{10・2}$$

　これより材軸に沿った曲率の分布は，曲げモーメント図と同様に三角形になるので，図10・3のように表される。曲げモーメントが最大となる危険断面位置において，最初に曲げひび割れが発生するので，そのときの曲率を ϕ_c とする。この曲げひび割れ発生時の曲率 ϕ_c は，断面解析によって引張縁の応力度がコンクリートの引張強度に到達したときとして求められる。このとき，先端のたわみ δ_c は，次の式によって求められる。

$$\delta_c = \frac{\phi_c l^2}{3} \tag{10・3}$$

　なお，式(10・3)のたわみ δ_c を δ，曲率 ϕ_c を ϕ と置き直して式(10・2)に代入し，$M = Pl$ という関係を用いて整理すると，式(10・1)を得る。

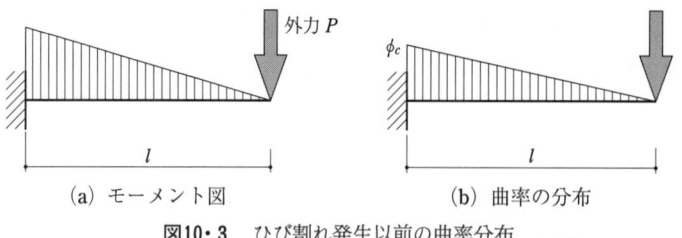

図10・3　ひび割れ発生以前の曲率分布
(a) モーメント図　　(b) 曲率の分布

　（補）　式(10・3)は，以下のように導かれる。図10・4のように，先端から左向きに距離 x を取る。この位置での曲率 $\phi(x)$ は，

$$\phi(x) = \frac{\phi_c}{l} \cdot x \tag{補10・1}$$

となる。いま，微小区間 dx の領域のみが曲げ変形すると仮定すると，この領域の微小な回転角 $d\theta$ は，

$$d\theta = \phi(x)\,dx = \frac{\phi_c}{l} \cdot x\,dx$$

(補10・2)

で表される。この微小領域以外は剛体であるとすると，微小な回転角 $d\theta$ によって部材先端に生じる微小なたわみ dy は，以下となる。

$$dy = x\,d\theta = \frac{\phi_c}{l} \cdot x^2\,dx \quad (補10\cdot3)$$

この微小なたわみ dy を材軸に沿って積分することにより，部材全体の先端のたわみ y を求めることができる。すなわち，

$$y = \int_0^l dy = \int_0^l \frac{\phi_c}{l} \cdot x^2\,dx = \frac{\phi_c l^2}{3}$$

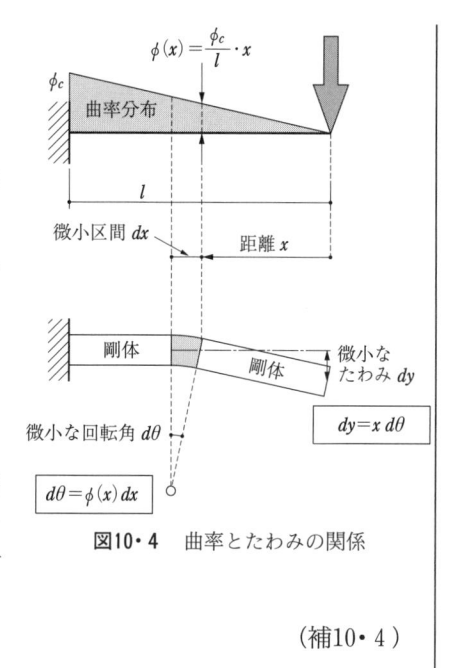

(補10・4)

図10・4 曲率とたわみの関係

(2) 主筋引張降伏時の変位

柱・梁部材の主筋が引張降伏するときの変位を簡易に推定するために，断面に作用するせん断力とたわみとの関係において，初期剛性に対する降伏時の割線剛性の比を，以下の**剛性低下率** α_y によって与える方法がある。

$$\alpha_y = \left(0.043 + 1.64 n p_t + 0.043 \frac{a}{D} + 0.33 \eta_o\right)\left(\frac{d}{D}\right)^2 \tag{10・4}$$

ここで，　n：鉄とコンクリートとのヤング係数比
　　　　　p_t：部材全断面積に対する引張主筋比 (a_t/bD)
　　　　　d：断面の有効せい
　　　　　a：せん断スパン
　　　　　η_o：軸力比で梁の場合には 0
　　　　　D：断面の全せい

式(10・4)は，提案者の名前を冠して**菅野式**と呼ばれ，構造設計の実務において多用されている。剛性低下率 α_y がわかれば，図10・5のように，主筋降伏時のせん断力 P_y，初期剛性 S を用いて降伏時のたわみ δ_y は，次の式で求められる。

$$\delta_y = \frac{P_y}{\alpha_y S} \tag{10・5}$$

なお，この方法は内柱梁接合部を含まない柱・梁部材の実験結果から，回帰分析によって導かれた経験式であり，柱梁接合部内をとおして配筋される梁主筋の抜出しによる付加変形を考慮していない。そのため，実際の梁部材の降伏

変形を過小に評価することが指摘されている。主筋の抜出しによる付加変形については，このあと10・2で詳述する。

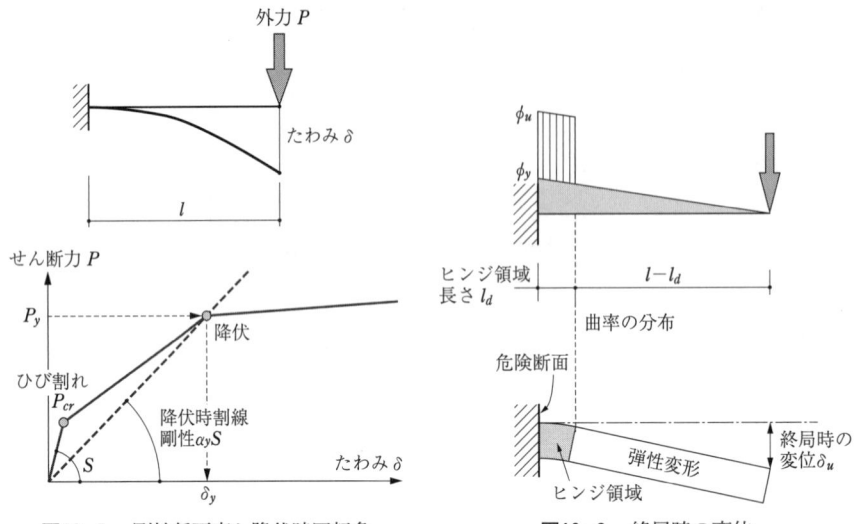

図10・5 剛性低下率と降伏時回転角

図10・6 終局時の変位

(3) 終局時の変位

終局時には，引張主筋の降伏が危険断面から部材内部まで進展して，主筋の伸び量が大きくなる。また，危険断面近傍のコンクリートの圧壊が顕著となる。そのため，終局時には部材付け根の**ヒンジ領域**に塑性変形が集中する。そこで，図10・6のように，材軸に沿った曲率の分布を仮定する。すなわち，危険断面での塑性曲率($\phi_u - \phi_y$)にヒンジ領域長さ l_d を乗じたものを，ヒンジの塑性回転角と近似すると，終局時の変位 δ_u は，これと降伏時の変位 δ_y との和として求められる。すなわち，

$$\delta_u = (\phi_u - \phi_y) \cdot l_d \cdot (l - l_d) + \delta_y \tag{10・6}$$

ここで，ϕ_y は，主筋が引張降伏するときの曲率で，平面保持を仮定した断面解析などによって求める。

終局時曲率 ϕ_u は，例えば，平面保持を仮定した断面解析において，圧縮縁のコンクリートひずみを終局時ひずみ（普通コンクリートであれば0.3%程度）とおいて求めることができる。また，ヒンジ領域長さ l_d は，既往の実験研究によれば，$0.5D \sim 1.5D$（D：部材断面の全せい）程度となることが多い。

例題1

図10・7のような断面を持つ片持梁がある。十分にせん断補強が施されているため，せん断破壊は生じない。跳出し長さ l は3000mmである。先端に力 P が作用するときのたわみを δ としたとき，力 P とたわみ δ との関係における骨格曲線を求めよ。材料特性などは以下とする。

主筋の降伏強度：$\sigma_y = 345\,\text{N/mm}^2$
コンクリートの圧縮強度：$\sigma_B = 21\,\text{N/mm}^2$

コンクリートの引張強度：$\sigma_t = 0.56\sqrt{\sigma_B} = 0.56\sqrt{21} = 2.57 \text{ N/mm}^2$
コンクリートのヤング係数：$E_c = 2.1 \times 10^4 \text{ N/mm}^2$
鉄とコンクリートとのヤング係数比：$n = 15$

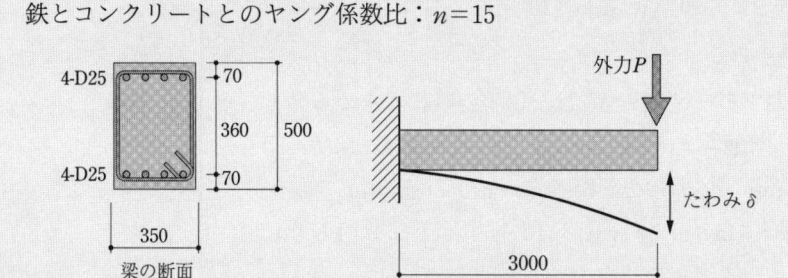

図10・7 片持梁の断面と変形

【解説】

曲げひび割れ発生点，主筋の引張降伏発生点，および終局点の荷重と変位とをそれぞれ求め，$P-\delta$ グラフ上にプロットし，それらを直線で結べばよい。なお，終局状態として，ここでは，圧縮縁のコンクリートひずみ ε_{cu} が0.003に達したときと定義する。

(1) 曲げひび割れ発生点

片持梁の危険断面に曲げひび割れが発生するときの曲げモーメント M_c は，以下で計算できる。

$M_c = Z_e \cdot \sigma_t$

ここで，Z_e は，鉄筋を考慮した断面係数で，次式によって求める。

$Z_e = \dfrac{I_e}{D/2}$

ここで，I_e は，鉄筋を考慮した断面2次モーメント，D は，梁断面の全せいである。

この梁は上下等量配筋なので，ひび割れ発生以前の弾性状態における中立軸は，断面図心を通る。そこで鉄筋を考慮した断面2次モーメント I_e は，概略以下のようにしてよい。

$I_e \approx \dfrac{bD^3}{12} + 2(n-1)a_t d_1^2 = \dfrac{350 \times 500^3}{12} + 2 \times 14 \times 2028 \times 180^2$

$= 0.5486 \times 10^{10} \text{ mm}^4$

　　b：梁幅　　　a_t：引張主筋の断面積
　　d_1：断面の図心から引張主筋までの距離

よって，　$Z_e = \dfrac{I_e}{250} = 2.19 \times 10^7 \text{ mm}^3$

これよりひび割れ発生時の曲げモーメント M_c は，

$M_c = Z_e \cdot \sigma_t = 2.19 \times 10^7 \times 2.57 = 56.3 \times 10^6 \text{ N} \cdot \text{mm} = 56.3 \text{ kN} \cdot \text{m}$

曲げひび割れが発生するときの荷重 P_{cr} は，

$P_{cr} = \dfrac{M_c}{l} = \dfrac{56.3}{3} = 18.8 \text{ kN}$

また，このときのたわみ δ_{cr} は，式(10・1)を用いると次の式となる。

$$\delta_{cr} = \frac{l^3}{3E_c I_e} P_{cr} = \frac{3000^3 \times 18800}{3 \times 2.1 \times 10^4 \times 0.5486 \times 10^{10}} = 1.47 \text{ mm}$$

(2) 主筋の引張降伏発生点

主筋の引張降伏時の曲げモーメント M_y は，以下の略算で求める。もちろん，平面保持を仮定した断面解析に基づいて計算してもよい。梁断面の有効せい $d = 500 - 70 = 430$ mm，応力中心間距離 $j = \frac{7}{8}d = 376$ mm である。

$$M_y = a_t \cdot \sigma_y \cdot j = 2028 \times 345 \times 376 = 263.1 \times 10^6 \text{ N·mm} = 263.1 \text{ kN·m}$$

これより主筋降伏が生じるときの荷重 P_y は，

$$P_y = \frac{M_y}{l} = \frac{263.1}{3} = 87.7 \text{ kN}$$

このときのたわみ δ_y は，式(10・4)の剛性低下率 α_y を用いて計算する。

引張鉄筋比 $p_t = \frac{2028}{350 \times 500} = 0.0116$

$$\alpha_y = \left(0.043 + 1.64 \times 15 \times 0.0116 + 0.043 \times \frac{3000}{500} + 0.33 \times 0\right)\left(\frac{430}{500}\right)^2$$

$$= 0.434$$

力 P とたわみ δ との関係における初期剛性 S は，

$$S = \frac{3E_c I_e}{l^3} = \frac{3 \times 2.1 \times 10^4 \times 0.5486 \times 10^{10}}{3000^3} = 0.128 \times 10^5 \text{ N/mm}$$

これより主筋引張降伏時の割線剛性 $\alpha_y \cdot S$ は，以下となる。

$$\alpha_y \cdot S = 0.434 \times 0.128 \times 10^5 = 0.556 \times 10^4 \text{ N/mm}$$

よって，式(10・5)より，$\delta_y = \frac{P_y}{(\alpha_y \cdot S)} = 15.8$ mm

(3) 終局点

終局時の曲げモーメント M_u は，以下の略算で求める。後述するように，終局時のたわみを求めるためには，平面保持を仮定した断面解析を行う必要があるので，それによって終局曲げモーメントを算定してもよい。

$$M_u = 0.9 a_t \cdot \sigma_y \cdot d = 0.9 \times 2028 \times 345 \times 430 = 270.8 \times 10^6 \text{ N·mm} = 270.8 \text{ kN·m}$$

これより終局時の荷重 P_u は，

$$P_u = \frac{M_u}{l} = \frac{270.8}{3} = 90.3 \text{ kN}$$

終局時のたわみ δ_u を求めるためには，式(10・6)を用いればよい。しかし，そのためには主筋降伏時の曲率 ϕ_y および終局時の曲率 ϕ_u が必要である。これらは，第4章で説明した方法によって求めることができるので，ここではその結果のみを記す。

$$\phi_y = 5.893 \times 10^{-6} \text{ 1/mm}$$

$$\phi_u = 3.476 \times 10^{-5} \text{ 1/mm}$$

ヒンジ長さ l_d は，梁断面の有効せい d にほぼ等しいとして，$l_d = d = 430$ mm
式(10・6)より，

$$\delta_u = (\phi_u - \phi_y) \cdot l_d \cdot (l - l_d) + \delta_y$$
$$= (3.476 \times 10^{-5} - 5.893 \times 10^{-6}) \times 430 \times (3000 - 430) + 15.8$$
$$= 31.9 + 15.8 = 47.7 \text{ mm}$$

以上の結果を，図10・8に示した。なお，降伏点の部材角は0.53%，終局点の部材角は1.59%となる。

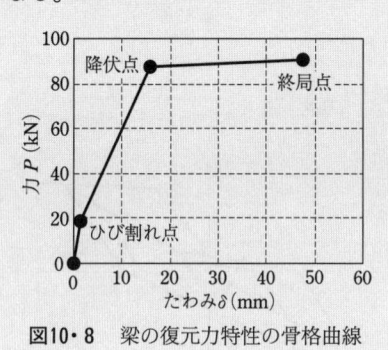

図10・8 梁の復元力特性の骨格曲線

10・1・3　地震時の履歴特性

　ここまでは，部材の力と変形との関係（すなわち復元力特性）における骨格曲線を説明した。しかし，実際の地震時には，地震による水平力が左から右へ，右から左へと向きを変えながら繰返し作用することが知られている。繰返し載荷を受けるRC部材の履歴特性の代表的な二つの例を図10・9に示す。いずれも曲げ降伏が先行した例である。図(a)では，主筋降伏後の繰返し載荷によって，太った紡錘形のループを描いており，吸収できるエネルギー量（復元力特性のループが囲む面積）が多いことを示す。これに対して図(b)では，主筋降伏後の繰返し載荷によって逆S字形のやせたループを呈しており（これを**ピンチング**と呼ぶ），エネルギー吸収性能において劣っていることを表す。このようにやせたループは，主筋に沿った付着劣化が生じて主筋が周辺のコンクリートに対して滑っている場合に出現する。図(b)の部材角0付近において，せん断力がほぼ一定のまま変形だけが進んでいる状況が見られるが，これは，この部分で主筋が滑ってしまって，外力に対してほとんど抵抗できないために生じた現象である。このほかにも，例えば，せん断変形が卓越するような場合や，曲げ破壊するときでも上下の主筋量が大幅に異なるような場合にも，履歴特性のピンチングが発生する。

(a) 太ったループ　　　　　　(b) やせたループ

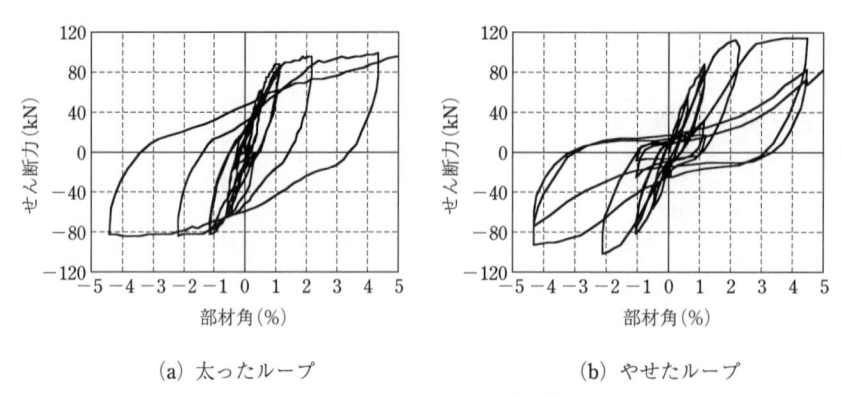

図10・9　繰返し載荷を受ける履歴特性の例

(a) 武田モデル　　　　　　(b) 武田スリップモデル

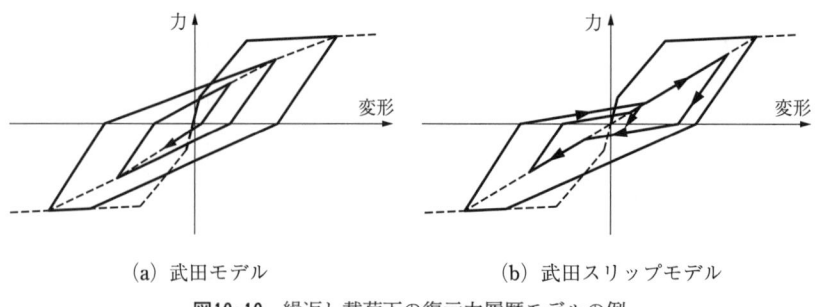

図10・10　繰返し載荷下の復元力履歴モデルの例

　RC骨組の地震応答解析などで，繰返し載荷を受ける部材の復元力特性をモデル化する必要がある場合には，上述のように，エネルギー吸収性能に直接関係するループの形状を，再現することが大切である。その例を図10・10に示す。紡錘形のループ形状を表すモデルとしては，**武田モデル**や**Cloughモデル**など(武田やClough(クラフ)は開発者の名前)，ピンチングを表すモデルとしては，武田モデルを改良した**武田スリップモデル**などが用いられる。

10・2　変形を生じさせる要因

　鉄筋コンクリート部材の変形を生じさせる要因として，一般には**曲げ変形**および**せん断変形**を考えることが多い。ここでは，この二つの要因に加えて，柱梁接合部からの**主筋の抜出しによる変形**も取り上げる。現実のRC骨組においては，柱梁接合部からの主筋の抜出しによって生じる付加変形を，無視できないことが分かっているためである。

　片持梁について，これらの変形要因を図10・11に模式的に示す。また，各要因による変形の求めかたについて，以下に簡単に説明する。

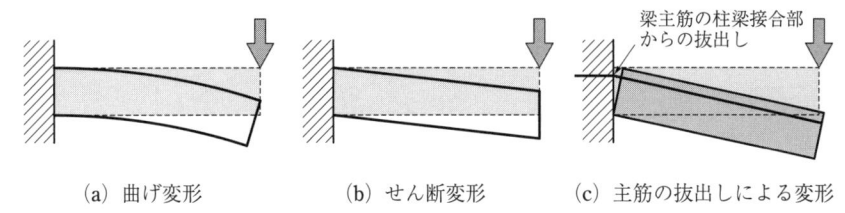

(a) 曲げ変形　　　(b) せん断変形　　(c) 主筋の抜出しによる変形

図10・11 変形を生じさせる主要な要因

曲げ変形 δ_f は，弾性論に従って式(10・3)と同様に，以下によって計算できる．ただし，材軸に沿って曲げひび割れが数多く発生すると，ひび割れ開口による付加変形を無視できなくなることがある．

$$\delta_f = \frac{\phi l^2}{3} \tag{10・7}$$

ここで，ϕ は，断面の曲率で，平面保持を仮定した断面解析などによって求めることができる．l は，部材のせん断スパンである．

せん断変形 δ_s は，弾性論に従えば以下によって算定できる．

$$\delta_s = \frac{\kappa Q}{G_c A} \cdot l \tag{10・8}$$

ここで，κ：断面の形状係数（矩形断面では1.2）
　　　　Q：断面に作用するせん断力
　　　　G_c：コンクリートのせん断弾性係数
　　　　A：部材の全断面積

なお，せん断ひび割れ発生後は，斜めひび割れ開口による変形も考慮する必要があるが，ここでは説明を省略する．

柱梁接合部からの主筋の抜出しによる変形 δ_p は，主筋の抜出し量を ΔS とすると，次の式によって求められる．

$$\delta_p = \frac{\Delta S}{d_n} \cdot l \tag{10・9}$$

ここで，d_nは，断面における引張主筋の位置から中立軸までの距離である．

梁主筋が柱梁接合部から抜け出すときの様子を，図10・12に示す．梁主筋の抜出しによって危険断面位置で生じる回転角 θ_p は，回転中心を例えば中立軸位置に設定すれば，以下となる．

$$\theta_p = \frac{\Delta S}{d_n} \tag{10・10}$$

図10・12 柱梁接合部からの梁主筋の抜出し

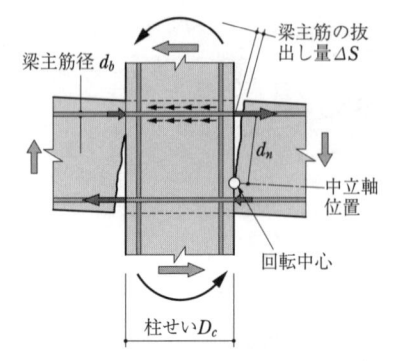

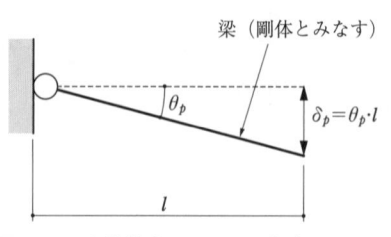

図10・13 主筋抜出しによる回転角とたわみ

図10・13のように，危険断面より先の梁部材は剛体とみなせば，梁先端のたわみ量は $\theta_p \cdot l$ で求められ，これより式(10・9)が得られる。断面内の引張主筋から中立軸までの距離 d_n は，例えば平面保持を仮定した断面解析によって求めることができる。残るのは主筋の抜出し量 ΔS であるが，これを理論的に求める方法はまだ確立されていない。ただし，実験結果をもとに，抜出し量を経験的に求める方法が提案されているので，詳細は例えば，日本建築学会「鉄筋コンクリート造建物の耐震性能評価指針（案）・同解説」を参考にして欲しい。

例題2

例題1と同一の片持梁が降伏するときを対象として，先端たわみを生じさせる曲げ変形，せん断変形，および柱梁接合部からの梁主筋の抜出しによる変形をそれぞれ求めて，降伏たわみを求めてみよう。なお，実験したところ，柱梁接合部からの梁主筋の抜出し量 ΔS_y は0.7mmであった。また，コンクリートのポワソン比 ν は0.16とする。

【解説】

(1) 曲げ変形 δ_f は式(10・7)を用いて計算する。平面保持を仮定した断面解析より，主筋降伏時の曲率 ϕ_y は 5.893×10^{-6} 〔1/mm〕である。

$$\delta_f = \frac{\phi_y \cdot l^2}{3} = \frac{5.893 \times 10^{-6} \times 3000^2}{3} = 17.7 \text{ mm}$$

(2) せん断変形 δ_s は，式(10・8)を用いて計算する。コンクリートのせん断弾性係数 G_c は，次のようになる。

$$G_c = \frac{E_c}{2(1+\nu)} = \frac{2.1 \times 10^4}{2(1+0.16)} = 0.905 \times 10^4 \text{ N/mm}^2$$

また，主筋降伏時のせん断力 Q_y は例題1より 87.7×10^3 N であるから，これらの数値を式(10・8)に代入する。

$$\delta_s = \frac{\kappa Q_y}{G_c A} \cdot l = \frac{1.2 \times 87.7 \times 10^3}{0.905 \times 10^4 \times 350 \times 500} \times 3000 = 0.2 \text{ mm}$$

(3) 柱梁接合部からの主筋の抜出しによる変形 δ_p は，式(10・9)を用いて計

算する．平面保持を仮定した断面解析より，断面における引張主筋の位置から中立軸までの距離 d_n は，

$$d_n = 500 - 151.2 - 70 = 278.8 \text{ mm}$$

これを式(10・9)に代入する．

$$\delta_p = \frac{\Delta S_y}{d_n} \cdot l = \frac{0.7}{278.8} \times 3000 = 7.5 \text{ mm}$$

以上の3成分を加え合わせることによって，梁降伏時のたわみ δ_y を求めることができる．

$$\delta_y = \delta_f + \delta_s + \delta_p = 17.7 + 0.2 + 7.5 = 25.4 \text{ mm}$$

この例では，曲げ変形が全たわみの70％を占めている．また，せん断変形が全たわみに占める割合は1％以下であるのに対し，主筋抜出しによる変形が全たわみに占める割合は30％であり，無視できないことが分かる．なお例題1で，式(10・4)の剛性低下率を用いて，簡易に求めた梁降伏時のたわみは15.8 mm であった．この数値は，上記のように，3成分の和として求めたたわみ25.4 mm と比較するとその2/3であり，梁主筋の抜出しによる付加変形を考慮していない影響が顕著に表れている．

10・3　軸力が柱の変形性能に及ぼす影響

　ここまでは主として梁部材を対象として，力と変形との関係を概説した．一方，柱部材には，梁部材と異なって軸力が作用する．そこでここでは，大地震時に建物の安全性を確保する上で重要な性能である柱の変形性能（靱性）に対して，軸力が与える影響を簡単に説明する．

　5章の図5・2に，柱部材の典型的な曲げモーメントと曲率との関係を示した．ここでは，同図④で示した終局時の曲率が，軸力の大きさによってどのように変化するのかについて考える．同図④の終局状態における断面の応力度分布を，5章の図5・3④に示した．問題を簡単にするため，図10・14のように，

終局状態におけるコンクリート圧縮縁のひずみ $_c\varepsilon_u$ の値を，0.3％（＝0.003）と仮定することがよく行われる．

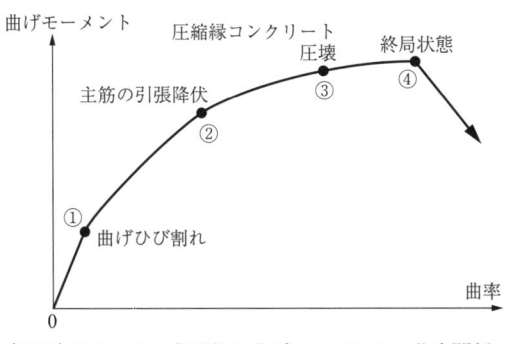

(再掲)図5・2　典型的な曲げモーメントー曲率関係

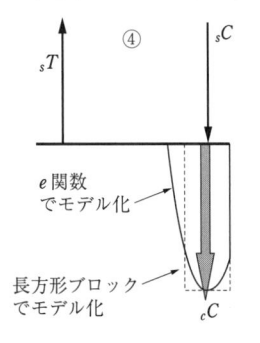

(再掲)図5・3　④

コンクリート圧縮縁のひずみがある値 $_c\varepsilon_u$ に達したとき，5章の図5・3④に示した終局状態が発生すると仮定する。

引張側と圧縮側の主筋の断面積は等しい（$a_t = a_c$）ので，5章の式(5・2)に示した断面の力の釣合いから，軸力 N は次のように表すことができる。

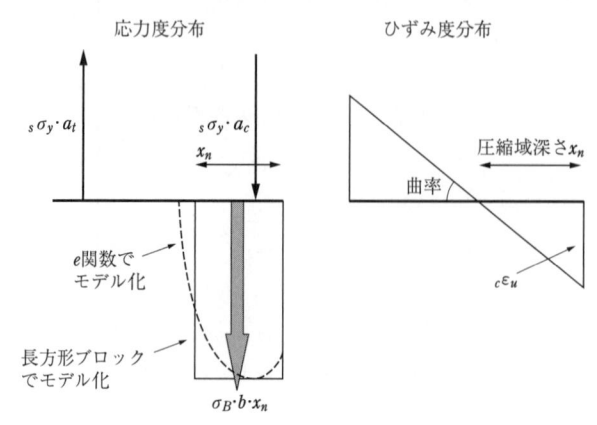

図10・14 終局状態における柱断面の応力度分布とひずみ分布の仮定

図10・14より，コンクリートの引張合力 $_cT=0$，主筋の圧縮合力 $_sC=$ 主筋の引張合力 $_sT$ なので

$$N = x_n \cdot b \cdot \sigma_B \tag{10・11}$$

これを x_n について解くと，次のようになる。

$$x_n = \frac{N}{b \cdot \sigma_B} \tag{10・12}$$

曲率は，コンクリート圧縮縁のひずみが $_c\varepsilon_u$ であることから，

$$曲率 = \frac{_c\varepsilon_u}{x_n} = {_c\varepsilon_u}\frac{b \cdot \sigma_B}{N} \tag{10・13}$$

と計算される。

5・1・4で，軸力比が釣合い軸力比以下の場合には，軸力が大きいほど曲げ終局モーメントは大きくなることを述べた。しかし，式(10・13)から，曲げ終局

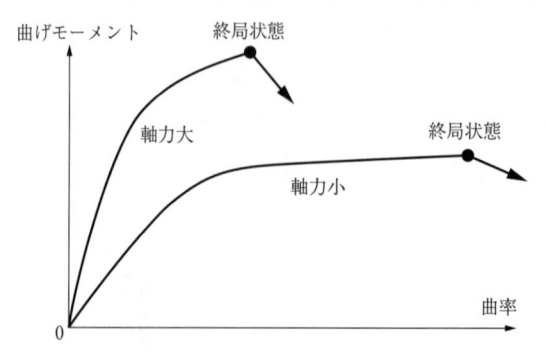

図10・15 軸力の増加による曲げモーメントと曲率との関係の変化（釣合い軸力比以下の場合）

軸力が大きくなり，柱の靱性が損なわれると，崩壊の際の破壊の進行も急となり，落床（床が落ちること）が激しく引き起こされる。このことは，大地震時の人命の保全を考える上で大変重要である。

時の曲率は，軸力が大きくなるほど逆に小さくなってしまうことが分かる。すなわち，釣合い軸力比以下の場合，軸力が大きくなることは，図10・15に示すように，強度の面からは耐震性能上有利であるが，靱性の面からは逆に不利となるのである。

このような軸力が大きくなることによる柱部材の靱性の低下は実験でも確かめられており，柱部材の性能を考える上で最も重要な性質の一つといえる。一般的に，柱の崩壊は，圧縮側コンクリートの圧壊と圧縮側主筋の座屈によって引き起こされる。このため，柱の靱性は，曲率の増加による圧縮側コンクリートの圧壊の発生と密接に関係している。軸力が大きいほどコンクリートの圧壊が早まることは自明であり，軸力の増加により靱性が低下する現象は容易に理解される。

柱の軸力は，一般的に地震力などの水平力が作用していない状態で，軸力比で0.3程度以下となっているが，地震時の柱の靱性を考えると，この値をできるだけ小さくすることが，安全性上重要であるといえる。

このような軸力増加による柱の靱性低下を改善するために，主筋量とフープ量の確保が有効であることが知られている。圧縮側主筋は，コンクリートとともに曲げ圧縮力を負担し，靱性能の保持に重要なはたらきを持つ。このため，主筋量が乏しい場合には，脆性的な曲げ破壊となることが考えられることから，柱断面積に対する主筋総断面積の割合は，0.8％以上とすることが設計上定められている。また，3・2・3で述べたように，フープによって拘束することにより，コンクリートの変形能力は増加し，かつ，圧縮側主筋の早期の座屈を防止することができることから，フープは柱の靱性向上に大変有効である。高層鉄筋コンクリート造の１階柱のように，軸力が非常に大きくなる柱では，フープを密に配することによる靱性の改善が行われている。

第３章のコラム「拘束効果による性能改善」を参照。

演習問題

1. 図1のような断面を持つ片持梁がある。跳出し長さ l は4000 mm である。以下の問に答えなさい。

(1) この梁の破壊モードは何ですか。

(2) 片持梁の先端に力 P が作用するときのたわみを δ としたとき，$P-\delta$ 関係における骨格曲線を求めなさい。材料特性などは以下とする。

主筋の降伏強度：$\sigma_y = 390 \text{ N/mm}^2$

せん断補強筋の降伏強度：$\sigma_{wy} = 295 \text{ N/mm}^2$

コンクリートの圧縮強度：$\sigma_B = 21 \text{ N/mm}^2$

コンクリートの引張強度：$\sigma_t = 0.56\sqrt{\sigma_B} = 0.56\sqrt{21} = 2.57 \text{ N/mm}^2$

コンクリートのヤング係数：$E_c = 2.1 \times 10^4 \text{ N/mm}^2$

鉄とコンクリートとのヤング係数比：$n = 15$

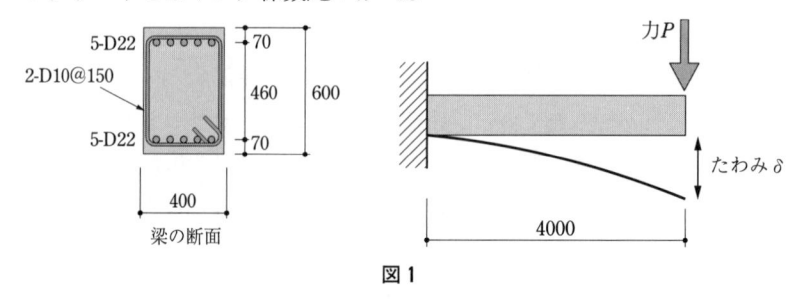

図1

2. 演習問題1と同一の片持梁が曲げ降伏するときを対象として，先端たわみを生じさせる曲げ変形，せん断変形，および柱梁接合部からの梁主筋の抜出しによる変形を求めて，降伏たわみを求めなさい。柱梁接合部からの梁主筋の抜出し量 ΔS_y は1.2 mm とする。また，コンクリートのせん断弾性係数 G_c は $0.905 \times 10^4 \text{ N/mm}^2$ とする。

第11章
鉄筋コンクリート構造の性能と構造設計の考えかた

「よい建物」とはどういうものでしょう。建物が持っていないといけない性能はなんでしょう。

第11章では,「よい建物」のための構造設計の役割について学びます。

1. 日常的な荷重・中小地震・大地震,それぞれに対して,求められる性能はなんでしょう。
2. 構造設計では,それらの性能を具体的にどのようにして確保するのでしょう。

RC系建物
上／淡路夢舞台(安藤忠雄設計)
下／サグラダ・ファミリア教会建築現場(A.Gaudi設計)

11・1 鉄筋コンクリート構造に求められる性能

　構造設計を行うにあたってまず，設計対象となっている構造物にどのような性能を持たせるべきか，また，そのような性能をどのような方法で与えることができるのかを知る必要がある。11・1および11・2では，①日常的な荷重，②中小地震，③大地震，④その他（耐久性・耐火性等）に対して鉄筋コンクリート構造物に求められる性能とそれを確保するための方法について解説する。そして，11・3では実際に行われている設計法を概説するとともに，このような性能の確保が設計のどのプロセスで行われているのかについて述べる。また11・4では，耐震壁の配置計画の観点から，構造計画の考えかたおよびその重要性について説明する。

11・1・1　日常的に作用する荷重に対する性能

　構造物は重力と戦っており，常に自分の重量（**固定荷重**）を支えている。また，構造物の目的は人間の生活や経済活動の場を提供することであり，これに伴う人間や家具などの荷重（**積載荷重**）が常に存在する。これら固定荷重と積載荷重を合わせた荷重は**長期荷重**と呼ばれる。

> 固定荷重と積載荷重は，構造物が存在して機能する限り，長期にわたって必ず作用し続ける荷重である。したがって，これらを合わせた荷重を長期荷重と呼ぶ。一方，地震荷重や風荷重などはこれと比較して短い期間に構造物に作用する荷重であり，**短期荷重**と呼ばれる。

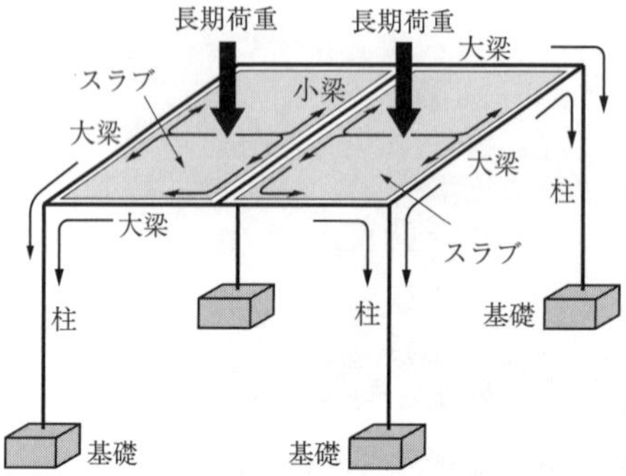

図11・1　日常的に作用する荷重の流れ

　長期荷重は図11・1に示すように，スラブ・小梁から大梁へ，そして柱から基礎へ伝達される。この常時作用する荷重に対して，日常の使用に支障をきたすような不具合を生じてはならない。日常使用に支障をきたす具体的な要因として，次の三つが考えられる。

① 　スラブが抜け落ちるなどの崩壊
② 　小梁やスラブの過大なたわみ，過大な振動の発生
③ 　過大なひび割れの発生

長期荷重に対して安全性が確保されるのは当然のことであり，部分的でもスラブが荷重により抜け落ちたり，柱が荷重を支えられなくなり，構造物全体が崩壊するようなことは，決して起こしてはならない。

> 日常の使用に支障をきたさないための性能評価項目に「使用性」（serviceability）がある。「使用性」の確保は，「安全性」の確保と同様，重要な設計目標である。

安全性が確保されている場合でも，部材に十分な剛性が確保されていないと，スラブや小梁に大きなたわみが発生したり，歩行時に知覚できる程度の振動が発生することによって，構造物使用者に不快感や不安感を与え，使用上の支障をきたす。

また，コンクリート構造物に対する竣工後のクレームの中で最も多いのがひび割れの発生に対してであるという調査結果もある。ひび割れの発生は，美観の低下と耐久性能の低下を引き起こす。現在の技術では，ひび割れの発生をまったくゼロとすることは難しい。やむを得ずひび割れが発生する場合でも，ひび割れ幅が過度に大きくなり，遠くからでもはっきり見えたり，雨水等の進入により鉄筋の錆が早期に進行し，耐久性の劣化が顕著とならないようにする必要がある。

> コラム「コンクリート構造物に発生する不具合」を参照。

コラム　コンクリート構造物に発生する不具合

鉄筋コンクリート造建築物には，様々な原因によって不具合が生じる。下表は，不具合の項目を1447件の補修工事の分析結果に基づいてまとめたものである。同表には不具合の項目が，発生件数の多い順および補修工事費の多い順に並べられている。

ひび割れは，発生件数で1位，補修工事費で2位にランクされており，コンクリートの不具合を考える上で，ひび割れは非常に重要であることが分かる。ひび割れの発生は，耐久性や美観に大きな影響を及ぼす。ひび割れはコンクリート構造物に特有なものであり，設計時にはひび割れの発生防止に十分な配慮が必要である。

鉄筋コンクリート造建築物にみられる不具合

	発生件数		補修工事費総額に対する割合	
(1)	ひび割れ	223件	屋上防水	13.1%
(2)	外壁防水	175件	ひび割れ	11.4%
(3)	屋上防水	174件	外壁防水	10.0%
(4)	設備関係	111件	構造クリープ	9.5%
(5)	モルタルはく離	78件	モルタルはく離	7.5%
(6)	石・タイルはく離	73件	設備関係	7.2%
(7)	地盤沈下	51件	石・タイルはく離	6.8%
(8)	構造クリープ	22件	地盤沈下	5.3%

参考文献　日本建築学会：鉄筋コンクリート造建築物の耐久性調査・診断および補修指針（案）・同解説，1997

11・1・2　供用期間中に何回か起こる地震(中小地震動)に対する性能

コンクリート構造物の供用期間は，30年から60年と考えるのが一般的である。この供用期間中に大小様々な地震が発生することが予想されるが，一般的に小さな地震ほど頻繁に発生する傾向にあることが知られている。あまり大きな破壊力は持たないが，供用期間中に数回遭遇するであろう地震（**中小地震**）に対し，その度に損傷を受けて一時的に使用不能となったり，多額の補修費用が発

> 日本では，構造物に損傷を与えない，人間が揺れを感じる程度の小さな地震は，頻繁に，1年間に何回も観測される。一方，猛烈な地震動を記録した1995年の兵庫県南部地震は，2000年に1度の地震といわれている。

生するようでは，よい構造物とはいい難い。また，構造物には人間の活動の場を提供する器としてのはたらきと，財産としての役割が存在する。中小地震に対し，損傷のために財産価値が大きく減ずるようでは問題である。

すなわち，中小地震に対して構造物には，大きな損傷が生じず地震直後から使用でき，財産としての価値を損なわないことが求められる。

このために具体的には，①ひび割れを発生させない，あるいは発生しても美観や耐久性上問題とならないものであること，②地震後も構造物が元通りに真っ直ぐ立っている，つまり，残留変形が生じていないことが要求される。また，病院など高度な設備を有する構造物では，地震によって医療設備に異常を起こさないようにすることが，設計上の最重要目標となることもある。

コラム　震災建築物の被災度区分判定

地震により，構造物が被災した場合，所有者は継続使用のための復旧の要否を判断する必要がある。すなわち，そのまま継続使用してよいのか，なんらかの応急復旧をする必要があるのかの判断に迫られる。これの判断基準を与えるものとして，「震災建築物の被災度区分判定基準および復旧技術指針」が定められている。この指針は，建築構造技術者が建築物の内部に立ち入り，損傷状況を調査することにより，その被災度（軽微・小破・中破・大破・倒壊）を区分するとともに，地震動の強さ（震度階）との関連で，継続使用のための復旧の要否を判定するものである。

「被災度区分判定」は，震災の混乱のやや落ち着いた時期に行われるが，震災直後に余震等による建築物の倒壊等の危険性を判断する目的で，「応急危険度判定」が行われる。これは，建築物の使用者やその付近を通行する第三者に対する危険回避を目的としたものであり，地震直後に「危険」「要注意」「調査済」の表示を行うことで，立入りの可否等に関する情報を提供する。

参考文献　日本建築防災協会：震災建築物の被災度区分判定基準および復旧技術指針，2001.9

11・1・3　供用期間中にまれに起こる地震(大地震動)に対する性能

1995年に発生した兵庫県南部地震は，地震の恐ろしさを再認識させた。確率は高くないが，供用期間中に発生する可能性のある大きな破壊力を持った地震（**大地震**）に対し，構造物にはどのような性能が求められるのであろうか。このような地震に対して求められる性能として，一番にあげられるのは安全性であり，つまり，構造物内の人間の命を守るということである。兵庫県南部地震のような猛烈な地震動に対し，構造物を無損傷にとどめることは難しい。ある程度の損傷は覚悟するが，少なくとも落床のような人命に関わる重大な損傷が生じないように設計する必要がある。

一方で，大地震時に構造物に求められる性能は，必ずしも人命保全だけに限られるものではない。表11・1のように，構造物の担っている役割によってさらに高いレベルの性能が要求される場合がある。例えば，分譲マンションでは，区分所有のために復旧方針の意思統一が困難であり，復旧にあたって住民の

分譲マンションは，1戸の建物を区分所有しているため，建替では全住民の80％，大規模補修には50％の同意が必要となる。このことが，震災後の復旧を困難にする一要因となった。

トラブルが起こりやすく，震災後，建替と修復の判断を巡り訴訟に発展したケースも見られた。このような構造物には，大地震時においてもできる限り損傷を抑え，財産を保全する設計が望まれる。また，地震後の復旧・救援活動のた

表11・1　構造物に求められる性能

	財産・機能の保全	安全性の確保
中小地震	Ⅰ，Ⅱ	—
大地震	Ⅱ	Ⅰ

Ⅰ：標準的な構造物
Ⅱ：復旧が困難となる構造物（分譲マンションなど）や，地震直後に使用することが想定されるもの（病院・警察署・消防署，避難所となる学校など）

コラム　兵庫県南部地震による最重要構造物の被害

　地震後には復旧・救援活動が，速やかに行われなければならない。このためには，避難所となる学校や救援活動を行う病院・警察・消防署の機能が，地震後も維持されていることが大切である。兵庫県南部地震では，これら重要構造物が被災により機能せず，復旧・救援活動の大きな妨げとなった事例が報告された。

　下の写真は，兵庫県南部地震における神戸市内の病院建築の被害事例である。この建物は，耐震補強の工事中で，1〜4階まで補強工事が進んでいたこともあり，中間階である5階が崩壊し，建物西側の約2/3が落階した。当時，付近には，緊急に搬送されるべき負傷者が多数出たが，このような被災により機能を失った病院が少なからず報告された。また，消防署は，消防車の出入り口を大きく取るため，耐震性が落ちがちであり，被害が目立った。

　建築基準法が求める耐震性を満足している建築物が，必ずしも地震直後に継続使用可能となるわけではない。建築基準法では，大地震時に対する目標を生命の保全としており，地震直後の継続使用性を求めてはいない。これは建築基準法が，建築物が持つべき必要最低限の耐震性レベルを規定しているためである。単に建築基準法を満足することを目標とせず，構造物の特性にあった目標性能を定め，設計を行うことが重要である。

5階層崩壊部分　A構面　　　　　　　5階外部構面破壊状況　D構面

参考文献　日本建築学会　阪神淡路大震災調査報告編集委員会：阪神淡路大震災調査報告（建築編—1，鉄筋コンクリート造建築物），1997.7

めに重要な役割を果たすことが期待される構造物，例えば，病院・警察署・消防署，避難所となる学校などでは，中小地震に対して求められたと同様ほぼ無損傷であることが求められる。このことは，大地震に対して必ずしも容易なことではないが，構造設計者は必要な性能を把握し，その構造物に適した性能をできる限り実現するよう努力しなくてはならない。

コラム「兵庫県南部地震による最重要構造物の被害」参照。

11・1・4　その他の求められる性能

以上では，日常的に作用する荷重と地震時に作用する荷重に対し，構造物に求められる性能について述べた。これら以外に求められる性能として，耐久性・耐火性・耐雪性・耐風性などがあげられる。

（1）耐久性

荷重が作用していなくても，時間とともに徐々に構造物には劣化が進行し，安全性や美観が失われ構造物の価値は喪失する。このような時間の経過とともに鉄筋コンクリート構造物の劣化が進行する要因として，①コンクリートの中性化，②コンクリート中の塩分，③アルカリ骨材反応などを引き起こす有害骨材，などがあげられる。これら要因による劣化の進行を予測し，計画した構造物において供用期間中に過度の劣化が進行し使用不能とならないよう，また，財産価値が失われないようにしなくてはならない。

コンクリートの中性化やコンクリート中の塩分については，コラム「鉄筋コンクリート造建物の耐久性劣化」（p.159）を参照。

アルカリ骨材反応については，2・2・2参照。

（2）耐火性

火災による倒壊を考えたとき，鋼構造と比較してコンクリート構造物は，一般的に耐火性に富み，安全な構造物であるといえる。しかし，コンクリートはおおよそ500度を境に急激に強度が低下し，また，コンクリート中の鉄筋の引張強度も約350度を境に低下が始まり，500度で常温の1/2，600度で1/3まで低下する。火災時における消火活動や避難行動が安全に行われるためには，固定荷重・積載荷重を支えている柱が，想定される火災時間の間に崩壊を起こさないようにする必要がある。

耐火設計では500度を超えるとコンクリートの圧縮強度はゼロと仮定されている。また，実際の火災を受けた場合でも，温度が500度を超えたと推定される部分は，火災後の再使用にあたって，はつり取りなどの処理が行われる。

（3）耐雪性・耐風性

積雪荷重は，積雪の単位重量にその地方における垂直最深積雪量を乗じて計算される。これによって，屋根面のスラブやそれを支えている梁が，支障をきたさないことを確認しなくてはならない。多雪区域における積雪荷重は相当に大きな値となるので，注意が必要である。

自重の大きい鉄筋コンクリート構造の場合，地震荷重に対する設計が支配的となり，鉄骨造や木造と異なり，風荷重が問題となることはまれである。また，超高層の鉄骨構造では，風圧による揺れにより，住人が船酔いと似た症状を訴えることがあるが，比較的剛性の高い鉄筋コンクリート構造の場合には，特に問題となるケースは報告されていない。

原子力発電所の施設など特別な建物では，熱応力や衝撃なども考えて設計している。

水の重量は，$1m^3$ あたり9800Nであるが，設計において雪の重量は，$1m^3$ あたり2000N，多雪区域では3000Nと仮定する。

コラム　豪雪による構造物の崩壊事例

　冬季の西高東低の気圧配置に伴う季節風によって，日本海上空に強い寒気が流れ込むため，しばしば我が国には大雪がもたらされる。昭和55年12月から昭和56年2月にかけてのいわゆる56豪雪は，通常の西高東低の気圧配置型の大雪と南岸低気圧型の大雪が同時に発生し，日本海側と東北地方を中心とした日本の各地で建築物をはじめ，交通・都市機能などに大きな影響と被害を与えた。

　下の写真は，56豪雪による高校の体育館の崩壊事例である。この体育館は，鉄筋コンクリート構造によって側面の壁と柱を形成し，屋根部分を鉄骨のトラス構造としている。昭和56年1月5日に積雪深さは約220cmに達し，屋根が完全に崩れ落ちる（写真1）とともに，桁行き方向の鉄筋コンクリート柱が倒壊した（写真2）。これの柱脚では，主筋の破断が起こっている（写真3）。

　昭和38 (1963) 年の豪雪（38豪雪），昭和56 (1981) 年の豪雪（56豪雪），そして，平成18 (2006) 年の豪雪と，我が国には定期的に豪雪が記録されてきた。豪雪地帯の構造物の設計では，十分な配慮が必要である。

写真1

写真2

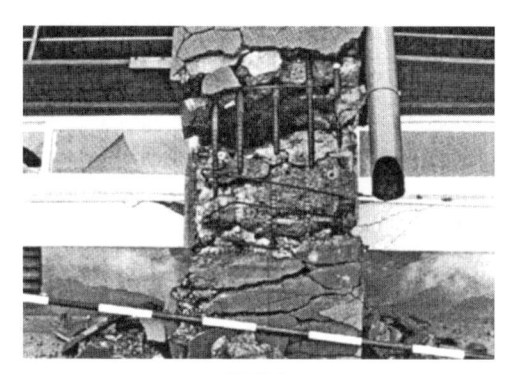

写真3

参考文献　日本建築学会：昭和56年豪雪被害調査報告，1981.12

11・2 性能確保の基本的な考えかた

前節では，鉄筋コンクリート構造物に求められる性能について解説した。本節では，これに対応する形で，それら性能の確保を行う上で基本となる考え方とその具体的方法について解説する。なお，ここで述べるのは，一般的な構造物についてであり，病院など高度な設備を持ち，これに対する耐震性が最重要設計目標となるものについては言及しない。

11・2・1 日常的な荷重に対する居住性確保の考えかた

すでに11・1・1で述べたように，日常の居住性を確保するためには，日常的に作用する荷重に対し，スラブや小梁に過大なたわみや振動が生じないこと，安全性が確保されていること，また，美観上や耐久性上問題となるひび割れが，構造物の各部に渡って発生しないことが求められる。

(1) 過大なたわみや振動

スラブや小梁の過大なたわみや振動を防止するためには，十分な曲げ剛性を確保することが必要となる。このために，部材寸法の確保を行う方法と，実際にたわみを計算し，発生するたわみが過大とならないことを確認する方法の二つがある。

日本建築学会から発刊されている「鉄筋コンクリート構造計算規準」（以下，RC 規準）には，表11・2に示すような規定があり，スラブの過大なたわみや振動を防ぐために，スラブ厚さは通常の場合，この表に示す値以上とされる。この制限に従わない場合には，適当な計算や実験によって検討を行う必要がある。また，小梁付き床スラブの場合には，弾性理論に基づくたわみの計算を行い，この値が十分小さいことの確認が行われる。この際，ひび割れの発生による剛性低下やクリープ変形によるたわみ増加を考慮し，たわみ量を算出しなくてはならない。この計算法の詳細については，RC 規準を参照されたい。

病院などの高度な設備を持つ建築物の場合，例えば，設備の損傷を防ぐため地震時にはたらく加速度の大きさを抑えるなど，一般的な構造物と比較して特殊な性能が求められることがある。

表11・2 スラブ厚さ制限

支持条件	スラブ厚さ t(mm)
周辺固定	$t = 0.02\left(\dfrac{\lambda - 0.7}{\lambda - 0.6}\right)\left(1 + \dfrac{\omega_p}{10} + \dfrac{l_x}{10000}\right) l_x$
片持ち	$t = \dfrac{l_x}{10}$

【注】 (1) $\lambda = l_y / l_x$
l_x：短辺有効スパン長さ(mm)　　l_y：長辺有効スパン長さ(mm)
ただし，有効スパン長さとは，梁，その他支持部材間の内法寸法をいう。
(2) ω_p：積載荷重と仕上げ荷重との和(kN/m²)
(3) 片持ちスラブの厚さは支持端について制限する。その他の部分の厚さは適当に低減してよい。

(2) 安全性とひび割れの発生，ひび割れ幅

安全性の確保やひび割れの発生の有無，発生したひび割れ幅をコントロールする方法はいくつか考えられるが，最も簡便に行う方法として，常時作用する荷重（長期荷重）に対して発生する応力度を，ある許容応力度以内に抑えるというものがある。長期荷重に対する許容応力度であるので，これを**長期許容応力度**と呼ぶ。

長期許容応力度を，崩壊時における応力度に対して十分小さく設定すれば，安全性を必要な余裕度を持って確保することができる。また，コンクリートの長期許容応力度をひび割れ発生応力度以下に抑えれば，荷重によるひび割れが発生しないと考えてもよい。

ひび割れが生じた場合でも，ひび割れの幅がおおよそ0.2mm以下では，目立たずに美観上問題となりにくい。また，耐久性への悪影響も小さいといわれている。ひび割れ発生前では，作用する応力をコンクリートと鉄筋が共に負担しているが，ひび割れ発生後は，ひび割れを横切る鉄筋のみが負担するようになる。設計上，コンクリートの引張応力度負担を無視し，鉄筋に生じる応力度を小さく抑えることにより，ひび割れの発生は許容するが，ひび割れ幅を小さく抑えることが可能である。この場合，ひび割れを横切る鉄筋の長期応力度を調整することにより，ひび割れ幅をおおよそコントロールすることができる。

11・3・2に許容応力度設計法の概要が解説されており，付録1には，この設計法で使用される許容応力度の具体的数値が，一覧表で示されているので参照されたい。

> 長期荷重に対して梁は，コンクリートとせん断補強筋の両方でせん断力に抵抗するとして設計される。これに対して柱は，コンクリートのみによってせん断力に抵抗できるように設計される。これは，長期荷重に対して柱にせん断ひび割れを許容していないためである。

11・2・2　中小地震に対する財産の保全の考えかた

11・2・1では，長期荷重に対する性能確保について述べた。長期荷重は日常的に作用する荷重であるのに対し，地震荷重は一時的に作用する荷重であり，短い期間だけの荷重という意味で，短期荷重と呼ばれる。

長期荷重は常時作用し続ける。一方，短期荷重は文字通り短期的に作用し，その後荷重は取り除かれる。短期荷重で問題となるひび割れの幅や構造物の変形は，荷重が取り除かれた後の大きさであり，極論すると，短期荷重が作用しているときに，ひび割れ幅が大きく開いたり，大きな変形が生じたとしても，荷重が取り除かれた後にひび割れが閉じていれば，また，変形が回復していれば，問題とはならない。

構造物に荷重が作用すると，変形が生じる。次に，荷重を取り除いた場合，荷重が小さいときは，図11・2の上段に示すように，変形は完全に回復してゼロとなるが，荷重がある値よりも大きくなると，同図の下段に示すように，変形の回復は完全にはされず，荷重が取り除かれた後でも変形が残ることになる。完全に変形がゼロに戻る状態を「弾性」と呼び，変形が残留する状態を「塑性」，また弾性から塑性になることを「塑性化」と呼ぶ。また，塑性化すること

により，荷重を取り除いた後に残る変形は，「残留変形」あるいは「塑性変形」と呼ばれる。

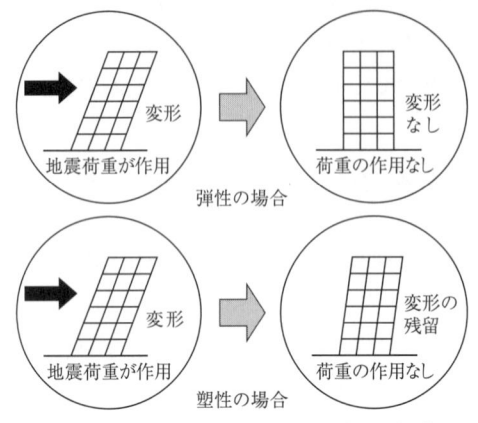

図11・2 荷重と変形，除荷と残留変形の概念図
（弾性・塑性の概念）

構造物に生じた変形の大きさを表すのに，「層間変形角」がよく使用される。これは，層（各階）に生じた水平変位を，その層の高さ（床スラブから天井スラブまでの長さ）で除したものである。

　地震によって発生したひび割れの幅が，地震後も大きく残っているのは，この塑性化により引き起こされたものである。つまり，塑性化させない（弾性状態に保つ）あるいは，塑性化を小さく抑えれば，地震後のひび割れが目立つことはなく，また，構造物に目立つ残留変形が生じることもない。

　11・1・2で述べたように，財産の保全のためには，地震荷重に対し，①ひび割れは美観や耐久性の上で問題とならない程度のものであること，また，②地震後に残留変形が生じていないことが求められる。これらの性能を確保する目的で，短期荷重（地震荷重）によって鉄筋やコンクリートに発生する応力を，短期許容応力度以内に抑えることが行われる。

　短期許容応力度の値は，応力度がこれより小さく抑えられれば，塑性化による残留変形が問題となる大きさにならないように設定される。例えば，鉄筋の短期許容応力度は，降伏強度で定義されている。鉄筋の塑性化による残留変形が生じ始めるのは，この降伏強度より少し小さい弾性限界点であるが，降伏点以下に抑えていれば，鉄筋の残留変形は十分小さく問題になることはない。同様の理由で，コンクリートの短期許容応力度は破壊強度（コンクリート強度）の2/3で定義されているが，これ以内であれば過度の残留変形はさけられると考えてよい。鉄筋とコンクリートの塑性化が小さく，残留変形が小さく抑えられれば，これらで構成されている建築物の残留変形も，当然のことながら大きくなることはない。

降伏強度（降伏点）
2・1・1参照

11・2・3　大地震時の安全性確保の考えかた

　地震荷重は，慣性力として構造物に作用する。慣性力は，地震時における地盤の加速度によって引き起こされるので，地面の加速度の方向が水平方向と上下方向であれば，構造物に作用する慣性力も水平方向と上下方向両方というこ

11・2 性能確保の基本的な考えかた

とになる。しかし，構造物の安全性を脅かすのは水平方向の作用であるとされており，安全性確保のための設計は主に水平方向に対して行われる。

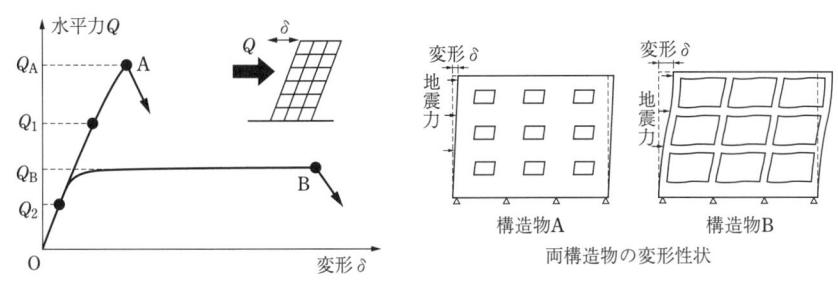

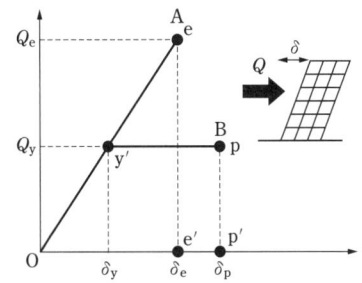

図11・3 構造物に作用する水平力と変形の関係（概念図）

図11・3は，構造物に作用する水平力と水平変形の関係を示している。ここで，図中に示した二つのタイプの構造物A，Bの耐震性について考える。図中に示すように，Aは壁の多い構造物，Bは柱・梁で構成されたフレーム構造物をイメージしている。構造物Aの水平耐力 Q_A は，構造物Bの水平耐力 Q_B と比較して大きいが，崩壊時（図中の Q_A，Q_B の点）の水平変形量は，逆に構造物Bのほうが大きくなっている。地震により構造物に作用する水平力が図11・3中に示す Q_2 である場合には，構造物A，Bともに水平耐力がこれより大きく，明らかに安全である。すなわち，安全性確保のためには，地震によって構造物に作用する水平力に対し，構造物の水平耐力が大きければよいわけで，次式の関係が成り立てば構造物は安全であるといえる。

地震により構造物に作用する水平力 ＜ 構造物の水平耐力　　(11・1)

しかし，これが成り立たない場合でも，必ずしも構造物は崩壊するわけではない。すなわち，地震により構造物に作用する水平力が，図11・3中に示す Q_1 である場合，これよりも水平耐力の大きい構造物Aは明らかに安全であるが，そうでない構造物Bでも変形能力が大きい場合，必ずしも崩壊するとは限らないのである。これは，水平耐力が小さな場合でも，十分な変形能力を持っていれば，地震エネルギーを構造物が吸収し，崩壊を防ぐことができるためである。

このことを，わかりやすく説明するため，図11・3に示した構造物に作用する水平力と変形の関係を簡単化し，図11・4に示した。構造物Aは水平力と変形の関係が線形であり，耐力 Q_e に水平力が達したときに崩壊する。一方，構造物Bは耐力 Q_y に達した後，δ_p まで変形が進むと崩壊する。また，構造物Aが，崩壊までに吸収できるエネルギーは $Q_e \delta_e / 2$ であるが，構造物Bの崩壊までに吸収できるエネルギー（$= Q_y \delta_y / 2 + Q_y (\delta_p - \delta_y)$）は，構造物Aのも

図11・4 構造物に作用する水平力と変形の関係（概念図）

構造物Aが崩壊までに吸収できるエネルギーは図11・4中の三角形 oee′ の面積である。

構造物Bの崩壊までに吸収できるエネルギーは，図11・4中の台形 oy′pp′ の面積である。

のと等しいと仮定する。

　地震時に構造物に入力されるエネルギーが，荷重変形関係の違いにかかわらず等しい（エネルギー一定則）と仮定すれば，ある地震によって構造物Aが崩壊点（図中のe点）に達したとき，構造物Bもちょうど崩壊点（図中のp点）に達することになる。

　いい換えれば，構造物Bは構造物Aと比較して高い耐力を持っていないが，耐力に達した後，大きな変形能力を持っているため，構造物Aと同等の安全性を確保することができる。変形能力が大きいほど，必要な耐力は小さくてすむのである。

　すなわち，安全性確保のために次の二つの方法が考えられる。
① 構造物の強度を高くする。
② 構造物の変形能力を大きくする。

　前者による設計は**強度型設計法**，後者による設計は**靱性型設計法**と呼ばれる。強度型設計法では，強度の高い耐震壁を配置することが有効となる。しかし，あまりに多く壁を配置してしまうと，構造物の使い勝手が悪くなり，安全性は高くても，普段の使用性に支障をきたしてしまう。一方，靱性設計では，高い耐力は必要ないので壁のない柱と梁の空間が構成でき，空間の自由度が高くなる。しかし，地震時における変形が大きく，損傷が大きくなりがちであり，地震後の復旧が難しくなる。強度型設計法と靱性型設計法には一長一短があり，設計対象とする構造物に適した設計法を採用しなくてはならない。

　先に述べたように，地震荷重は慣性力として構造物に作用する。したがって，設計上仮定する水平力の大きさは構造物の重量と関係させ，例えば，「水平力の大きさを重量の30％」というように設定する。現在建設されている建築物の1階の耐力は，構造物の重量の30〜60％程度であるが，最近の地震で観測された地震波形を元に分析すると，構造物に作用する水平力の大きさは，重量の100％を超える場合も多いことが明らかになっている。しかし，過去の地震において大半の建物では崩壊を免れており，このことは強度だけでなく，変形能力が耐震上重要であることを示している。

　変形能力の確保を考えるとき，構造物を構成する部材の破壊モードは重要である。せん断破壊する部材は一般に変形能力に乏しく，このような部材で構成された構造物には，変形能力は期待できない。十分な変形能力を確保していない場合には，構造物は崩壊することが考えられる。実際，1968年に発生した十勝沖地震では，柱部材が変形能力の乏しいせん断破壊を起こしたため，建築物が崩壊してしまった事例が報告され，部材の破壊モードとその変形能力が，建築物の耐震性に重大な影響を及ぼすという重要な教訓を残した。

　構造物A，Bのように，耐力の異なる構造物の応答変形量の相対関係を表すものとして，ここで紹介した「**エネルギー一定則**」のほかに「**変位一定則**」がある。変位一定則は，構造物A，Bの応答変形が同じになるというものである。エネルギー一定則は比較的短周期の構造物，変位一定則は比較的長周期の構造物でほぼ成立するといわれている。周期の比較的大きくない鉄筋コンクリート造建物には，エネルギー一定則がよく適用される。

靱性型設計法
　コラム「靱性型設計法」を参照。

部材の破壊モード
　1・2・4「鉄筋コンクリート部材の壊れかた」参照。

コラム　靱性型設計法

日本建築学会から，靱性型設計法として二つの指針が刊行されている。一つは「鉄筋コンクリート造建物の終局強度型耐震設計指針」（文献1）であり，もう一つが「鉄筋コンクリート造建物の靱性保証型耐震設計指針」（文献2）である。前者は1988年に刊行されたものであり，後者はそのおおよそ10年後の1999年に刊行された。両指針はともに，変形能力を持たせることにより耐震性を確保する，いわゆる「靱性型設計法」の考えかたに基づくものである。

この設計方法は，十分な変形能力を確保することのできる崩壊機構を設定することと，この崩壊機構が実際の地震の際に確実に形成されることを保証することで行われる。崩壊機構とはすなわち，構造物の壊れかたのことである。安全性の確保のためには，変形能力が大きく，倒壊までに十分大きなエネルギー吸収が可能な崩壊機構が望まれる。両指針では，図1に示す梁曲げ降伏先行型全体降伏機構が推奨されている。この崩壊機構では，梁端に設けられた多くの曲げ降伏ヒンジにより，大きなエネルギー吸収を可能とし，また，柱部材をできるだけ壊さないことにより，崩壊の危険性を低減している。

図2は，梁曲げ降伏先行型全体降伏機構に基づく靱性型設計がなされた建築物の，兵庫県南部地震における被害状況である。梁端の曲げ降伏ヒンジに損傷が集中しており，計画された梁曲げ降伏先行型全体降伏機構が実現され，安全性が確保されたことがうかがえる。

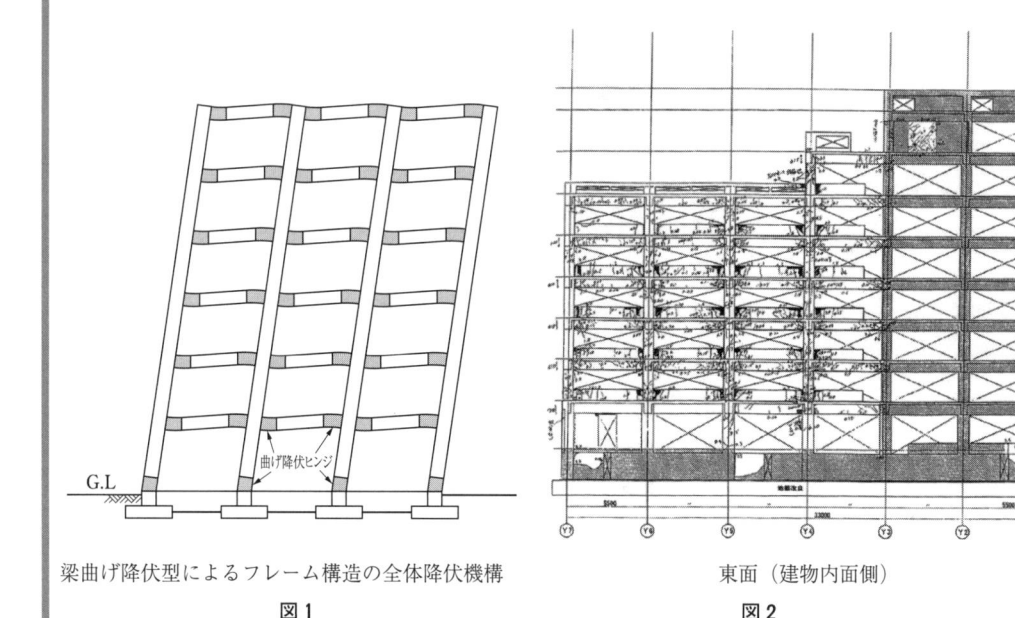

梁曲げ降伏型によるフレーム構造の全体降伏機構
図1

東面（建物内面側）
図2

参考文献　1. 日本建築学会：鉄筋コンクリート造建物の終局強度型耐震設計指針・同解説, 1988.10
　　　　　　2. 日本建築学会：鉄筋コンクリート造建物の靱性保証型耐震設計指針・同解説, 1999.8
　　　　　　3. 新井組：技術研究報告集, 第8号, 特集　平成7年(1995年)兵庫県南部地震被災調査報告, 1995.10

11・2・4　その他の性能の確保に対する考えかた

(1)　耐久性

耐久性劣化の要因として，コンクリートの中性化，コンクリート中の塩分，アルカリ骨材反応などがあることを述べた。これらの劣化を防ぐためには，①良質な材料の選定，②施工時のかぶり厚さの確保，③水セメント比・単位水量を小さくした調合設計，④打設作業を無理なく行えるワーカビリティの確保，が重要である。

粗骨材の選定では，アルカリ骨材反応の可能性のあるものを極力さけ，また，細骨材の選定では，海砂などの塩分の付着の可能性のあるものには十分注意する必要がある。コンクリート中への塩分の混入は，鉄筋の早期の錆の発生を引き起こし，耐久性を著しく劣化させる。

通常のコンクリートは強アルカリ性であり，このアルカリ性がコンクリート中の鋼材を腐食から守っている。中性化はコンクリート表面から進行し，これが鉄筋の位置まで達すると，鉄筋の錆が始まる。かぶり厚さの確保は，中性化による鉄筋の錆の開始を遅らせ，耐久性を上昇させる。

水セメント比や単位水量が大きい場合には，コンクリートの質が低下し，中性化の進行速度は大きくなる。かといって水セメント比や単位水量を下げることによって，打込み作業が困難になってしまうと，コンクリートの充填不良につながり，性能低下はかえって著しいものとなる。水セメント比や単位水量を小さくし，さらにワーカビリティを確保するために，AE減水剤などの混和剤の使用が有効である。

なお，現状では，劣化の進行を精度よく推定する技術は完成しておらず，構造物完成後の定期的な検査と維持管理・保全が，耐久性確保の上で重要である。

> 鉄筋コンクリート造建物の劣化事例については，コラム「鉄筋コンクリート造建物の耐久性劣化」を参照。

> 混和剤
> 2・2・2参照。

(2)　耐火性

鉄筋コンクリート構造は，熱に弱い鉄筋を，熱に強いコンクリートで覆った形となっており，十分なかぶり厚さが確保されていれば，火災時の鉄筋の温度上昇を防ぎ，倒壊が起こることはない。実際，これまでの火災で鉄筋コンクリート造建築物が，火災によって倒壊に至ったものはほとんどない。かぶり厚さの確保は，耐久性を考える上で重要であることを述べたが，耐火性の確保においても同様である。設計段階において十分なかぶり厚さを計画していても，施工時にそれが実現されないと，構造物の耐久性と耐火性は著しく低下する。施工時の管理をしっかり行い，確実なかぶり厚さを確保することが重要である。

(3)　耐雪性・耐風性

多雪区域では，積雪荷重は相当に大きな値となる。積雪荷重に対して雪荷重を支える屋根スラブ・小梁・大梁が，破壊しないことを確認する必要がある。この確認は，雪荷重によって発生する応力が長期および短期許容応力度以内に収まることを確認することで行われる。

鉄筋コンクリート構造は木造や鉄骨造と比較して自重が大きく，風圧力より

> 多雪区域では，雪荷重を短期荷重だけでなく，長期荷重にも考慮する（表11・3参照）。

も地震力によって部材の寸法，配筋が決定される傾向にある。このため一般的には，風荷重に対する特別な検討は行わない。しかし，軽い煙突その他の特殊な構造で，特に転倒が問題となるときには，風圧力に対する設計が必要になる場合があるので注意しなくてはならない。

日本では，数十年に一度の割合で豪雪が記録され，積雪荷重による構造物の崩壊が報告されている。コラム「豪雪による構造物の崩壊事例」参照。

コラム　鉄筋コンクリート造建物の耐久性劣化

　鉄筋コンクリート造は本来，耐久性に優れた構造であり，かつ，コンクリートは比較的安価で経済性にも優れることから，共同住宅，学校，庁舎などの社会資本の建設に多く用いられてきた。しかしながら，耐久性に対する配慮を欠いた設計や施工が行われた場合，ひび割れや鉄筋の錆など，種々の劣化現象が発生することが知られている。写真1は，有害骨材を使用したためにアルカリ骨材反応が起こりひび割れが発生した例である。アルカリ骨材反応が起こると，コンクリート中の骨材が吸水膨張しひび割れを引き起こす。また，かぶり厚さが小さい場合や中性化が進行した場合には，鉄筋の腐食（錆）が早期に進行し，写真2のようにあばら筋に沿った錆が起こったり，錆びることによる鉄筋の膨張が原因で写真3のようなコンクリートのひび割れが発生する。

　劣化防止に対する配慮を十分に行い，重要な社会資本としてのコンクリート構造物の耐久性を確保することは，今後ますます重要になると思われる。

写真1　アルカリ骨材反応による劣化　　**写真2**　かぶり不足による劣化　　**写真3**　中性化による劣化

（日本コンクリート工学協会　耐久性劣化事例より）

11・3 耐震設計法

11・3・1 耐震設計のフロー

　日本は世界有数の地震国であり，これまで地震により多くの被害が発生してきた。鉄筋コンクリート造建築物は，鉄骨構造や木構造のものと比較して重量が大きく，作用する地震力が大きくなりがちである。このため，鉄筋コンクリート構造の構造設計とは地震に対する設計，すなわち耐震設計を意味することになる。

　我が国の耐震設計法は関東大震災を契機に生まれ，時代とともに地震の被害経験を生かす形で徐々に改良が加えられ，現在の耐震設計法に至っている。耐震設計法の流れをごく簡単にまとめると，図11・5のようになる。

```
階数が1階で              それ以外の建築物
延べ面積200m²以下             │
      │              ┌───────┴───────┐
      │           高さ60m以下      高さが60m
      │          ┌────┴────┐     を超える
      │       限界耐力    一次設計    国土交通大臣
      │       計算法    (許容応力度設計)  による認定
      │                 二次設計
      │                (保有耐力設計)
      ↓          ↓        ↓          ↓
   必ずしも構造計算           終　了
   を必要としない
```

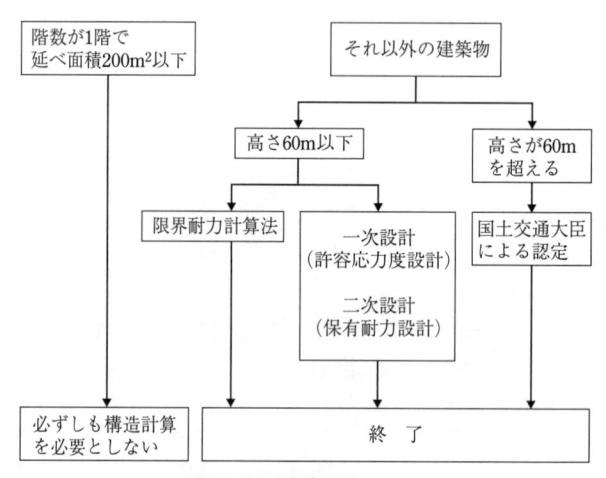

図11・5　耐震設計フロー

　小規模な建築物(階数が1で，延べ面積が200m²以下の建築物)以外は，何らかの構造計算を行い，安全性の検討を行う必要がある。高さが60m以下の建築物の設計は一次設計と二次設計からなっており，前者は許容応力度設計，後者は保有耐力設計が行われる。これら設計法については，それぞれ11・3・2，11・3・3で解説する。高さが60mを超える建築物では，地震応答解析など高度な検証法を行い，国土交通大臣の認定を受けなくてはならない。RC建築物の階高は4m程度であり，15階程度までの建築物の高さは60m以下である。したがって，ほとんどのRC建築物は国土交通大臣の認定の必要はない。

　以上の設計ルートとは独立に，「限界耐力計算法」があり，60m以下の構造物に対して適用可能である。これについては，11・3・4で解説する。

11・3・2 許容応力度設計（一次設計）

許容応力度設計法は，荷重によって構造物に発生する応力度を，ある制限値以内に収めることにより，安全性などの性能の確保を行うものである。この応力度制限値を「**許容応力度**」と呼んでいる。

許容応力度設計は，日常的に作用する荷重である長期荷重に対する「**長期許容応力度設計**」と，一時的に作用する荷重である短期荷重に対する「**短期許容応力度設計**」の二つの設計からなっている。

長期荷重と地震・暴風・積雪に対する短期荷重の組合せを，表11・3に示す。これら荷重の組合せに対し，構造物に発生する応力度である長期応力度と短期応力度を計算する。そして，これら長期応力度と短期応力度が，それぞれ長期許容応力度および短期許容応力度よりも小さいことを確認する。長期および短期の許容応力度は材料別に用意されており，これらは付録1に示されている。

長期応力度を長期許容応力度以内に納めることにより，日常的に作用する荷重に対する居住性の確保（11・2・1参照）が行われ，短期応力度を短期許容応力度以内に納めることにより，中小地震に対する財産の保全（11・2・2参照）が行われることになる。

> 短期許容応力度の検討には，構造物が大地震時の安全性をある程度有していることを確認する役目もある。

表11・3 長期荷重と短期荷重の力の組合せ（建築基準法施行令から抜粋）

力の種類	荷重および外力について想定する状態		一般の場合	第86条第2項ただし書きの規定によって，特定行政庁が指定する多雪区域における場合	備　考
長期に生ずる力	常　時		$G+P$	$G+P$	
	積　雪　時			$G+P+0.7S$	
短期に生ずる力	積　雪　時		$G+P+S$	$G+P+S$	建築物の転倒，柱の引抜き等を検討する場合においては，Pについては，建築物の実況に応じて積載荷重を減らした数値によるものとする。
	暴　風　時		$G+P+W$	$G+P+W$	
				$G+P+0.35S+W$	
	地　震　時		$G+P+K$	$G+P+0.35S+K$	

（注）この表において，G，P，S，W および K は，それぞれ次の力（軸方向力・曲げモーメント・せん断力等をいう。）を表すものとする。
　　　G：第84条に規定する固定荷重によって生ずる力
　　　P：第85条に規定する積載荷重によって生ずる力
　　　S：第86条に規定する積雪荷重によって生ずる力
　　　W：第87条に規定する風圧力によって生ずる力
　　　K：第88条に規定する地震力によって生ずる力

11・3・3 保有耐力設計（二次設計）

保有耐力設計は，大地震に対する構造物の安全性能の確保（11・2・3参照）を目的に行われる。具体的には，大地震に対して構造物が保有すべき耐力（必要保有水平耐力）を，建築物の耐えうる強度（保有水平耐力）が上回ることを確認する。

$$\text{保有水平耐力} > \text{必要保有水平耐力} \qquad (11\cdot 2)$$

安全上建築物に求められる耐力である必要保有水平耐力は，地震動の大きさや地盤の特性，設計対象建築物の振動特性・変形特性，構造物のエネルギー吸収能力を考慮して設定される。11・2・3で述べたように，建築物の耐震性は，強度だけでなくエネルギー吸収能力とも関係していることから，必要保有水平耐力は，構造物の変形能力（エネルギー吸収能力）が大きいほど小さく設定することができる。

保有水平耐力は，水平力によって建築物の一部あるいはすべてが，まさに崩壊しようとするときの強度として定義されている。保有耐力設計は，大地震時において，建築物の崩壊を防止するための設計であるということができる。

11・3・4 限界耐力計算

兵庫県南部地震の後，1998年の建築基準法の改正を受けた2000年の施行令の改訂により，「限界耐力計算法」による設計ルートが新たに加わった。この設計法では，構造物の変形を検証することにより，建物に作用する地震力を比較的正確に評価することが可能であり，構造物の性能をより明確にできる。

限界耐力計算は，「中程度の地震に対する検証」と「最大級の地震に対する検証」の２段階からなっており，前者は，中小地震時に対する性能の確保（11・1・2参照），後者は大地震に対する性能の確保（11・1・3参照）を目的としている。

「中程度の地震に対する検証」では，許容できる限界の損傷を生じるときの耐力・変形である「損傷限界耐力」と「損傷限界変形」を，「最大級の地震に対する検証」では，安全上許容できる最大の耐力・変形である「安全限界耐力」と「安全限界変形」を算出する。これらをもとに，図11・6に示すように，それぞれの限界変形から，それぞれの地震力の評価を行い，そして，この地震力の評価の結果得られた作用水平力が，それぞれの限界耐力よりも小さいことを確認する。

損傷と安全のそれぞれの限界変形の限界値の設定や地盤による地震力の増幅特性には，まだ未解明の点もあり，また地震時に著しいねじれや部分的な崩壊を起こす建物など適用が難しい場合もあるので，注意が必要である。

```
┌──────────┐    ┌──────────┐      ┌──────────┐    ┌──────────┐
│損傷限界耐力│ > │作用水平力│      │安全限界耐力│ > │作用水平力│
└──────────┘    └──────────┘      └──────────┘    └──────────┘
                      ↑                                  ↑
┌──────────┐    ┌──────────┐      ┌──────────┐    ┌──────────┐
│損傷限界変形│ → │地震力の評価│    │安全限界変形│ → │地震力の評価│
└──────────┘    └──────────┘      └──────────┘    └──────────┘
```

　　（1）中程度の地震に対する検証　　（2）最大級の地震に対する検証

図11・6 限界耐力計算法における検証法

11・4　構造計画（耐震壁のバランスのよい配置）

11・4・1　大地震時安全性のために必要な耐震壁量

耐震壁は，剛性が高く大きな地震力を負担することから，建築物の耐震性に大きな影響を及ぼす。構造計画にあたっては耐震壁の量およびその適切な配置に十分な配慮が必要である。建築物の安全性確保の方法には，強度を高くすること（強度型設計法）と，変形能力を大きくすること（靭性型設計法）の二つがある。このことについては，11・2・3で詳しく述べた。強度型設計法では耐震壁量の計画が重要なポイントとなる。

安全性確保のために必要な耐震壁量に関する志賀博士の研究は有名である。図11・7は宮城県沖地震調査に基づき，建築物に配置されていた耐震壁量と地震被害の関係をグラフ化したものである。図中の A_c, A_w, ΣA_f はそれぞれ，柱および非耐力壁の水平断面積（cm^2），耐震壁の水平断面積（cm^2），支えている階の総床面積（m^2）である。横軸は耐震壁の多さ，縦軸は柱と耐震壁の重量負担の大きさを示しており，この図から，地震被害は耐震壁量が少なく，支える重量が大きなもの（図の左上）ほど，被害が大きくなっていたことが分かる。

比較的低層の構造物（5・6階程度まで）では，この研究を基に安全性確保のための耐震壁量が決められており，図中に示されている三つの式が実際に設計で用いられている。なお，これらの式に基づき耐震壁量を決定すると，高層になるほど必要量が多くなり，建築物の使い勝手などの問題から設計が困難となる。このため，高層建築物では耐震壁量の確保（強度型設計法）ではなく，変形能力の確保（靭性設計法）に重点を置いた設計が行われる。

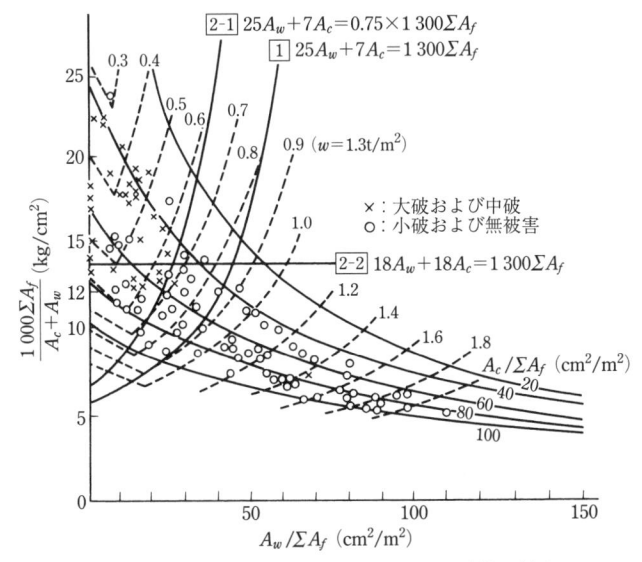

図11・7　壁率・柱率と鉄筋コンクリート造建物の被害
（日本建築学会関東支部「鉄筋コンクリート構造の設計」（1992.3）p.78より）

11・4・2　耐震壁のバランスのよい配置

耐震壁が十分な力を発揮すれば，建築物に高い耐震性を与えることができる。一方で，耐震壁の配置計画が適切でないと，十分な効果を発揮できないし，かえって耐震性の低下を引き起こす。耐震性確保の上で重要な平面的・立面的な耐震壁の配置計画について述べる。

平面的にバランスの悪い配置をすると，図11・8（a）のように，重心と剛心が離れてしまい，ねじれ変形の発生のために大きな被害が生じる。このようなねじれ変形を抑えるため，設計では「偏心率」を計算し，この値が0.15以下となることを求めている。

偏心率は，重心と剛心の隔たりのねじれ抵抗に対する割合と定義され，この値が大きいほど偏心の度合いが大きくねじれ変形が大きく発生する。偏心率を図11・8（a）の場合で示すと以下のようになる。

x 方向の偏心率 R_{ex}

$$R_{ex} = \frac{e_y}{r_{ex}} \tag{11・3}$$

y 方向の偏心率 R_{ey}

$$R_{ey} = \frac{e_x}{r_{ey}} \tag{11・4}$$

ここで，r_{ex} は x 方向の弾力半径であり，$r_{ex} = \sqrt{\frac{K_R}{L_x}}$，$r_{ey}$ は y 方向の弾力半径であり，$r_{ey} = \sqrt{\frac{K_R}{L_{y1}+L_{y2}}}$，ただし，$K_R$ はねじり剛性，L_x，L_{y1}，L_{y2} はそれぞれ

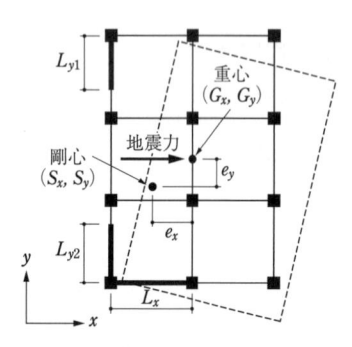

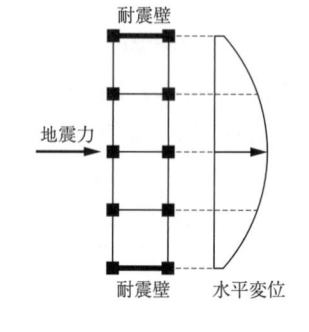

(a) 平面的にバランスが悪い
地震力は重心位置に作用
抵抗力は剛心位置にはたらく

(b) 耐震壁間が離れすぎている
スラブの水平剛性が足りないと両側の耐震壁が有効にはたらかない

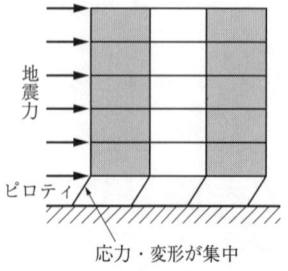

(c) 立面的にバランスが悪い
応力・変形が集中

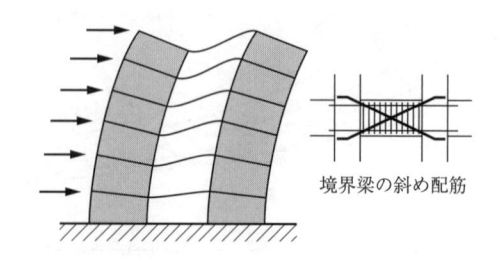

(d) 上階で境界梁に大きな変形
境界梁の斜め配筋

図11・8　耐震壁の配置とその特性

図中に示す位置の壁の剛性である。

また，図(b)のように，耐震壁間の距離が大きく，かつ，スラブの厚さが小さいために面内剛性が十分でないと両側耐震壁が有効にはたらかず，中央構面の変形が大きくなることから，この部分の損傷増に十分な配慮が必要となる。

次に，立体的な壁配置であるが，耐震壁の力の流れの形成の観点から，複数層にまたがって，高さ方向に連続して配置するのが望ましく，このようなものは連層耐震壁と呼ばれている。図(c)に示すように，1階の壁を抜き，いわゆるピロティ形式の立体的にバランスの悪い配置をすると，耐震壁がなく弱い1階に大きな変形や応力が集中してしまい，場合によっては，写真11・1に示すように，1階ピロティ部分が完全に崩壊してしまう。このような立体的な変形集中を避ける目的で，設計では「剛性率」を0.6以上とすることが求められている。

剛性率は，建物高さ方向の剛性のバランスを検討する一種の指標であり，当該階の層間変形角の逆数を各層の層間変形角の逆数の平均で除した値として定義されている。

写真11・1　ピロティ崩壊
(1995年阪神・淡路大震災スライド集　日本建築学会・土木学会　Maruzenn　Ⅲ-9，Ⅲ-11)

また，図11・8(d)のように，連層耐震壁に挟まれた境界梁は，上階にあるものほど大きな変形を受けるので注意を要する。このような梁には，せん断補強筋を多めに入れたり，主筋の一部を斜めに配筋すると効果的である。

演習問題

1．鉄筋コンクリート構造物に求められる性能には，どのようなものがあるか，①日常的に作用する荷重，②中小地震，③大地震，のそれぞれについて簡潔に述べよ。

2．上記①，②，③以外に，鉄筋コンクリート構造物に求められる性能には，どのようなものがあるか述べよ。

3．性能確保の考え方を，①日常的に作用する荷重に対する性能，②中小地震に対する性能，③大地震に対する性能，それぞれについて簡潔に述べよ。

付　　録

付録 1　材料強度と許容応力度

(1)　材料強度

　鉄筋コンクリート構造物の保有水平耐力を計算するために，材料強度を用いる。コンクリートと鉄筋の材料強度は，原則として表1，2のものを用いる。鉄筋の場合は，JIS適合品については適切な強度試験によるか，基準強度の1.1倍以下の数値を用いてもよい。

表1　コンクリートの材料強度

材料強度（単位　N/mm²）			
圧　縮	引　張	せん断	付　着
F	$\dfrac{F}{10}$（F が21を超えるコンクリートについて，国土交通大臣がこれと異なる数値を定めた場合は，その定めた数値）	2.1（軽量骨材を使用する場合にあつては，1.8）	

この表において F は，設計基準強度（単位　N/mm²）を表すものとする。

表2　鉄筋の材料強度

種　類	材料強度（単位　N/mm²）		
	圧縮	引　張	
		せん断補強以外に用いる場合	せん断補強に用いる場合
丸　　　　鋼	F	F	F（当該数値が295を超える場合には，295）
異 形 鉄 筋	F	F	F（当該数値が390を超える場合には，390）
鉄線の径が4 mm以上の溶接金網	−	F（ただし，床版に用いる場合に限る）	F

　この表において F は，鋼材等の種類および品質に応じて国土交通大臣が定める基準強度（単位　N/mm²）を表すものとする。

(2)　コンクリートの許容応力度

　コンクリートの許容応力度を，表3に示す。許容圧縮応力度は，長期に対しては，クリープ変形などを考慮して安全率3としている。コンクリートは，脆性的な性質を示す圧縮破壊に対して余裕を持たせるため，短期に対しては，安全率2.0としている。許容せん断応力度は，ひび割れの発生は許容するが，破壊しないことを条件に値が定められている。RC規準では，表3の値より部分的に厳しめの値になっているところがあるので注意を要する。

表3 コンクリートの許容応力度 (N/mm²)

	長 期		短 期		
	圧縮	引張・せん断	圧縮	引張	せん断
$F_c \leq 21$	$\dfrac{F_c}{3}$	$\dfrac{F_c}{30}$	長期に対する値の2倍		
$F_c > 21$		$0.49 + \dfrac{F_c}{100}$			

建築基準法施行令第91条およびH12建告1450号

(3) 鉄筋の許容応力度

鉄筋の許容応力度を，表4に示す。長期許容応力度は，コンクリートの最大ひび割れ幅がおよそ0.3mm以下となり，かつ鉄筋の降伏強度に対する安全率がおよそ1.5になるように定められている。短期許容応力度は，JISに定められた降伏強度の最小値と同じとしている。

表4 鉄筋の許容応力度 (N/mm²)

	長 期			短 期		
	圧縮	引張	せん断	圧縮	引張	せん断
SD295A, B	195	195			295	
SD345	215[195]	195			345	
SD390	215[195]	195			390	
溶接金網	—	195	195	—	295*	295

建築基準法施行令第90条およびH12建告2464号
D29以上の太さの鉄筋に対しては[　]の数値とする。
＊床版に用いる場合に限る。

(4) 許容付着応力度

異形鉄筋のコンクリートに対する許容付着応力度を，表5に示す。上端筋は，その鉄筋より下にあるコンクリートの沈下やブリージングにより，下端筋や縦筋に比べて付着強度が小さくなるため，0.8倍されている。また，軽量コンクリートでは，普通コンクリートに比べて0.8倍となっている。

表5 異形鉄筋のコンクリートに対する許容付着応力度 (N/mm²)

	長 期		短 期
	梁の上端	その他の鉄筋	
$F_c \leq 22.5$	$\dfrac{F_c}{15}$	$\dfrac{F_c}{10}$	長期に対する値の2倍
$F_c > 22.5$	$0.90 + \dfrac{2F_c}{75}$	$1.35 + \dfrac{F_c}{25}$	

建築基準法施行令第91条およびH12建告1450号

付録 2　異形鉄筋の断面積および周長表

呼び名	重量 (kg/m)	断面積 周長	異形鉄筋の本数									
			1	2	3	4	5	6	7	8	9	10
D6	0.249	cm²	0.32	0.64	0.96	1.28	1.60	1.92	2.24	2.56	2.88	3.20
		cm	2.0	4.0	6.0	8.0	10.0	12.0	14.0	16.0	18.0	20.0
D8	0.389	cm²	0.50	0.99	1.49	1.98	2.48	2.97	3.47	3.96	4.46	4.95
		cm	2.5	5.0	7.5	10.0	12.5	15.0	17.5	20.0	22.5	25.0
D10	0.560	cm²	0.71	1.43	2.14	2.85	3.57	4.28	4.99	5.70	6.42	7.13
		cm	3.0	6.0	9.0	12.0	15.0	18.0	21.0	24.0	27.0	30.0
D13	0.995	cm²	1.27	2.54	3.81	5.08	6.35	7.62	8.89	10.16	11.43	12.70
		cm	4.0	8.0	12.0	16.0	20.0	24.0	28.0	32.0	36.0	40.0
D16	1.56	cm²	1.99	3.98	5.97	7.96	9.95	11.94	13.93	15.92	17.91	19.90
		cm	5.0	10.0	15.0	20.0	25.0	30.0	35.0	40.0	45.0	50.0
D19	2.25	cm²	2.87	5.74	8.61	11.48	14.35	17.22	20.09	22.96	25.83	28.70
		cm	6.0	12.0	18.0	24.0	30.0	36.0	42.0	48.0	54.0	60.0
D22	3.04	cm²	3.87	7.74	11.61	15.48	19.35	23.22	27.09	30.96	34.83	38.70
		cm	7.0	14.0	21.0	28.0	35.0	42.0	49.0	56.0	63.0	70.0
D25	3.98	cm²	5.07	10.14	15.21	20.28	25.35	30.42	35.49	40.56	45.63	50.70
		cm	8.0	16.0	24.0	32.0	40.0	48.0	56.0	64.0	72.0	80.0
D29	5.04	cm²	6.42	12.84	19.26	25.68	32.10	38.52	44.94	51.36	57.78	64.20
		cm	9.0	18.0	27.0	36.0	45.0	54.0	63.0	72.0	81.0	90.0
D32	6.23	cm²	7.94	15.88	23.82	31.76	39.70	47.64	55.58	63.52	71.46	79.40
		cm	10.0	20.0	30.0	40.0	50.0	60.0	70.0	80.0	90.0	100.0
D35	7.51	cm²	9.57	19.14	28.71	38.28	47.85	57.42	66.99	76.56	86.13	95.70
		cm	11.0	22.0	33.0	44.0	55.0	66.0	77.0	88.0	99.0	110.0
D38	8.95	cm²	11.40	22.80	34.20	45.60	57.00	68.40	79.80	91.20	102.60	114.00
		cm	12.0	24.0	36.0	48.0	60.0	72.0	84.0	96.0	108.0	120.0
D41	10.5	cm²	13.40	26.80	40.20	53.60	67.00	80.40	93.80	107.20	120.60	134.00
		cm	13.0	26.0	39.0	52.0	65.0	78.0	91.0	104.0	117.0	130.0

付録 3　T 形 梁

　建築構造物では，梁に取り付いているスラブは梁と一体となって挙動する。梁の初期剛性や曲げひび割れモーメントを計算する際には，このスラブの協力効果を考慮する。図1に示すように，中央の梁は T 形とみなせ，端部の梁は L 形とみなすことができる。図中の B を有効幅，b_a を協力幅と呼ぶが，これらに対する日本建築学会の RC 規準での規定を図中に示している。一般の設計において，長方形断面の梁の剛比に対して両側にスラブの付いた梁では，それを2倍にして，片側にのみスラブの付いた梁では1.5倍にして略算することが多い。

　断面算定においては，コンクリートの引張応力を無視するので，引張側の断面の形などは関係しない。**T 形梁**では，スラブ側が引張側で中立軸が梁内にある場合は，図2(A)に示すような，梁幅 b の長方形断面として扱うことができる。また，スラブ側が圧縮側で，スラブ内に中立軸がある場合には，図(B)のような梁幅 B の長方形断面として扱うことができる。図(C)のような場合には，圧縮力を受ける部分がT形となり，床スラブおよび梁部の断面積と応力を考慮するT形梁として算定する必要がある。

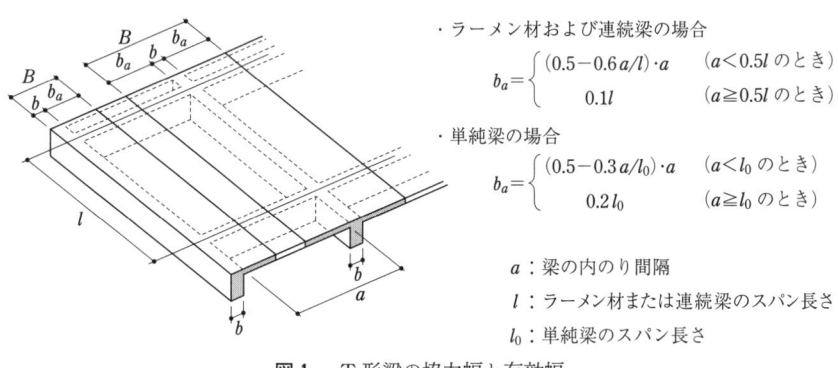

・ラーメン材および連続梁の場合

$$b_a = \begin{cases} (0.5-0.6a/l) \cdot a & (a<0.5l \text{ のとき}) \\ 0.1l & (a \geq 0.5l \text{ のとき}) \end{cases}$$

・単純梁の場合

$$b_a = \begin{cases} (0.5-0.3a/l_0) \cdot a & (a<l_0 \text{ のとき}) \\ 0.2l_0 & (a \geq l_0 \text{ のとき}) \end{cases}$$

a：梁の内のり間隔
l：ラーメン材または連続梁のスパン長さ
l_0：単純梁のスパン長さ

図1　T 形梁の協力幅と有効幅

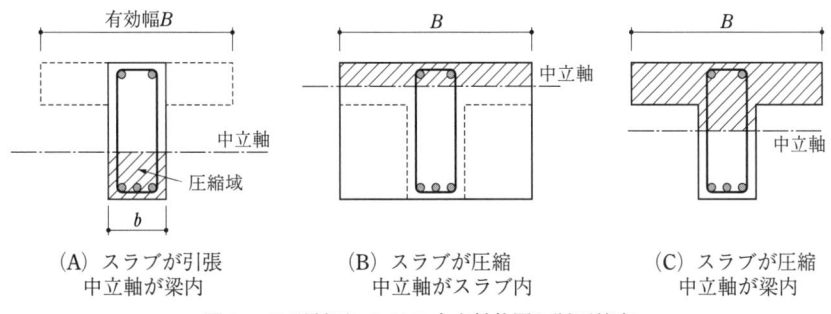

(A) スラブが引張　中立軸が梁内
(B) スラブが圧縮　中立軸がスラブ内
(C) スラブが圧縮　中立軸が梁内

図2　T 形断面における中立軸位置と断面算定

付録 4　断面に作用する合力

　表1は，第5章図5・3に示した各応力状態における圧縮鉄筋の合力（$_sC$），引張鉄筋の合力（$_sT$），コンクリートの圧縮合力（$_cC$），コンクリートの引張合力（$_cT$）を一覧表にしたものである。これらを使えば，第5章の式（5・3）から各応力状態における曲げモーメント M を具体的に計算できる。

表1　一覧表

	①曲げひび割れ時（ひび割れ発生直前）	②主筋の引張降伏時
$_sC$	$n \cdot a_c \cdot \sigma_t \cdot \dfrac{(x_n - d_c)}{(D - x_n)}$	$a_c \cdot {_s\sigma_y} \cdot \dfrac{(x_n - d_c)}{(d - x_n)}$
$_sT$	$n \cdot a_t \cdot \sigma_t \cdot \dfrac{(d - x_n)}{(D - x_n)}$	$a_t \cdot {_s\sigma_y}$
$_cC$	$0.5 \cdot x_n \cdot b \cdot \sigma_t \cdot \dfrac{x_n}{(D - x_n)}$	$0.5 \cdot x_n \cdot b \cdot \dfrac{_s\sigma_y}{n} \cdot \dfrac{x_n}{(d - x_n)}$
$_cT$	$0.5 \cdot b \cdot \sigma_t \cdot (D - x_n)$	0（ほぼゼロ）
	③圧縮縁コンクリートの圧壊時	④終局状態
$_sC$	$n \cdot a_c \cdot \sigma_B \cdot \dfrac{(x_n - d_c)}{x_n}$	$a_c \cdot {_s\sigma_y}$
$_sT$	$a_t \cdot {_s\sigma_y}$	$a_t \cdot {_s\sigma_y}$
$_cC$	$0.5 \cdot x_n \cdot b \cdot \sigma_B$	$x_n \cdot b \cdot \sigma_B$（長方形ブロック）
$_cT$	0（ほぼゼロ）	0（ほぼゼロ）

表1の $_cT$，$_cC$ の計算にあたって簡単化のため，状態①，②，③では，コンクリートの応力状態を直線，すなわち，三角形分布で，状態④では，長方形ブロック（第5章の図5・3参照）でモデル化を行っている。

　　σ_t：コンクリートの引張強度　　σ_B：コンクリートの圧縮強度
　　$_s\sigma_y$：主筋の降伏強度　　a_c, a_t：圧縮主筋，引張主筋の総断面積
　　n：ヤング係数比$\left(= \dfrac{\text{主筋のヤング係数}}{\text{コンクリートのヤング係数}}\right)$

　その他の記号は，第5章の図5・4を参照のこと。

付録 5　引張主筋降伏時および圧縮縁コンクリート圧壊時曲げモーメント

曲げひび割れが発生した後，さらに載荷を続けると，
1．引張主筋の降伏
2．圧縮縁コンクリートの圧壊
3．圧縮側主筋の降伏

のどれかが先行して発生する。これらのうち一般的には，圧縮縁コンクリートの圧壊は圧縮側主筋の降伏よりも先に起こることから，実質的には，引張主筋の降伏と圧縮縁コンクリートの圧壊のどちらが先行するのかを判断することが必要となる。なお，以下の文章中の図5・*および式（5・*）は，第5章に記載されている図式を示している。

引張主筋の降伏と**圧縮縁コンクリート圧壊**のどちらが先行して起こるのかは，軸力の大きさや材料の強度などによって異なってくる。前者の応力度状態は，図5・3②（p.61）に示されており，このときの各合力は付録4表1②に示されている。また，後者の応力度状態は，図5・3③の引張主筋が降伏していない状態であり，このときの各合力は，付録4表1③の引張主筋の合力$_sT$だけを，次式で置き換えたものとなる。

$$_sT = n \cdot a_t \cdot \sigma_B \cdot \frac{(d-x_n)}{x_n} \qquad a_t：引張側主筋総断面積 \qquad (1)$$

これらの合力を式（5・3）（p.62）に代入し，曲げモーメントMについて解くことにより，引張主筋降伏時および圧縮縁コンクリートの圧壊時の曲げモーメントを，式（2），（4）に示すように求めることができる。両式から求められる曲げモーメントのどちらか小さいほうの破壊が先行して起こることから，式（2），（4）を用いて，引張主筋の降伏と圧縮縁コンクリートの圧壊のどちらが先行するのかを判断することができる。

■引張主筋降伏時曲げモーメント（引張主筋降伏先行）

$$\frac{M}{bD^2} = \frac{_s\sigma_y}{n(d_1-x_{n1})}\left\{\frac{x_{n1}^3}{3} + n \cdot p_t(2x_{n1}^2 - 2x_{n1} + d_1^2 + d_{c1}^2)\right\} + (0.5 - x_{n1})\frac{N}{bD}$$

(2)

ここで，$_s\sigma_y$：主筋の降伏強度，p_t：主筋比$\left(=\frac{a_t}{bD}\right)$，$a_t$：引張側主筋総断面積，$x_{n1}=\frac{x_n}{D}$，$d_1=\frac{d}{D}$，$d_{c1}=\frac{d_c}{D}$である（図5・4（p.62）参照）。また，式中に現れている中立軸位置x_nは，付録4表1②の合力を軸方向の釣合いである式（5・2）（p.62）に代入して解くことで，次のように求めることができる。

> 地震力は，繰返し荷重として構造物に作用する。圧縮側の主筋は，地震力の方向が逆になると引張側となる。したがって，柱部材の主筋は，圧縮側と引張側で同じ本数となっているのが普通である。
>
> ここで扱う柱部材は，基本的に圧縮側主筋と引張側主筋の量が同じ（$a_t=a_c$）となっている。

$$x_{n1} = \frac{x_n}{D} = -n\frac{N}{bD \cdot {}_s\sigma_y} - 2n \cdot p_t$$
$$+ \sqrt{\left(2n \cdot p_t + n\frac{N}{bD \cdot {}_s\sigma_y}\right)^2 + 2\left\{n \cdot p_t + d_1 \cdot n\frac{N}{bD \cdot {}_s\sigma_y}\right\}} \quad (3)$$

■圧縮縁コンクリート圧壊時曲げモーメント（コンクリート圧壊先行）

$$\frac{M}{bD^2} = \frac{\sigma_B}{x_{n1}}\left\{\frac{X_{n1}^3}{3} + n \cdot p_t(2x_{n1}^2 - 2x_{n1} + d_1^2 + d_{c1}^2)\right\} + \frac{N}{bD}(0.5 - x_{n1}) \quad (4)$$

ここで，σ_B は，コンクリート強度，p_t は主筋比（$=\frac{a_t}{bD}$，a_tは引張側主筋総断面積，$x_{n1}=\frac{x_n}{D}$，$d_1=\frac{d}{D}$，$d_{c1}=\frac{d_c}{D}$ である（図5・4参照）。式中に現れている中立軸位置 x_n は，付録4表1③で ${}_sT$ として式（1）を用いた合力を，軸方向の釣合いである式（5・2）に代入して解くことで，次のように求められる。

$$x_{n1} = \frac{x_n}{D} = \frac{N}{bD \cdot \sigma_B} - 2n \cdot p_t + \sqrt{\left(2n \cdot p_t - \frac{N}{bD \cdot \sigma_B}\right)^2 + 2n \cdot p_t} \quad (5)$$

これらの式は，一般的には，e 関数などでモデル化される曲線のコンクリートの応力度－ひずみの関係を，図1に示すように，圧縮強度までとそれ以降を2本の直線でモデル化して得られたものである。したがって，式中のヤング係数比 n は，図中に示したコンクリートのヤング係数で主筋のヤング係数を除したものであるから注意が必要である。

コンクリートの応力度－ひずみの関係を e 関数などで表して曲線とした場合，定式化は大変複雑となる。このため，ここではコンクリートの応力度－ひずみの関係を，直線でモデル化した際の簡単な式を示すにとどめた。

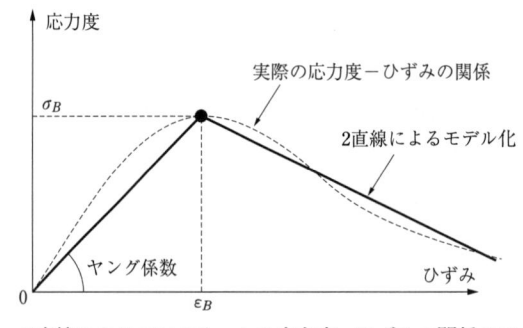

図1　2直線によるコンクリートの応力度－ひずみの関係のモデル化

演習問題の解答・解説

基礎編

【第2章】(p.28)

1. 2・2・2　(1)　① ポルトランドセメントを参照。
2. 2・2・3　(2)　圧縮強度を参照。
3. $_cE = 3.35 \times 10^4 \times \left(\dfrac{c\gamma}{24}\right)^2 \times \left(\dfrac{\sigma_B}{60}\right)^{\frac{1}{3}}$

   $= 3.35 \times 10^4 \times \left(\dfrac{24}{24}\right)^2 \times \left(\dfrac{30}{60}\right)^{\frac{1}{3}} = 2.66 \times 10^4 \text{N/mm}^2$
4. 2・2・3　(8)　クリープを参照。
5. 2・3・2　を参照。

【第3章】(p.40)

1. 柱に生じるひずみが計算できれば，式(3・2)から軸変形 δ を算出できる。ひずみの算出には，式(3・13)を利用すればよい。

   まず，等価断面積 A_e を算出する。コンクリートの断面積 $_cA$ を式(3・16)で計算してよいので，等価断面積 A_e は，式(3・17)で計算できることになる。ヤング係数比 n は $10\left(= \dfrac{_sE}{_cE}\right)$ であるから，

   $A_e = bD + n \cdot {_sA} = 750 \times 750 + 10 \times 387 \times 12 = 608940 \text{mm}^2$

   式(3・13)から，

   $\varepsilon = \dfrac{N}{(A_e \cdot {_cE})} = \dfrac{3000 \times 1000}{(608940 \times 2.0 \times 10^4)} = 0.000246$

   ゆえに，式(3・2)から，

   $\delta = \varepsilon \cdot L = 0.000246 \times 3500 = 0.862 \text{mm}$

   このときコンクリートに発生している応力は式(3・11)から

   $_c\sigma = \dfrac{N}{A_e} = \dfrac{3000 \times 1000}{608940} = 4.93 \text{N/mm}^2$

   主筋に発生している応力は式(3・12)から，

   $_s\sigma = n\dfrac{N}{A_e} = 10 \times \dfrac{3000 \times 1000}{608940} = 49.3 \text{N/mm}^2$

2. 式(3・18)を用いて圧縮耐力を，以下のように計算できる。

   圧縮耐力 $= \sigma_B \cdot {_cA} + {_s\sigma_y} \cdot {_sA}$
   $= 33 \times (750 \times 750) + 345 \times 387 \times 12$
   $= 20164680 \text{N} = 20164.68 \text{kN}$

3. 式(3・25)を用いて引張耐力を，以下のように計算できる。

   引張耐力 $= {_s\sigma_y} \cdot {_sA} = 345 \times 387 \times 12 = 1602180 \text{N} = 1602.18 \text{kN}$

【第4章】(p.58)

1． コンクリートのヤング係数を求める。

$$_cE = 3.35 \times 10^4 \left(\frac{\gamma_c}{24}\right)^2 \left(\frac{\sigma_B}{60}\right)^{\frac{1}{3}} = 3.35 \times 10^4 \left(\frac{24}{24}\right)^2 \left(\frac{30}{60}\right)^{\frac{1}{3}} = 2.66 \times 10^4 \text{ N/mm}^2 = 26.6 \text{ kN/mm}^2$$

鉄筋のヤング係数は $2.05 \times 10^5 \text{ N/mm}^2 = 205 \text{ kN/mm}^2$ であるから，ヤング係数比は

$$n = \frac{205}{26.6} = 7.7$$

$$I_e = \frac{bD^3}{12} + (n-1) \cdot a_t \cdot y_s^2 + (n-1) \cdot a_c \cdot y_s^2$$

$$= \frac{400 \cdot 700^3}{12} + (7.7-1) \times 774 \times (350-60)^2 + (7.7-1) \times 774 \times (350-60)^2 = 1.23 \times 10^{10} \text{ mm}^4$$

2． $Z_e = \dfrac{I_e}{\dfrac{D}{2}} = \dfrac{1.23 \times 10^{10}}{350} = 3.51 \times 10^7 \text{ mm}^3$

3． 曲げひび割れモーメント M_c は，次のようになる。

$$M_c = 0.56\sqrt{\sigma_B} Z_c = 0.56\sqrt{30} \times 3.51 \times 10^7 = 107660346 \text{ N·mm} = 107.7 \text{ kN·m}$$

4． 曲率を ϕ とすると，圧縮コンクリートの負担する力 $_cC$ は，式(4・19)より，

$$_cC = \frac{1}{2} {_c\sigma_c} \cdot x_n \cdot b = 0.5 \times 2.66 \times 10^4 \times x_n \cdot \phi \cdot x_n \times 400 = 532 \times 10^4 \phi \cdot x_n^2$$

であり，4・2・3の欄外のヤング係数比より $n=13$ であるから，圧縮鉄筋の負担する力 $_sC$ は，式(4・18)より，

$$_sC = {_s\sigma_c} \cdot a_c = {_sE} \cdot {_s\varepsilon_c} \cdot a_c = n \cdot {_cE} \cdot {_s\varepsilon_c} \cdot a_c$$

$$= 13 \times 2.66 \times 10^4 \times (x_n-60)\phi \times 387 \times 2 = 26764.9 \times 10^4 \times (x_n-60)\phi$$

となる。また，引張鉄筋の負担する力 $_sT$ は，式(4・17)より，

$$_sT = {_s\sigma_t} \cdot a_t = {_sE} \cdot {_s\varepsilon_t} \cdot a_t = n \cdot {_cE} \cdot {_s\varepsilon_t} \cdot a_t$$

$$= 13 \times 2.66 \times 10^4 \times (640-x_n)\phi \times 387 \times 2 = 26764.9 \times 10^4 \times (640-x_n)\phi$$

となる。

$_cC + {_sC} = {_sT}$ より，

$$532\phi \cdot x_n^2 + 26764.9 \times (x_n-60)\phi = 26764.9 \times (640-x_n)\phi$$

$$532 x_n^2 + 2 \times 26764.9 x_n - 18735430 = 0$$

$$x_n^2 + 2 \times 50.31 x_n - 35217 = 0 \qquad \text{したがって，} \quad x_n = 144.0 \text{ mm}$$

圧縮コンクリートが，短期許容応力度 20 N/mm^2 に達するとき，

$$_c\sigma_c = {_cE} \cdot {_c\varepsilon_c} = {_cE} \cdot x_n \cdot \phi = \frac{2}{3} F_c = 20$$

よって， $\phi = \dfrac{20}{2.66 \times 10^4 \times 144.0} = 5.22 \times 10^{-6}$ 〔1/mm〕

圧縮鉄筋が，短期許容応力度 345 N/mm^2 に達するとき，

$$_s\sigma_c = {_sE} \cdot {_s\varepsilon_c} = {_cE} \cdot (x_n-60)\phi = 345$$

よって， $\phi = \dfrac{345}{13 \times 2.66 \times 10^4 \times (144.0-60)} = 11.9 \times 10^{-6}$ 〔1/mm〕

引張鉄筋が，短期許容応力度345 N/mm² に達するとき，
$$_s\sigma_t = {_sE} \cdot {_s\varepsilon_t} = n \cdot {_cE} \cdot (640-x_n)\phi = 345$$

よって， $\phi = \dfrac{345}{13 \times 2.66 \times 10^4 \times (640-144.0)} = 2.01 \times 10^{-6}$ 〔1/mm〕

以上から，引張鉄筋が短期許容応力度（降伏点強度）に達するときの ϕ が最も小さく，短期許容曲げモーメントは，引張鉄筋の降伏により決定される。

短期許容曲げモーメント時の中立軸深さは， $x_n = 144.0$ mm, $\phi = 2.01 \times 10^{-6}$ 〔1/mm〕であるから，

$$_c\sigma_c = {_cE} \cdot x_n \cdot \phi = 2.66 \times 10^4 \times 144.0 \times 0.002 = 7.66 \text{ N/mm}^2$$
$$_s\sigma_c = n \cdot {_cE} \cdot (x_n-60)\phi = 13 \times 2.66 \times 10^4 \times (144.0-60) \times 2.01 \times 10^{-6} = 58.09 \text{ N/mm}^2$$
$$_s\sigma_t = n \cdot {_cE} \cdot (640-x_n)\phi = 13 \times 2.66 \times 10^4 \times (640-144.0) \times 2.01 \times 10^{-6} = 343 \text{ N/mm}^2$$
$$_cC = 0.5 {_c\sigma_c} \cdot x_n \cdot b = 0.5 \times 7.66 \times 144.0 \times 400 = 220608 \text{ N} = 220.6 \text{ kN}$$
$$_sC = {_s\sigma_c} \cdot a_c = 58.09 \times 387 \times 2 = 44962 \text{ N} = 45.0 \text{ kN}$$
$$_sT = {_s\sigma_t} \cdot a_t = 345 \times 387 \times 2 = 267030 \text{ N} = 267.0 \text{ kN}$$

許容曲げモーメントは，式(4・16)より，

$$M = {_sT} \cdot (d-x_n) + {_sC} \cdot (x_n-d_c) + {_cC} \times \frac{2}{3} x_n$$

$$= 267.0 \times (640-144.0) + 45.0 \times (144.0-60) + 220.6 \times \frac{2}{3} \times 144.0$$

$$= 157390 \text{ kN·mm} = 157.4 \text{ kN·m}$$

5．（鉄筋のヤング係数）／（コンクリートのヤング係数） である。

6． 4・3・2 (3)を参照。

【第5章】(p.71)

1． 曲げひび割れモーメントは，式(5・4)を使って算出できる。式(3・17)から，

等価断面積 $A_e = bD + n \cdot {_sA} = 750 \times 750 + 15 \times (387 \times 12) = 632160 \text{ mm}^2$

なお，式中の $_sA$ は主筋の総断面積であり，本題の場合，異形鉄筋 D22（断面積387mm²）12本分である。式(4・11)から，

等価断面係数 $Z_e = \dfrac{bD^2}{6} + 2n \times (a_t + a_c) \times \dfrac{y_s^2}{D}$

$$= \frac{750 \times 750^2}{6} + 2 \times 15(387 \times 4 + 387 \times 4) \times \frac{300^2}{750}$$

$$= 81458100 \text{ mm}^3$$

なお，上式中の y_s は図心から主筋中心までの距離であり， $\dfrac{750-75 \times 2}{2} = 300$ mm で計算される。
式(5・4)から，曲げひび割れモーメント M は，

$$M_c = 0.56\sqrt{\sigma_B} \cdot Z_e + N\left(\frac{Z_e}{A_e}\right)$$

$$= 0.56\sqrt{33} \times 81458100 + 3000 \times 10^3 \times \frac{81458100}{632160} = 648617379 \text{ N·mm}$$

反曲点位置が柱頭から$\frac{1}{3}$なので，水平力 P とモーメント M との関係は，$P=\frac{3}{2}\times\frac{M}{L}$ で与えなくてはならない。

$$P=\frac{3}{2}\times\frac{648617379}{3500}=2.78\times10^5\mathrm{N}=278\,\mathrm{kN}$$

すなわち，水平力278kNが作用するとこの柱部材には脚部に曲げひび割れが発生する。

2． 終局状態における曲げモーメント（曲げ終局モーメント）は，式（5・6）で計算することができる。

$$M_u=0.8a_t\cdot{}_s\sigma_y\cdot D+0.5N\cdot D\left(1-\frac{N}{\sigma_B bD}\right)$$

$$=0.8(387\times4)\times345\times750+0.5\times3000\times1000\times750\left(1-\frac{3000\times1000}{33\times750\times750}\right)$$

$$=12.64\times10^8\mathrm{N}\cdot\mathrm{mm}$$

水平力 P とモーメント M との関係は，$P=\frac{3}{2}\times\frac{M}{L}$ で与えられるので，

$$P=\frac{3}{2}\times\frac{12.64\times10^8}{3500}=5.42\times10^5\mathrm{N}=542\,\mathrm{kN}$$

すなわち，この柱部材は水平力542kNで終局状態に達し，それ以上の水平力は負担できず，これ以上の載荷では耐力低下が起こり破壊する。

3． 純圧縮強度における軸力値 $N_{\max}$ は，式（3・18）から，

$$N_{\max}=\text{圧縮耐力}=\sigma_B\cdot{}_cA+{}_s\sigma_y\cdot{}_sA$$

$$=33\times(750\times750)+345\times387\times12=20164680\mathrm{N}=20164.68\,\mathrm{kN}$$

これを，式（5・8）に代入することで，曲げ終局モーメントは次のように算出される。

$$M_u=(0.8a_t\cdot{}_s\sigma_y\cdot D+0.12\sigma_B\cdot bD^2)\left(\frac{N_{\max}-N}{N_{\max}-0.4\sigma_B bD}\right)$$

$$=(0.8\times(387\times4)\times345\times750+0.12\times33\times750\times750^2)\left(\frac{20164680-14000\times1000}{20164680-0.4\times33\times750\times750}\right)$$

$$=9.63\times10^8\,\mathrm{N}\cdot\mathrm{mm}$$

水平力 P とモーメント M との関係は，$P=\frac{3}{2}\times\frac{M}{L}$ で与えられるので，

$$P=\frac{3}{2}\times\frac{9.63\times10^8}{3500}=4.13\times10^5\mathrm{N}=413\,\mathrm{kN}$$

すなわち，この柱部材は水平力413kNで終局状態に達する。

4． 純引張強度における軸力値 $N_{\min}$ は，式（3・25）から，

$$N_{\min}=\text{引張耐力}={}_s\sigma_y\times{}_sA=345\times387\times12=1602180\mathrm{N}=1602.18\,\mathrm{kN}$$

これを，式（5・9）に代入することで，曲げ終局モーメントは次のように算出される。

$$M_u=0.8a_t\cdot{}_s\sigma_y\cdot D\left(1-\frac{N}{N_{\min}}\right)$$

$$=0.8\times(387\times4)\times345\times750\times\left(1-\frac{500\times1000}{1602180}\right)=2.20\times10^8\,\mathrm{N}\cdot\mathrm{mm}$$

水平力 P とモーメント M との関係は，$P=\frac{3}{2}\times\frac{M}{L}$ で与えられるので，

$$P = \frac{3}{2} \times \frac{2.20 \times 10^8}{3500} = 0.94 \times 10^5 \mathrm{N} = 94 \mathrm{~kN}$$

すなわち，この柱部材は水平力94kNで終局状態に達する。

【第6章】 (p.91)

1. 断面の有効せい d は，$d = 500 - 70 = 430$ mm

応力中心間距離 j は，$j = \dfrac{7}{8} \times 430 = 376$ mm

コンクリートの許容せん断応力度を求める。

$$\frac{F_c}{30} = \frac{21}{30} = 0.70 \mathrm{N/mm^2}$$

$$0.49 + \frac{F_c}{100} = 0.49 + \frac{21}{100} = 0.70 \mathrm{N/mm^2}$$

このうちの小さいほうが長期の許容せん断応力度なので，f_s(長期) $= 0.70 \mathrm{N/mm^2}$
短期の許容せん断応力度は長期のそれの1.5倍なので，f_s(短期) $= 1.05 \mathrm{N/mm^2}$
せん断補強筋のせん断補強用許容引張応力度は，2・4の表2・11より，

$_wf_t$(長期) $= 200 \mathrm{N/mm^2}$

$_wf_t$(短期) $= 345 \mathrm{N/mm^2}$

長期荷重によるせん断力 $Q_{L,梁}$ は，

$$Q_{L,梁} = 30 \times \frac{6}{2} = 90 \mathrm{kN}$$

梁断面の降伏モーメント M_y は，引張主筋4-D25の断面積 $a_t = 2028 \mathrm{mm^2}$ を用いて，

$$M_y = a_t \sigma_y j = 2028 \times 390 \times 376 = 297.4 \times 10^6 \mathrm{N \cdot mm} = 297.4 \mathrm{kN \cdot m}$$

地震による水平力によって，梁には図1のような逆対称曲げモーメントが発生する。ここで両側の危険断面において曲げ降伏が生じるとすると，そのときのせん断力 $\dfrac{\sum M_y}{l'}$ は，

$$\frac{\sum M_y}{l'} = \frac{297.4 \times 2}{6} = 99.1 \mathrm{kN}$$

これより短期の設計用せん断力 $Q_{D,梁}$ は，

$$Q_{D,梁} = Q_{L,梁} + \frac{\sum M_y}{l'} = 90 + 99.1 = 189.1 \mathrm{kN}$$

式(6・10)を用いるために，せん断スパン比による割増し係数 α を求める。せん断スパン $a = 3000$ mmなので，

$$\frac{M}{Qd} = \frac{a}{d} = \frac{3000}{430} = 7.0$$

これを次式に代入する。

$$\alpha = \frac{4}{\dfrac{M}{Qd} + 1} = \frac{4}{7.0 + 1} = 0.5 < 1 \qquad \text{これより } \alpha = 1 \text{とする。}$$

以上で準備ができたので，長期・短期に分けて必要なせん断補強筋量を求め，配筋を決定する。

長期の場合：

$bj\alpha f_s = 350 \times 376 \times 1 \times 0.70 = 92{,}120\mathrm{N} = 92.1\mathrm{kN} > Q_{L,梁} = 90\mathrm{kN}$

すなわち長期の場合には，コンクリートのみによって必要なせん断力を伝達できる。

よって，$p_w \geq 0.002$……条件1

短期の場合：

次の式(6・10)に各数値を代入する。

$Q_A = bj\{\alpha f_s + 0.5_w f_t(p_w - 0.002)\}$

$189.1 \times 10^3 \mathrm{N} = 350 \times 376 \{1 \times 1.05 + 0.5 \times 345(p_w - 0.002)\}$

これを解いて，$p_w \geq 0.00424$……条件2

条件1および条件2をともに満たすことが必要なので，$p_w \geq 0.00424$となる。

そこで，せん断補強筋として2-D13（$a_w = 254\mathrm{mm}^2$）を用いるとする（せん断補強筋の径は，主筋径とのバランスも考えて一般にD10，D13およびD16くらいを用いる）。そうすると間隔sは，次式より求められる。

$$p_w = \frac{a_w}{b \cdot s} = \frac{254}{350 \times s} \geq 0.00424$$

これより，$s \leq 171\mathrm{mm}$ この数値は中途半端なので，安全側に$s = 150\mathrm{mm}$とする。

よって，せん断補強筋の配筋は2-D13@150となる。これを図示すると，図2のようになる。

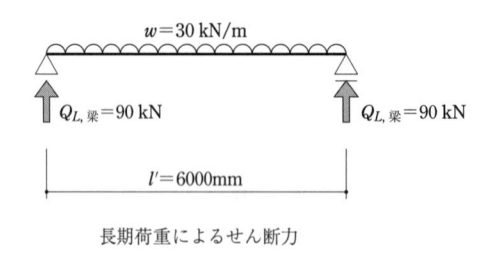

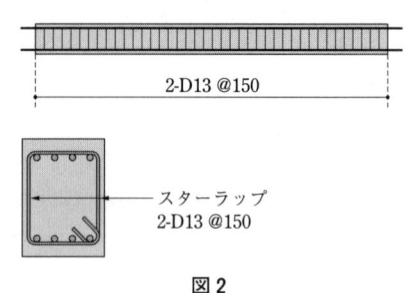

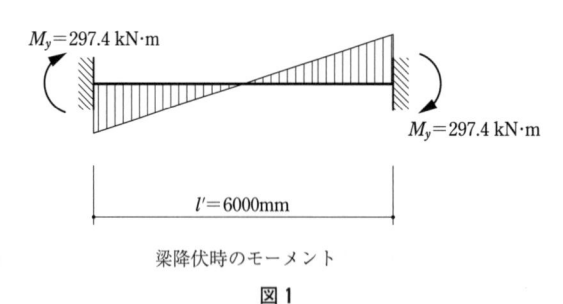

長期荷重によるせん断力

図2

梁降伏時のモーメント

図1

2. まず，断面の曲げ終局モーメントを求める。引張主筋は3-D25として，$a_t = 1521\mathrm{mm}^2$

$$M_u = 0.8 \times 1521 \times 390 \times 500 + 0.5 \times 760 \times 10^3 \times 500\left(1 - \frac{760 \times 10^3}{400 \times 500 \times 21}\right)$$

$= 392.9 \times 10^6 \mathrm{N \cdot mm} = 392.9 \mathrm{kN \cdot m}$

これより，曲げ終局強度時に柱に作用するせん断力Q_Dは，

$$Q_D = \frac{\Sigma M_u}{h} = \frac{392.9 \times 2}{2.7} = 291.0\mathrm{kN}$$

この設計用せん断力に対して，仮定したフープの配筋によるせん断終局強度が上回ることを確認するという方法によりせん断終局強度設計を行う。柱のフープ筋の間隔は100mm以下とすることが原則なので，とりあえず2-D10@100で配筋するとして，このときのせん断終局強度 Q_{cu} を荒川最小式によって求める。

一組のフープ筋（2-D10）の断面積：$a_w = 143\text{mm}^2$

このときのせん断補強筋比 $p_w = \dfrac{143}{400 \times 100} = 0.00358$

フープ筋の降伏強度：材種SD295を使用するので $\sigma_{wy} = 295\text{N/mm}^2$

引張鉄筋比 $p_t = \dfrac{1521}{400 \times 430} = 0.00884 = 0.884\ \%$

断面の有効せい $d = 500 - 70 = 430\text{mm}$

断面の応力中心間距離 $j = \dfrac{7}{8} \times 430 = 376\text{mm}$

柱軸応力度 $\sigma_0 = \dfrac{N}{bD} = \dfrac{760 \times 10^3}{400 \times 500} = 3.80\text{N/mm}^2$

図3

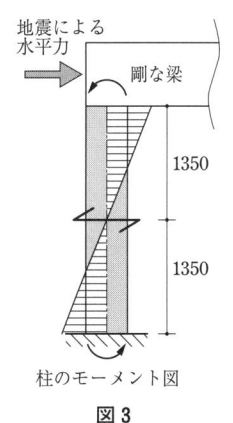

柱脚は固定され，柱頭には剛な梁がつながっているので，水平力を受けたときの柱のモーメントは，図3のように，逆対称曲げ状態となる。そこで，せん断スパン $a = \dfrac{2700}{2} = 1350\text{mm}$

よって，$\dfrac{M}{Qd} = \dfrac{a}{d} = \dfrac{1350}{430} = 3.1 > 3$　　これより，$\dfrac{M}{Qd} = 3$　とする。

以上の数値を式(6・8)に代入する。

$$Q_{cu} = \left\{ \dfrac{0.053 p_t^{0.23}(18 + \sigma_B)}{\dfrac{M}{Q \cdot d} + 0.12} + 0.85\sqrt{p_w \sigma_{wy}} + 0.1 \times \sigma_o \right\} b \cdot j$$

$$= \left\{ \dfrac{0.053 \times 0.884^{0.23}(18 + 21)}{3 + 0.12} + 0.85\sqrt{0.00358 \times 295} + 0.1 \times 3.80 \right\} 400 \times 376$$

$$= (0.644 + 0.874 + 0.38) 400 \times 376 = 285452\ \text{N} = 285.5\ \text{kN}$$

この終局せん断強度285.5kNは，設計用せん断力 $Q_D = 291.0$kN より小さいので不適である。そこで柱フープの配筋を2-D13@100に変更する（変更の仕方はいくつかあって，このほかにフープ間隔を狭くする，あるいはフープの降伏強度を上げるなどとしてもよい）。そうすると，$a_w = 254\text{mm}^2$ より，

せん断補強筋比 $p_w = \dfrac{254}{400 \times 100} = 0.00635$

これより，式(6・8)の大括弧の中の第2項は，$0.85\sqrt{p_w \sigma_{wy}} = 0.85\sqrt{0.00635 \times 295} = 1.163$ となるので，せん断終局強度は，以下のように設計用せん断力 Q_D を上回り，適切である。

$$Q_{cu} = (0.644 + 1.163 + 0.38) 400 \times 376 = 328925\text{N} = 328.9\text{kN} > Q_D = 291.0\text{kN}$$

3．（1）　図のプロポーションから，柱Aは長柱，柱Bは短柱であることが分かる。そのため，柱Aでは曲げひび割れが，柱Bではせん断ひび割れが支配的になると判断してよい。両柱とも逆対称曲げモーメントを受けることに注意して，ひび割れを模式的に示すと図4のようになる。

図4

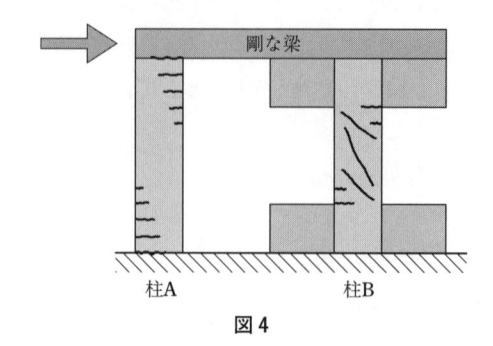

(2) 水平方向の力の釣合いより，
$$P\ (=)\ Q_A + Q_B$$
骨組に水平力 P が作用するとき，両柱の水平変形 δ は同一である。そこで，各柱に作用するせん断力はそれぞれの剛性に比例する（$P = k \cdot \delta$，k：柱の剛性）。両柱の断面形状は同一で，柱 B の内法長さは柱 A の1/2である。それゆえ，弾性状態を想定すると，柱 B の剛性は柱 A の $2^3 = 8$ 倍大きい（詳しくは10・1を参照）。よって，
$$Q_A\ (<)\ Q_B$$

(3) 柱 B のほうがせん断破壊しやすい。上記(2)のように，柱 B に作用するせん断力は柱 A よりも 8 倍大きい。これに対して柱 B のせん断強度は，せん断スパン比が柱 A の1/2であるため，柱 A の 2 倍程度大きいに過ぎない（式（6・8）～荒川最小式～の右辺第 1 項の分母 $\frac{M}{Q \cdot d} + 0.12 \approx \frac{M}{Q \cdot d}$ として，せん断補強筋および軸力の負担項を無視した場合）。すなわち，柱 B に作用するせん断力は，せん断強度の増大を上回るほどに大きくなる。そのため，柱 A と比較すると柱 B がせん断破壊しやすいと判断できる。

(4) 解答例を以下に示す。詳細は 6・4・1 を参照のこと。
- 曲げ破壊を先行させるために，主筋量を減らす。
- 短柱にならないように腰壁・垂れ壁にスリットを設け，細長いプロポーションにする。
- コンクリート強度を大きくする。
- せん断補強量（$p_w \cdot \sigma_{wy}$）を増やす，など

応用編

【第 7 章】(p.104)

1. 基本的に式（7・13）で求めた等価開口周比 γ_0 が0.4以下なら耐震壁とみなしてよい。しかしながら，$h_0 = h'$ となるような上階梁下端から下階梁上端まで開口がある場合，γ_0 が0.4以下でも剛性耐力を低減した1枚の耐力壁としてみなせない。

2. 図 7・6 に示すように，おもに 3 種類の開口周辺補強筋が必要となる。① 開口隅角部の付加斜張力（開口隅角部の斜め補強），② 開口隅角部の鉛直縁張力（開口隅角部の鉛直補強），③ 開口隅角部の水平縁張力（開口隅角部の水平補強），である。

【第8章】(p.114)

1. 柱や梁の応力と変形の連続性を保持すること。梁主筋や柱主筋を定着させること。
2. 工場からある一定の長さで出荷されてくる鉄筋を接合することあるいは接合された部分のことを鉄筋継手という。主筋を末端においてコンクリートと一体とすることを定着という。
3. 上部構造を安全に支持し，上部構造の機能に障害を与えないこと。そのためには，地盤が破壊しないこと，過大な変形（沈下）を生じないことが必要である。
4. スラブの形状が正方形に近く荷重が2方向に伝達される場合を2方向スラブという。スラブの形状が長方形で，荷重が主として長辺の梁へ伝達され，短辺の梁へ伝達される荷重が少ない場合，1方向スラブと呼ぶ。
5. ひび割れ，乾燥収縮，クリープ変形，スラブ主筋の抜出しなど。

【第9章】(p.128)

1. 理論的に導かれた式(9・1)を用いてせん断終局強度を求める。なお，式(9・1)は曲げ降伏を生じない非ヒンジ部材を対象として，せん断終局強度を求める方法である。

$$Q_u = p_w \sigma_{wy} b j_t \cot\phi + b \frac{D}{2}(1-\beta)\nu_o \sigma_B \tan\theta \qquad (9・1)$$

（途中の計算は省略）

　$p_w=0.00635$，$\nu_o=0.595$，$j_t=360\mathrm{mm}$，$\tan\theta=0.092$，$\cot\phi=2$，$\beta=0.750$，$p_w=0.00635$を式(9・1)に代入し，$Q_u=568.2\mathrm{kN}$となる。ちなみに，荒川最小式によるせん断終局強度は，6章の演習問題2の解答より328.9kNである。これより，式(9・1)による理論的なせん断終局強度は，荒川式による経験的なせん断終局強度よりも相当大きな値になることがわかる。

2. 部材中のせん断力は，トラス機構による負担とアーチ機構による負担との和によって伝達されると考えられる（9・1参照）。このうちトラス機構が成り立つためには，主筋に沿った付着力の存在が必要である。主筋に沿った付着割裂破壊が生じると，付着力が低下していくため，トラス機構が負担できるせん断力も減少し，付着作用の喪失とともにアーチ機構のみがせん断力を伝達することになる。このように，付着割裂破壊によって部材のせん断強度が低下するため，必要なせん断力を伝達できないような事態が生じる。

【第10章】(p.144)

1. 必要な諸数値を求めておく。

　断面の有効せいdは，$d=600-70=530\mathrm{mm}$

　応力中心間距離jは，$j=\dfrac{7}{8}\times 530 = 464\mathrm{mm}$

　引張鉄筋比p_tは，$p_t=\dfrac{a_t}{bd}=\dfrac{1935}{400\times 530}=0.00913=0.913\%$

　せん断補強筋比$p_w=\dfrac{a_w}{(bs)}=\dfrac{143}{(400\times 150)}=0.00238$

(1)　はじめに，曲げ降伏時および曲げ終局時の耐力を求める。

主筋降伏時のモーメント M_y は，
$$M_y = a_t \cdot \sigma_y \cdot j = 1935 \times 390 \times 464 = 350.2 \times 10^6 \text{ N·mm} = 350.2 \text{ kN·m}$$

これより主筋降伏が生じるときの荷重 P_y は，　$P_y = \dfrac{M_y}{l} = \dfrac{350.2}{4} = 87.6 \text{ kN}$

曲げ終局時のモーメント M_u は，
$$M_u = 0.9 a_t \cdot \sigma_y \cdot d = 0.9 \times 1935 \times 390 \times 530 = 360.0 \times 10^6 \text{ N·mm} = 360.0 \text{ kN·m}$$

これより終局時の荷重 P_u は，　$P_u = M_u / l = 360.0 / 4 = 90.0 \text{ kN}$

次にせん断終局強度 Q_{bu} を，荒川最小式によって求める。

$$\dfrac{M}{Qd} = \dfrac{a}{d} = \dfrac{4000}{530} = 7.6 > 3 \quad \text{より，} \quad \dfrac{M}{Qd} = 3 \quad \text{とする。}$$

式 (6・6) に諸数値を代入して，

$$Q_{bu} = \left\{ \dfrac{0.053 \times 0.913^{0.23}(18+21)}{3+0.12} + 0.85\sqrt{0.238 \times 10^{-2} \times 295} \right\} 400 \times 464$$

$$= 252.6 \times 10^3 \text{ N} = 252.6 \text{ kN}$$

以上より，$Q_{bu} > P_u$ となるので，この片持梁は曲げ破壊することがわかる。

(2)　曲げ破壊することがわかったので，例題 1 と同様に，曲げひび割れ発生点，主筋の引張降伏発生点，および終局点の荷重と変位とをそれぞれ求めればよい。なお終局状態として，ここでは圧縮縁のコンクリートひずみ ε_{cu} が 0.003 に達したときと定義する。

・曲げひび割れ発生点

鉄筋を考慮した断面 2 次モーメント I_e は，

$$I_e \approx \dfrac{bD^3}{12} + 2(n-1) a_t d_1^2 = \dfrac{400 \times 600^3}{12} + 2 \times 14 \times 1935 \times 230^2 = 1.0066 \times 10^{10} \text{ mm}^4$$

よって，$Z_e = \dfrac{I_e}{300} = 3.36 \times 10^7 \text{ mm}^3$

これよりひび割れモーメント M_c は，
$$M_c = Z_e \cdot \sigma_t = 3.36 \times 10^7 \times 2.57 = 86.4 \times 10^6 \text{ N·mm} = 86.4 \text{ kN·m}$$

曲げひび割れが発生するときの荷重 P_{cr} は，
$$P_{cr} = \dfrac{M_c}{l} = \dfrac{86.4}{4} = 21.6 \text{ kN}$$

また，このときのたわみ δ_{cr} は，式 (10・1) を用いると次の式となる。

$$\delta_{cr} = \dfrac{l^3}{3 E_c I_e} P_{cr} = \dfrac{4000^3 \times 21600}{3 \times 2.1 \times 10^4 \times 1.0066 \times 10^{10}} = 2.18 \text{ mm}$$

・主筋の引張降伏発生点

初期剛性 $S = \dfrac{P_{cr}}{\delta_{cr}} = \dfrac{21600}{2.18} = 9908 \text{ N/mm}$

$p_t = \dfrac{a_t}{bD} = \dfrac{1935}{400 \times 600} = 0.00806$

降伏時の剛性低下率 α_y は，

$$\alpha_y = \left(0.043 + 1.64 \times 15 \times 0.00806 + 0.043 \times \dfrac{4000}{600} \right) \left(\dfrac{530}{600} \right)^2 = 0.412$$

これより，主筋降伏時の割線剛性 $\alpha_y \cdot S$ は，

$\alpha_y \cdot S = 0.412 \times 9908 = 4082$ N/mm

よって， $\delta_y = \dfrac{P_y}{\alpha_y \cdot S} = \dfrac{87600}{4082} = 21.5$ mm

これを部材角に直すと0.54%である。

・終局点

平面保持を仮定した断面解析によって，主筋降伏時の曲率 ϕ_y および終局時の曲率 ϕ_u を求める。ここでは，その結果のみを記す。

$\phi_y = 5.059 \times 10^{-6}$ 〔1/mm〕

$\phi_u = 3.476 \times 10^{-5}$ 〔1/mm〕

ヒンジ長さ l_d は，梁断面の有効せい d にほぼ等しいとして， $l_d \approx d = 530$ mm

式(10・6)より，

$\begin{aligned}\delta_u &= (\phi_u - \phi_y) \cdot l_d \cdot (l - l_d) + \delta_y \\ &= (3.476 \times 10^{-5} - 5.059 \times 10^{-6}) \times 530 \times (4000 - 530) + 21.5 \\ &= 54.6 + 21.5 = 76.1 \text{ mm}\end{aligned}$

これを部材角に直すと1.90%である。

以上の三つの点を直線で結んで，図5を得る。

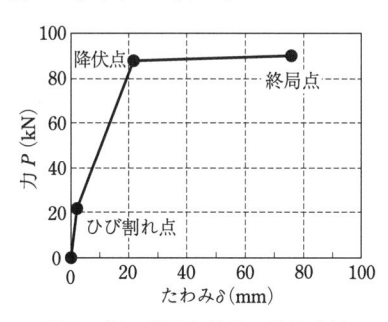

図5 梁の復元力特性の骨格曲線

2. 主筋降伏時の曲率 ϕ_y は 5.059×10^{-6} 〔1/mm〕であるので曲げ変形成分 δ_f は，

$\delta_f = \dfrac{\phi_y \cdot l^2}{3} = \dfrac{5.059 \times 10^{-6} \times 4000^2}{3} = 27.0$ mm

せん断変形成分 δ_s は，

$\delta_s = \dfrac{\kappa Q_y}{G_c A} \cdot l = \dfrac{1.2 \times 87.6 \times 10^3}{0.905 \times 10^4 \times 400 \times 600} \times 4000 = 0.2$ mm

断面における引張主筋の位置から中立軸までの距離 d_n は，

$d_n = 600 - 162.9 - 70 = 367.1$ mm

これより，柱梁接合部からの主筋の抜出しによる変形 δ_p は，

$\delta_p = \dfrac{\Delta S}{d_n} \cdot l = \dfrac{1.2}{367.1} \times 4000 = 13.1$ mm

以上の3成分を加え合わせることにより，梁降伏時のたわみ δ_y を求めることができる。

$\delta_y = \delta_f + \delta_s + \delta_p = 27.0 + 0.2 + 13.1 = 40.3$ mm

【第11章】 (p.165)

1. ①，②，③に対して求められる性能は，それぞれ11・1・1，11・1・2，11・1・3に述べられている。①に対して求められる性能は，日常使用に支障をきたさないことであり，具体的には，1．スラブが抜け落ちるなどの崩壊，2．小梁やスラブの過大なたわみ，過大な振動，3．過大なひび割れ，が起こらないことである。②に対して求められる性能は，財産の保全と機能維持であり，具体的には，1．目立つひび割れを発生させないこと，2．残留変形が生じていないことである。③に対して求められる性能は，人命の保全，具体的には構造物の崩壊が発生しないことである。

2. 耐久性・耐火性・耐雪性・耐風性などの性能が求められる。それぞれについて，11・1・4で述べられているので参照すること。

3. ①，②，③に対して求められる性能を確保する方法や考え方は，それぞれ11・2・1，11・2・2，11・2・3に述べられている。基本的に，①に対する性能の確保は，変形量の計算と長期許容応力度をもとにして，②に対する性能は，短期許容応力度，③に対する性能は，保有水平耐力と変形性能をもとにして確保される。詳しくは，上記各項を参照されたい。

索　引

あ

アーチ機構 …………………… 81, 84, 118
圧壊 ………………………… 10, 76, 131, 134
圧縮強度 …………………………………… 22
圧縮軸力－軸変形の関係 ………………… 35
圧縮耐力 …………………………………… 35
圧縮鉄筋 ……………………………… 24, 42
圧縮縁コンクリート圧壊時曲げ
　モーメント ……………………………… 60
圧縮縁コンクリート軟化域 ……………… 46
圧縮縁コンクリートの圧壊
　………………………………………… 60, 171
あばら筋 ………………………………… 9, 44
あばら筋間隔 ……………………………… 44
あばら筋の末端 …………………………… 44
荒川式 ……………………………………… 84
アルカリ骨材反応 ………………………… 19
アルカリ性 ………………………………… 7
安価 ………………………………………… 7
安全限界 ………………………………… 131
安全限界耐力 …………………………… 162
安全限界変形 …………………………… 162
安全性 …………………………………… 146, 155
安藤忠雄 …………………………………… 7

い

e 関数 ……………………………………… 61
異形鉄筋 ………………………………… 15
1 方向スラブ …………………………… 112
岩元禄 ……………………………………… 4

う

内田祥三 …………………………………… 4
上澄水 …………………………………… 20
上端筋 …………………………………… 43

え

$N - M_u$ 曲線 …………………………… 66

エネルギー ……………………………… 10
エネルギー一定則 ……………………… 156
エネルギー吸収 ………………………… 127
エネルギー量 …………………………… 137
L 形接合部 …………………………… 106
遠藤於菟 …………………………………… 4

お

オーギュスト・ペレ ……………………… 3
応力度－ひずみ関係 ……………………… 21
帯筋 ………………………………………… 9

か

回収水 …………………………………… 20
家屋耐震構造論 …………………………… 4
火災 ……………………………………… 150
過大な振動 ……………………………… 146
割裂引張強度 …………………………… 23
かぶり厚さ …………………………… 7, 158
乾燥収縮 ………………………………… 24
関東大地震 ………………………………… 4
関東大震災 ……………………………… 160

き

既製杭 …………………………………… 111
既製コンクリート杭 …………………… 111
基礎構造 ………………………………… 109
逆対称曲げ ……………………………… 83
強度型設計法 …………………………… 156
曲率 …………………………………… 42, 46, 132
居住性能 ………………………………… 112
許容応力度 ………………………………… 70
許容応力度設計 ……………………… 70, 88, 161
許容水平せん断力 ……………………… 100
許容せん断応力度 ……………………… 88
許容付着応力度 …………………… 126, 167
許容曲げモーメント …………………… 55, 70

く

杭基礎 …………………………… 109, 111
杭頭 ……………………………………… 111
Clough モデル ………………………… 138
クリープ ………………………………… 24
クリープ限度 …………………………… 24
クリープ破壊 …………………………… 24
クリープひずみ ………………………… 24

け

継続使用 ………………………………… 148
軽量骨材 ………………………………… 19
軽量コンクリート ……………………… 8, 19
限界耐力計算 …………………………… 162

こ

硬化コンクリート ……………………… 17
高強度コンクリート …………………… 8, 22
鋼杭 ……………………………………… 111
交差梁 …………………………………… 113
剛床 ……………………………………… 112
剛心 ……………………………………… 164
剛性 …………………………………… 10, 130
剛性低下率 ……………………………… 133
剛性率 …………………………………… 165
剛接合 …………………………………… 106
拘束 ……………………………………… 79
拘束効果 ………………………………… 37
拘束フープ筋 …………………………… 37
降伏 ……………………………………… 10
降伏強度 ………………………………… 154
降伏棚 …………………………………… 14
降伏点 ……………………………… 14, 154
高炉セメント …………………………… 18
骨格曲線 ………………………………… 130
骨材 ………………………………… 17, 18
固定荷重 ………………………………… 146
小梁 ……………………………………… 113

コンクリート強度……………76	主筋量………………………77	せん断変形………………74,138
コンクリートの許容応力度……166	主軸…………………………76	せん断補強筋………8,9,44,77,89
コンクリートの束……………80	純圧縮強度……………………67	せん断補強筋比………………85
混合セメント…………………18	純引張強度……………………67	せん断補強用許容引張応力度…88
コンシステンシー……………25	使用性………………………146	線膨張係数……………………24
混和剤……………………20,158	上水道水……………………20	
混和材………………………20	初期剛性…………98,130,133	**そ**
混和材料…………………17,20	人工骨材……………………19	層間変形角…………………154
	靱性…………………………88	早強ポルトランドセメント……17
さ	靱性型設計法………………156	粗骨材……………………17,18
細骨材……………………17,18	震度…………………………4	粗骨材の最大寸法……………18
財産の保全…………………153	人命保全……………………148	塑性…………………………153
材軸…………………………42		塑性化………………………153
最小あばら筋比………………44	**す**	塑性変形……………………154
最小せん断補強量……………88	垂直応力度……………………75	損傷限界耐力………………162
最小引張鉄筋量…………43,45	垂直最深積雪量……………150	損傷限界変形………………162
再生骨材……………………19	菅野式………………………133	
材料強度……………………166	スターラップ…………………9	**た**
座屈…………………………131	ステンレス鋼…………………14	耐火性………………7,150,158
佐野利器……………………3,4	ストラット……………………80	耐久性………………7,150,158
残留変形……………………154	スラッジ水…………………20	大地震………………………148
	スラブの有効幅……………127	耐震規定………………………4
し	スランプ値……………………25	耐震設計………………………4
軸方向の力の釣合い…………62		耐震設計フロー……………160
軸力…………………………78	**せ**	対振動性………………………7
軸力比……………………35,66	制振…………………………5	耐震壁………………………95
下端筋………………………43	積載荷重……………………146	耐雪性……………………150,158
遮音性…………………………7	設計用付着応力度…………126	耐風性……………………150,158
終局強度設計………………127	接地圧………………………110	耐力…………………………10
終局状態………60,118,127,131	セメント………………………17	武田スリップモデル…………138
十字形接合部………………106	せん断圧縮破壊………………78	武田モデル…………………138
重心…………………………164	せん断応力度…………………75	多雪区域…………………150,158
自由な形状……………………7	せん断強度…………………127	田辺朔郎………………………3
重量骨材……………………19	せん断終局強度……………84,99	ダボ作用……………………77
重量コンクリート……………19	せん断スパン…………………77	たわみ……………………113,130
主応力状態……………………76	せん断スパン比……………76,78	単位水量……………………158
主応力度………………………76	せん断弾性係数………………23	短期荷重…………………146,154
主筋………………………8,9,42	せん断抵抗機構……………118	短期許容応力度……………154
主筋のあき……………………43	せん断伝達機構……………118	短期許容応力度設計………161
主筋の早期の座屈……………36	せん断破壊…………10,11,76,131	単筋梁………………………42
主筋の抜出しによる変形…138	せん断ひび割れ………9,74,77,131	丹下健三………………………5
主筋の引張降伏………………60	せん断ひび割れ強度………81,99	弾性…………………………153

弾性状態················75, 130
弾性たわみ··················113
断面内応力度分布···············60
断面の軸方向の力の釣合い······62

ち

地耐力·····················110
中小地震···················147
中性化······················7
中立軸·····················42
中立軸位置··················62
長期荷重···················146
長期許容応力度···············153
長期許容応力度設計············161
長期許容せん断応力度···········83
長期たわみ··················113
超高層鉄筋コンクリート構造·····30
調合······················25
超早強ポルトランドセメント·····17
長方形ブロック···············61
直接基礎···················109

つ

釣合い軸力比·················66
釣合い鉄筋比·················56

て

T形接合部··················106
T形梁·····················169
定着··················108, 126
定着長さ···················108
鉄筋····················14, 15
鉄筋軽量コンクリート··········43
鉄筋の許容応力度·············167
テンション・スティフニング····39
天然骨材····················19

と

等価断面2次モーメント········47
等価断面係数···········48, 61, 63
等価断面積············32, 61, 63
通し配筋···················108

ト形接合部··················106
独立フーチング基礎···········110
トラス機構············80, 118, 121

な

内藤多仲····················4
斜め引張破壊·················78

に

2方向スラブ················112
2方向地震力の同時性··········128
2方向曲げ···················69
二軸応力状態·················75
日常使用···················146

ぬ

抜出し····················133

ね

根入深さ···················109
熱膨張係数····················6

は

配筋·······················8
配力筋····················113
パイルキャップ···············111
破壊モード··················156
場所打ち杭··················111
柱梁接合部··················106
破断······················131
梁断面寸法··················42

ひ

PHC杭····················111
非構造壁····················95
ひずみ硬化············14, 127, 131
ひずみ軟化················14, 46
引張強度····················23
引張軸力-軸変形の関係·········38
引張主応力度·················76
引張主筋の降伏··············171
引張耐力····················39

引張強さ····················14
引張鉄筋····················42
引張鉄筋降伏·················46
引張縁応力度·················63
必要保有水平耐力············162
ピロティ···················165
ヒンジ領域··················134
ピン接合···················106
ピンチング·················137

ふ

風圧力····················158
複筋梁·····················42
復元力特性··············10, 130
複合フーチング基礎···········110
部材の破壊モード············156
節························15
付帯柱·····················95
付帯梁·····················95
負担せん断力················118
付着······················26
付着応力度·················124
付着割裂破壊··········78, 124, 126
付着割裂ひび割れ············124
付着強度··············125, 126
付着作用····················80
付着性能····················77
付着長さ···················126
付着力··················26, 80
付着劣化···················137
フーチング·················110
普通ポルトランドセメント·····17
フック·····················88
フックの法則···············130
不同沈下···················109
フープ······················9
フライアッシュセメント········18
ブリージング················20
プレキャスト工法··············5
プレキャスト構法··············8
プレストレス·················8
フレッシュコンクリート········17

へ

- 平面保持仮定……………………42
- べた基礎………………………110
- 変位一定則……………………156
- 変形能力………………………156
- 偏心率…………………………164

ほ

- ポアソン比………………………23
- 崩壊形…………………………127
- 保有水平耐力…………………162
- 保有耐力設計…………………161
- ポルトランドセメント…………17

ま

- 曲げ強度……………………24, 87
- 曲げ降伏モーメント……………98
- 曲げ終局モーメント……53, 65, 98
- 曲げ破壊……………10, 87, 127, 130
- 曲げひび割れ……………8, 60, 131
- 曲げひび割れモーメント
  ……………………24, 48, 63, 98
- 曲げ変形…………………74, 138
- 曲げモーメントの釣合い式……62
- 摩擦杭…………………………111

み

- 丸鋼………………………………15

み

- 水…………………………17, 20
- 水セメント比………………22, 158

む

- 無開口耐震壁…………………100

め

- 免震………………………………5

も

- モニエ……………………………3
- モールの応力円……………76, 81

や

- ヤング係数…………………14, 22
- ヤング係数比………………32, 47

ゆ

- 有開口耐震壁…………………101
- 有害骨材…………………………19
- 有効圧縮強度………………118, 121

よ

- 横補強筋……………………36, 79
- 溶接金網…………………………15
- 余長………………………………88

リ

- リサイクル………………………8
- Ritter……………………………80
- リブ………………………………15
- リユース…………………………8
- 履歴特性………………………137

れ

- レイタンス………………………21
- 0.2%耐力…………………………14
- 連層耐震壁………………………96
- 連続繊維シート…………………15
- 連続繊維補強材…………………15
- 連続フーチング基礎…………110

ろ

- ローラー接合…………………106

わ

- ワーカビリティ……………20, 25

[監修・執筆] 林　静雄　Shizuo HAYASHI
　　　　　　1971年　東京工業大学工学部建築学科卒業
　　　　　　現　在　東京工業大学建築物理研究センター長 教授
　　　　　　　　　　工学博士

[執　　筆] 北山和宏　Kazuhiro KITAYAMA
　　　　　　1984年　東京大学工学部建築学科卒業
　　　　　　現　在　東京都立大学都市環境学部建築都市コース 教授
　　　　　　　　　　工学博士

　　　　　　衣笠秀行　Hideyuki KINUGASA
　　　　　　1985年　東京理科大学理工学部建築学科卒業
　　　　　　現　在　東京理科大学理工学部建築学科 教授
　　　　　　　　　　工学博士

　　　　　　坂田弘安　Hiroyasu SAKATA
　　　　　　1983年　東京工業大学工学部建築学科卒業
　　　　　　現　在　東京工業大学建築物理研究センター 教授
　　　　　　　　　　工学博士

（肩書きは新版発行時）

初めて学ぶ 鉄筋コンクリート構造（新版）

2007年 1 月 5 日	初 版 発 行
2009年10月 9 日	新 版 発 行
2025年 2 月25日	新版第13刷

　　監修・執筆　　林　　　静　　雄
　　発 行 者　　澤　崎　明　治
　　　　　　　（印　刷）広済堂ネクスト
　　　　　　　（製　本）三省堂印刷

　　発 行 所　　株式会社 市ヶ谷出版社
　　　　　　　東京都千代田区五番町 5
　　　　　　　電話　03-3265-3711（代）
　　　　　　　FAX　03-3265-4008
　　　　　　　http://www.ichigayashuppan.co.jp

Ⓒ 2009　　ISBN978-4-87071-150-1

市ケ谷出版社の 関連図書

建築工事の進め方

- 権威者の監修で，第一線の実務者が執筆！
- 着工から竣工までの現場経験・知識が習得できる！
- 実際の工事例で，工程順に，写真と図版で解説！

新版 鉄筋コンクリート造

内田祥哉・深尾精一　監修
B5判・192ページ・定価3,300円（本体3,000円＋税10％）

新版 鉄骨造

藤本盛久・大野隆司　監修
B5判・224ページ・定価3,300円（本体3,000円＋税10％）

初めて学ぶ
鉄骨構造 基礎知識（第四版）

橋本篤秀　編著　岡田久志・山田丈富　著
B5判・208ページ・定価3,300円（本体3,000円＋税10％）

鉄骨構造の必要最小限の基礎的な知識を，
豊富な図表によってわかりやすく解説。

市ケ谷出版社　〒102-0076　東京都千代田区五番町5
TEL(03)3265-3711　FAX(03)3265-4008

出版情報はホームページをご利用下さい。　http://www.ichigayashuppan.co.jp

広告250122.ai